建 设 单 位
项目管理实务

夏耀西　编著

中国建筑工业出版社

图书在版编目（CIP）数据

建设单位项目管理实务/夏耀西编著. —北京：
中国建筑工业出版社，2017.1
ISBN 978-7-112-20179-2

Ⅰ.① 建…　Ⅱ.① 夏…　Ⅲ.① 基本建设项目–项
目管理　Ⅳ.① F284

中国版本图书馆CIP数据核字（2016）第312348号

责任编辑：赵晓菲　张智芊
责任校对：李美娜　刘梦然

建设单位项目管理实务
夏耀西　编著
*
中国建筑工业出版社出版、发行（北京海淀三里河路9号）
各地新华书店、建筑书店经销
北京锋尚制版有限公司制版
北京富生印刷厂印刷
*
开本：787×1092毫米　1/16　印张：19¼　插页：1　字数：313千字
2017年5月第一版　2017年5月第一次印刷
定价：**49.00**元
ISBN 978-7-112-20179-2
（29675）

前言

　　固定资产投资是社会固定资产再生产的主要手段，对促进社会进步和提高国民生产总值发挥巨大作用。固定资产投资效益取决于建设项目管理水平，参与建设项目管理的有建设单位、施工单位、勘察设计单位、监理单位以及相关咨询单位，建设单位作为项目的筹划者、组织者和全过程管理者，在建设项目管理中发挥着领导和中枢的作用，但遗憾的是大部分建设单位的项目管理专业化不强，造成建设项目决策失误、组织不力、效率低下，其原因之一是对建设单位项目管理缺乏系统研究，缺少相关资料，难以指导建设单位项目管理者开展高水平的项目管理活动。目前项目管理方面的研究和资料多针对施工企业，对建设单位项目管理指导性不强，为此作者编写了本书。

　　本书作者通过多年的建设单位项目管理实践，从建设单位的角度对建设项目全过程管理进行了系统研究和总结。全书按照基本建设程序分十个章节，第一章论述了建设单位项目管理概念、范围、工作内容和管理流程；第二章至第三章以项目建议书和可行性研究报告编制与报批，详细阐述了项目决策过程管理；第四章至第六章以方案设计与勘察、初步设计和施工图设计，详细描述了项目设计过程管理；第七章对项目实施过程管理进行了深入全面地剖析；第八章详细分析了工程验收和结算的步骤与方法；第九章全面介绍了项目验收与资产交付的步骤与方法；第十章以专题的形式，对贯穿项目全过程的工程造价管理、档案资料管理和项目信息管理进行了深入论述。本书还提供了建设单位在项目管理中需要经常查阅的13个附录，包括了承包和服务企业的资质等级、承担业务范围和相关收费标准。

　　本书以基本建设程序和管理流程为线索，直观展现了建设项目管理每个环节以及环节之间的关系，全面剖析了每个环节的工作内容和管理重点以及管理技术与方法。本书编写重在操作和实践，以期指导项目管理者一步步组织项目走向竣工。

本书适用对象为企事业单位基建部门管理人员、房地产开发企业项目管理人员、代建单位管理人员以及高校工民建、工程项目管理等相关专业学生使用。

本书编写过程中得到了蒋大雄、于辉、万桂林、刘洪业、蔡莹盈等同志的帮助，在此表示感谢。

CONTENTS

——————

目录

基本建设程序与管理流程图

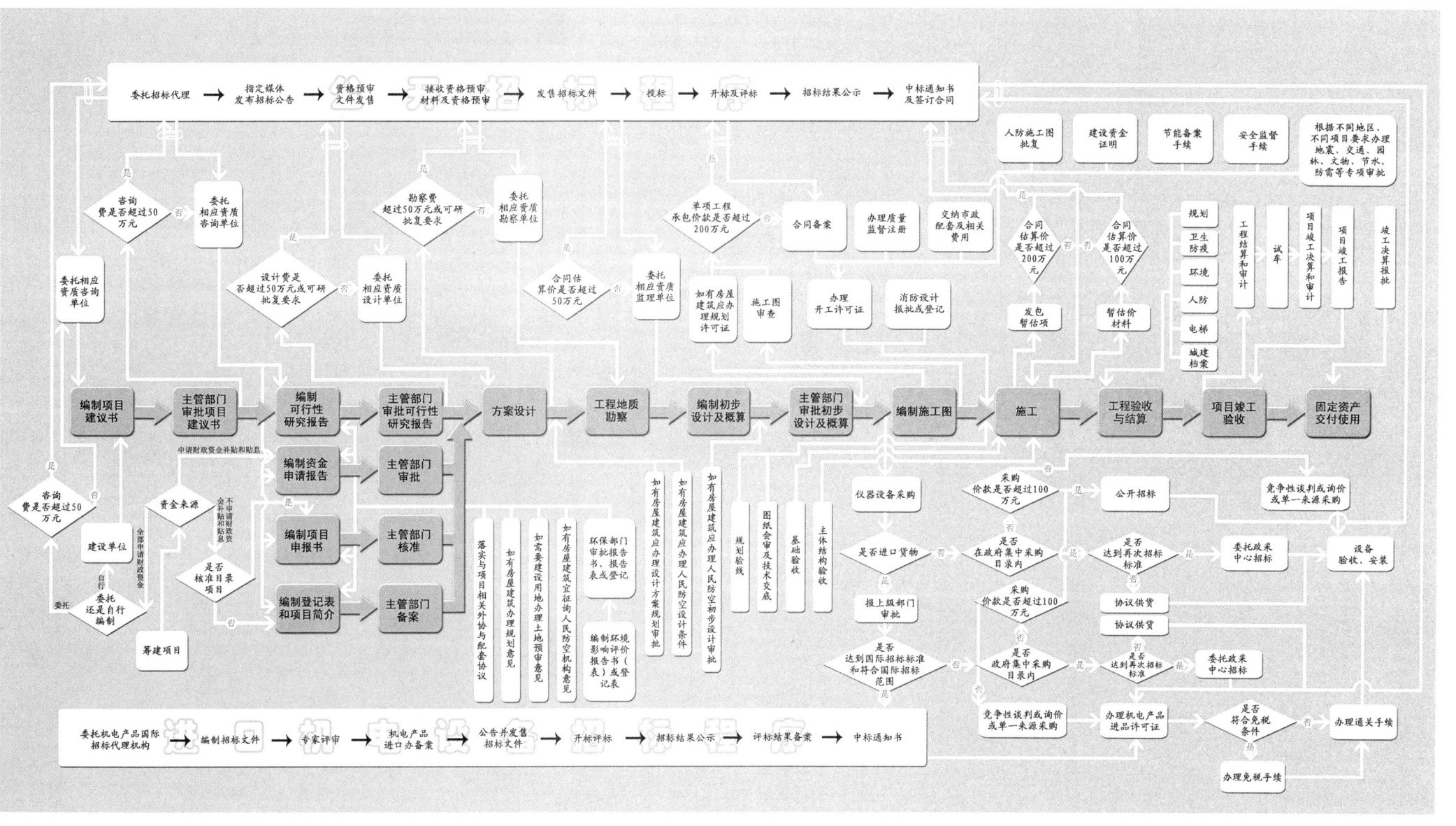

Chapter |

第一章　概述

第一节 基本概念

一、建设项目

1. 定义

建设项目亦称基本建设工程项目，是指按一个总体设计、组织施工，建成后具有完整的系统，可以独立地形成生产能力或者使用价值的建设工程。

在实际操作中，由于投资渠道不同，或者受投资规模的限制，可能把一个完整的系统或功能，划分为几个建设项目进行审批和实施，最终实现完整的系统或功能。

2. 组成

建设项目根据管理需要一般可分为单项工程、单位工程（子单位工程）、分部工程（子分部工程）、分项工程和检验批。有些项目不能独立发挥功能，需要通过若干个项目实施后才能发挥功能，这类项目没有单项工程。

单项工程是指在一个建设工程项目中，具有独立的设计文件，竣工后可以独立发挥生产能力或效益的一组配套齐全的工程项目。单项工程是建设工程项目的组成部分。一个工程项目可以由一个或多个单项工程组成。如工业、民用建筑中，某工厂建设项目中的生产车间、办公楼、住宅等分别是单项工程；某学校建设项目中的教学楼、食堂、宿舍等分别为单项工程；它是建设项目的组成部分。

单位工程是指具有单独设计和独立施工条件，不能独立发挥生产能力或效益的工程，它是单项工程或工程项目的组成部分。在工业、民用建筑工程中，如生产车间这个单项工程一般是由建筑工程、设备安装工程等两个单位工程组成的。

分部工程是单位工程的组成部分，分部工程一般是按单位工程的结构形式、工程部位、构件性质、使用材料、设备种类等的不同而划分的。一般工业与民用建筑工程的分部工程包括：地基与基础工程、主体结构工程、装饰装修工程、屋面工程、给水排水及采暖工程、电气工程、智能建筑工程、通风与空调工程、电梯工程、节能建筑工程。

分项工程是分部工程的组成部分，是施工图预算中最基本的计算单位，它又是概预算定额的基本计量单位，故也称为工程定额子目或工程细目，是对分部工程的进一步划分。它是按照不同的施工方法、不同材料的不同规格等确定的。如主体结构分部工程中模板、钢筋、混凝土等均为分项工程。

检验批是指施工过程中条件相同并有一定数量的材料、构配件或安装项目。如果一个分项工程需要检验多次，那么每一次检验就叫一个检验批。一般规定每个检验批的检验部位需完全相同。检验批只做检验，不作评定。

3. 特征

（1）具有明确的建设目标

每个建设项目都具有确定的目标，包括成果性目标和约束性目标。成果性目标是指针对项目的功能性，也是项目的最终目标；约束性目标是指对项目的约束和限制，如时间、质量、投资等量化的目标。

（2）具有物化对象

任何建设项目都具有具体物化对象，即形成实物，它决定了建设项目的最基本特性。

（3）一次性

建设项目都是具有特定目标的一次性任务，有明确的起点和终点，任务完成即告结束，所有建设项目没有重复。

（4）生命周期性

建设项目的一次性决定了项目具有明确的起止点，即任何项目都具有诞生、发展和结束的时间，也就是项目的生命周期。

（5）有特殊的组织和法律条件

建设项目的参与单位之间主要以合同作为纽带相互联系，并以合同作为分配工作、划分权力和责任关系的依据。项目参与方之间在建设过程中的协调主要通过合同、法律法规和规范实现。

（6）涉及面广

一个建设项目涉及建设规划、计划、土地、银行、税务、法律、设计、施工、材料供应、设备、交通、城管等诸多部门，因而项目组织者需要做大量的协调工作。

（7）作用和影响具有长期性

每个建设项目的建设周期、运行周期、投资回收周期都很长，因此其作用时间长。

（8）环境因素制约多

每个建设项目都受建设地点的气候条件、水文地质、地形地貌等多种环境因素的制约。

二、建设单位

1. 定义

建设单位是指建设项目的投资方，对该项目形成的资产拥有产权。建设单位也称为业主单位或项目业主，是建设项目法人和管理主体。实行代建或专业化项目管理的建设项目，其代建单位和项目管理单位只是按照建设单位授权进行项目全过程管理或分阶段管理，不是项目建设单位。

2. 职责

建设单位是项目法人，对项目的决策及管理负总责。不仅对项目投资效益负责，而且对项目质量和安全负责。我国颁布的《建筑法》、《建设工程质量管理条例》和《建设工程安全生产管理条例》明确了建设单位的职责。如《建筑法》规定建设单位应当将工程发包给具有相应资质等级的单位，建设单位应当依法对工程建设项目的勘察、设计、施工、监理以及与工程建设有关的重要设备、材料等的采购进行招标。

3. 与相关单位关系

基本建设项目从决策到实施，涉及方方面面，归纳为三大类：一类是投资主管部门（单位），如中央财政投资项目的主管单位是国家发展与改革委员会；二类是建设行政管理部门，如城市规划委员会（局）、住房与城乡建设委员会（局）；三类是参建单位，如设计单位、施工单位等。建设单位与第一、二类单位（部门）是被管理关系，接受其监督与管理，需要通过建设单位协调争取理解与支持；与第三类单位是合同关系，按照合同进行监督与管理。

三、建设单位项目管理

1. 定义

建设单位通过投资建设项目形成固定资产，以支撑单位发展或实现单位利益。为确保投资效益，建设单位对投资的建设项目从决策、资金筹措、项目设计到项目实施、验收、交付等全过程管理。建设单位项目管理是真正意义上的全生命周期管理，对项目全过程负责。与施工企业项目管理不同，建设单位项目管理追求的是投资效益，一般来说，一旦确定投资概算后，建设单位项目管理主要目标是在确定的概算范围内实现质量和进度的最优化。施工企业项目管理是在确定合同价款后进行的，企业管理的主要目标是在保证合同质量和进度的前提下实现成本最小化。

2. 管理目标

建设单位项目管理总体目标是实现投资效益最大化，对于生产企业来说就是用最小投资获得最大的生产能力；对于房地产企业来说就是用最小投资获得最大利润；对于公共事业单位来说就是用最小投资获得最大的服务能力。为实现总体目标，建设单位项目管理必须在决策阶段和实施阶段双管齐下，在决策阶段以市场机会、技术路线、政策条件和资金筹措方案的科学性、合理性为目标，以风险管理为重点；在项目实施阶段以技术方案、投资、进度、质量的科学性、合理性为目标，以控制管理为重点。决策阶段提出的项目科学性和合理性是基于一定时期内的市场环境、政策条件、技术水平和一定规模内的投资，如果在实施阶段突破这个时期和投资规模，将无法实现项目决策目标。两个阶段目标共同为实现总目标服务。我国有为数不少的生产企业，特别是一些高科技产品生产企业和一些资源型生产企业，在投资建厂决策阶段是没有问题的，但在项目实施时由于种种原因进度失控，没有按照决策阶段提出的时间投产，造成产品工艺技术过时，或政策条件发生变化造成投资失败。

3. 管理内容

建设单位项目管理是全生命周期管理，涉及面广，管理内容繁杂。管理内容大致分两个阶段：一个是决策阶段，主要管理内容是项目建设的必要性研究和可行性研究，也就是机会研究和可行性研究。具体的管理内容是编制项目建议书和可行性研究报告，项目建议书编制以建设单位为主，工程咨询单位为辅，也可以由建设单位编制，建设单位必须由业务部门或战略研究部门牵头，认真研究市场，生产企业需全面了解产品供求关系、市场行情、未来发展趋势以国家相关政策；公共服务单位需全面了解服务需求和条件需求以及国家相关政策。可行性研究以工程咨询单位为主，建设单位为辅，管理内容是选择工程咨询单位，按照合同约定协调、配合完成可行研究报告编制，根据项目具体特点和可行性研究要求，建设单位需征询相关部门意见，如规划、环保、土地等；二是实施阶段，主要管理内容是项目设计、采购、施工和验收交付。这个阶段除验收交付外，大部分工作是相关服务商和承包商来做，建设单位管理工作主要做好相关单位的选择（招标或比选后直接委托），签订合同，按照合同实施监督、审核，配合相关单位协调、办理建设手续，开展分部分项工程、单位工程、单项工程和项目竣工验收等。归纳起来，建设单位项目管理主要工作是决策，资金筹措，选择服务商、供应商和承包商，签订合同并监督合同执行，办理相关建设手续，统筹进度，结算与支付，验收与交付等。

4. 管理机构

我国建设单位项目管理机构主要有三种形式：一种是较为固定的基建处（科、办），比较常见于学校和党政机关事业单位，一般适用于建设单位有连续的和经常性的基本建设任务；第二种是指挥部，一般适用于大型建设项目管理，需要建设单位高层领导或政府部门领导作为指挥部负责人进行协调，有利于推进项目建设，如大型市政工程、新区建设等；第三种是筹建处（科、办），一般适用于临时有基本建设任务的建设单位。无论是何种管理机构，要管理好项目，必须要配备相应的专业管理人员，目前，我国社会化专业管理还不发达，建设单位项目管理主要还是依靠建设单位管理人员。建设单位管理机构理想的专业人员配置应具备三类人员：第一类是咨询工程师，主要为项目筹划、项目决策提供支持；第二类是建筑专业技术人员，如土建工程师、电气工程师、给水排水工程师、暖通工程师等，主要为项目设计、实施提供专业技术支持；第三类是造价工程师，主要为项目的决策以及项目投资控制提供支持。一个建设单位如果有多个建设项目，一般实行项目经理制或项目负责人制，即由一名协调能力较强的管理人员作为某一项目负责人，负责统筹协调该项目管理，在实施阶段即作为建设单位代表（甲方代表），其他人员按照机构分工负责项目某一方面工作。

第二节 基本建设程序与管理流程

基本建设程序与管理流程是指基本建设全过程中各项工作必须遵循的先后顺序。它是指基本建设全过程中各环节、各步骤之间客观存在的不可颠倒的先后顺序，是由基本建设项目本身的特点和客观规律决定的。坚持按科学的基本建设程序办事，就是要求基本建设工作必须按照符合客观规律要求的一定顺序进行。正确处理基本建设工作中从制定建设规划、机会与可行性研究、勘察、设计、施工安装、试车，直到竣工验收交付使用等各个阶段、各个环节之间的关系，达到提高风险控制水平和投资效益的目的，这是关系基本建设工作全局的一个重要工作原则，也是按照自然规律和经济规律管理基本建设的一个根本原则。

一个建设项目从计划建设到建成投产，一般要经过建设决策、建设实施和交付使用三个阶段。其主要步骤是：

（1）项目建议书。项目法人按国民经济和社会发展长远规划、行业规划和建设单位所在的城镇规划的要求，根据本单位的发展需要，经过调查、预测、分析，编报项目建议书。

（2）可行性研究报告。项目建议书批准后，项目法人委托有相应资质的咨询单位，对拟建项目在技术、工程、经济和外部协作条件等方面的可行性，进行全面分析、论证、进行方案比较，推荐最佳方案。可行性研究报告是项目决策的依据，应按国家规定达到一定的深度和准确性，其投资估算和初步设计概算的出入不得大于10%，否则将对项目进行重新决策。

（3）初步设计。可行性研究报告批准后，项目法人委托有相应资质的设计单位，按照批准的可行性研究报告的要求编制初步设计。初步设计批准后，设计概算即为工程投资的最高限额，未经批准，不得突破。确因不可抗拒因素造成投资突破设计概算时，应上报原批准部门审批。初步设计批准后向主管部门申请列入投资计划。

（4）施工图设计。初步设计批准后，项目法人委托有相应资质的设计单位，按照批准的初步设计，组织施工图设计。

（5）施工安装。建设项目完成各项准备工作，包括资金准备、招标、开工许可证办理等，具备开工条件后建设单位方可进行项目施工和安装。

（6）验收。项目验收工作按层次开展，分部分项工程完工后，按照国家规范、施工图纸和合同进行验收；单位工程完工后按国家规范、施工图纸和合同进行验收，单位工程验收也称作"四方验收"，即建设单位、设计单位、监理单位和施工单位验收。单位工程验收前应报当地行业主管部门，如建筑工程，应报住房与建设管理部门，在其监督下验收。单位工程验收后，及时开展单位工程结算工作。当单项工程中所有单位工程完成验收后，建设单位可组织使用人（单位）进行培训、移交和试运行。当所有单项工程完成后，建设单位着手开展竣工资料整理归档工作和项目竣工财务决算工作，只有完成全部工程结算、账务决算和资料归档工作后才能组织项目竣工验收。

项目竣工验收一般是谁投资（立项审批部门或单位）谁验收，在项目竣工验收之前一般由建设单位组织一次初步验收，对项目进行一次从工程、财务到效益全面检查，由此编制项目竣工报告，报最终验收部门或单位申请验收。项目竣工验收之后及时与资产管理部门办理固定资产交付。

具体基本建设程序与管理流程见"基本建设程序与管理流程图"。

Chapter 2

第二章　建议书编制与报批

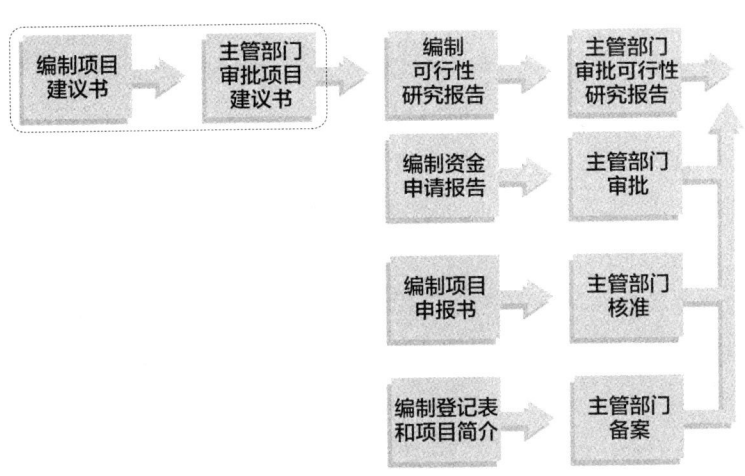

第一节　建议书编制

一、编制意义

项目建议书是项目建设单位根据国民经济的发展、国家和地方中长期规划、产业政策、生产力布局、国内外市场、所在地的内外部条件，提出的某一具体项目的建议文件，是对拟建项目提出的框架性的总体设想。往往是在项目早期，项目条件还不够成熟，对项目的具体建设方案还不明晰，市政、环保、交通等专业咨询意见尚未办理。项目建议书主要论证项目建设的必要性，对建设方案和投资估算深度要求不高，投资估算误差为±30%左右。

项目建议书从宏观上论述项目设立的必要性和可能性，把项目投资的设想变为概略的投资建议。项目建议书的呈报可以供项目审批部门（单位）作出初步决策。它可以减少项目选择的盲目性，为下一步可行性研究打下基础。项目建议书是项目发展周期的初始阶段基本情况的汇总，是选择和审批项目的依据，是项目建设单位需求反映和机会研究成果，也是编制可行性研究报告的依据。涉及利用外资的项目，只有在项目建议书批准后，才可以开展对外工作。

二、编制条件

一般只有申请财政性投资的建设项目编制项目建议书，建设单位使用自筹资金或申请财政资金进行补贴的项目，一般不编制项目建议书，只编制资金申请报告书或项目申请书。资金申请报告和项目申报书在第三章中阐述。也有一些地方无论何种资金渠道，所有建设项目在征询规划、环境评价、土地等意见时需要项目建议书批复。

根据当前投资政策及形势发展，政府和企事业单位越来越重视基本建设规划工作，根据国家宏观政策、行业发展情况编制一段时间内的建设规划，一般以五年规划为主，通过规划编制，系统考虑规划时间内的项目布局，一定程度上解决了规划内项目的必要性和概略建设方案，因此，对于规模不大，建设条件已基本具备的规划内项目，一般不再要求编制项目建议书，直接编制可行性研究报告。

三、主要工作

建设单位在确定项目后，一般由分管业务领导牵头，组织业务部门、市场或战略研究部门和基本建设部门成立工作小组，开展调研和编制项目建议书工作。调研工作重点是国家、地方和行业宏观政策，市场情况，需求情况，外部条件和环境，行业技术情况等，调研和编制项目建议书也可以委托工程咨询单位完成。委托工程咨询单位时要注意两点：一是须委托有建设项目相关资质的工程咨询单位，咨询单位资质情况见附录1；二是如果估算咨询费超过50万元，且使用国有资金，要通过公开招标选择咨询单位，50万元以下的或使用非国有资金的项目，可以通过调研、比选直接委托。委托咨询费以及专家咨询费参照国家规定标准执行。工程咨询费收费标准见附录2。

如果公开招标，一般先委托一家招标代理机构办理招标事宜，由招标代理机构在国家规定的媒体上发布招标公告，编制招标文件，招标文件在出售前建设单位要进行审核，重点审核招标内容、评标办法、合同专用条款等。在投标结束时招标代理机构接收投标单位标书，并开标，同时代理机构在评标专家库中抽取专家，开标由代理机构组织，建设单位、投标单位参加，开标结束后即开始评标，建设单位可派代表参加评标，但人数不得超过评标专家人数的三分之一，开标评标时，一般要有建设单位纪检人员参与。评标结束后中标结果进行公示，在公示期间内无异议，即可与中标单位签订咨询合同。

咨询委托合同签订时，重点是咨询质量，其次是进度。合同需要详细明确工程咨询单位工作内容及步骤、项目建议书文本质量等。

四、建议书主要内容

主要有7部分内容：

（1）项目概况：项目名称，项目建设主管单位、项目建设单位和负责人等名称，拟建项目地址，项目建设单位简介，建议书编制依据。

（2）项目背景与建设必要性：项目背景、项目建设的必要性、项目前期调研和所开展的工作、主管部门相关文件、收集到的国家和拟建地区的行业政策、法令和法规、项目实施单位的优势、基本风险分析。

（3）建设规模与产品方案。

（4）技术方案、设备方案和建设方案。

（5）项目建设进度安排。

（6）投资估算及资金筹措。

（7）效益评价：生产规模、社会经济效益分析。

五、主要行业项目一般格式

1. 工业项目

一、总论

1. 项目名称

2. 承办单位概况（新建项目指筹建单位情况，技术改造项目指原单位情况）

3. 拟建地点

4. 建设内容与规模

5. 建设年限

6. 估算投资

7. 效益分析

二、项目建设的必要性和条件

1. 建设的必要性分析

2. 建设条件分析：包括场址建设条件（地质、气候、交通、公用设施、征地拆迁工作、施工等）、其他条件分析（政策、资源、法律法规等）

3. 资源条件评价（指资源开发项目）：包括资源可利用量（矿产地质储量、可采储量等）、资源品质情况（矿产品位、物理性能等）、资源赋存条件（矿体结构、埋藏深度、岩体性质等）

三、建设规模与产品方案

1. 建设规模（达产达标后的规模）

2．产品方案（拟开发产品方案）

四、技术方案、设备方案和工程方案

（一）技术方案

1．生产方法（包括原料路线）

2．工艺流程

（二）主要设备方案

1．主要设备选型（列出清单表）

2．主要设备来源

（三）工程方案

1．建筑物、构筑物的建筑特征、结构及面积方案（附平面图、规划图）

2．建筑安装工程量及"三材"用量估算

3．主要建筑物、构筑物工程一览表

五、投资估算及资金筹措

（一）投资估算

1．建设投资估算（先总述总投资，后分述建筑工程费、设备购置安装费等）

2．流动资金估算

3．投资估算表（总资金估算表、单项工程投资估算表）

（二）资金筹措

六、效益分析

（一）经济效益

1．销售收入估算（编制销售收入估算表）

2．成本费用估算（编制总成本费用表和分项成本估算表）

3．利润与税收分析

4．投资回收期

5．投资利润率

（二）社会效益

七、结论

2．农业项目

一、总论

1．项目名称

2．承办单位概况（新建项目指筹建单位情况，技术改造项目指原单位情况）

3．拟建地点

4．建设内容与规模

5．建设年限

6．概算投资

7．效益分析

二、项目建设的必要性和条件

1．建设的必要性分析

2．建设条件分析：包括场址建设条件（地质、气候、交通、公用设施、征地拆迁工作、施工等）、其他条件分析（政策、资源、法律法规等）

三、建设规模与产品方案

1．建设规模（种植规模、养殖规模、农副产品加工规模）

2．产品方案（种植产品方案、养殖产品方案、农副产品方案）

四、技术方案、设备方案和工程方案

（一）技术方案

1．种植业生产技术与流程

2．养殖业生产技术与流程

3．农副产品加工业生产技术与流程

（二）主要设备方案

1．设备选型（种植业、养殖业、农副产品加工业设备列出清单表）

2．主要设备来源

（三）工程方案

1．建筑物、构筑物的建筑特征、结构及面积方案（附平面图、规划图）

2．建筑安装工程量及"三材"用量估算

3．主要建筑物、构筑物工程一览表

五、投资估算及资金筹措

（一）投资估算

1．建设投资估算（先总述总投资，后分述建筑工程费、设备购置安装费等）

2．流动资金估算

3．投资估算表（总资金估算表、单项工程投资估算表）

（二）资金筹措

六、效益分析

（一）经济效益

1．销售收入估算（编制销售收入估算表）

2．成本费用估算（编制总成本费用表和分项成本估算表）

3．利润与税收分析

4．投资回收期

5．投资利润率

（二）社会效益

七、结论

3．水利水电项目

一、总论

1．项目名称

2．承办单位概况（新建项目指筹建单位情况，技术改造项目指原单位情况）

3．拟建地点

4．建设内容与规模

5．建设年限

6．估算投资

7．效益分析

二、市场预测

1．水利水电供应、需求现状

2．水利水电供需预测

3．水利水电价格现状与预测

三、水利水电资源开发利用条件

1．流域及电网现状与开发利用规划

2．拟开发河段水利水电资源量、品质及开发利用的可能性

3．拟建项目在整个流域内或电网中所处的位置和作用

四、水文和气象

1．流域概况（工程所在流域地理状况、河道和水土保持状况）

2．气象特征

3．其他情况

五、工程地质

1．区域地质条件

2．水库区工程地质条件

3．坝址及枢纽主要建筑物工程地质条件

4．其他部分地质条件（排水线路、堤防和河道）

六、工程任务与规模

（一）土建工程

1．挡水泄水建筑物

2．水电站厂房及开关站

（二）水利水电设备

1．发电机组

2．电力接入系统方式及主接线

3．主要电力设备及辅助设备（列出含单价的清单表）

七、工程选址及工程总体布置

1．工程等级和设计标准

2．坝址选择

3．坝型与枢纽布置

八、环境影响评价

1．区域环境概况

2．工程对水体、水系、生物、水土流失影响分析

3．保护措施

九、组织机构与人力资源配置

1．组织机构设置（法人组建方案、管理机构方案、管理机构图）

2．人力资源配置（生产作业班次、劳动定员数量及技能要求）

3．员工培训

十、项目实施进度

1．建设工期

2．进度安排

十一、投资估算及资金筹措

（一）投资估算

1．建设投资估算（建筑工程费、设备购置安装费和库区淹没处理补偿费等）

2．流动资金估算

3．投资估算表（总资金估算表、单项工程投资估算表）

（二）资金筹措

十二、效益分析

（一）经济效益

1．销售收入估算（编制销售收入估算表）

2．成本费用估算（编制总成本费用表和分项成本估算表）

3．利润与税收分析

4．投资回收期及投资利润率

（二）社会效益

十三、结论

4．社会发展项目

一、总论

1．项目名称

2．项目法人

3．建设地点

4．建设内容

5．建设规模

6．估算投资

7．效益分析

二、项目建设的必要性

（一）项目背景

1．建设单位概况

2．建议书编制依据

3．提出的理由与过程

（二）基本条件

1．拟建地址状况

2．拟建地址的建设条件

（三）项目建设的意义

三、建设内容、规模及工程方案

（一）建设内容与规模

1．建设内容与规模

2．测算依据及理由

（二）工程方案

1．建筑物、构筑物的建筑特征、结构及面积方案（附平面图、规划图）

2．建筑安装工程量及"三材"用量估算

3．主要建筑物、构筑物一览表

四、投资估算及资金筹措

（一）投资估算

1．投资估算依据

2．建设投资估算

3．投资估算表

（二）资金筹措

五、效益分析

（一）经济效益

（二）社会效益

六、结论

5．城市基础设施项目

一、总论

1．项目名称

2．承办单位概况（新建项目指筹建单位情况，技术改造项目指原单位情况）

3．拟建地点

4．建设规模

5．建设年限

6．估算投资

7．效益分析

二、市场预测

1．供应现状（本系统现有设施规模、能力及问题）

2．供应预测（本系统在建的和规划建设的设施规模、能力）

3．需求预测（根据当前城市社会经济发展对系统设施需求情况，预测城市社会经济发展对系统设施需求量分析）

三、建设规模

（一）建设规模与方案比选

（二）推荐建设规模及理由

四、项目选址

（一）场址现状（地点与地理位置、土地性质类别及占地面积等）

（二）场址建设条件（地质、气候、交通、公用设施、政策、资源、法律法规征地拆迁工作、施工等）

五、技术方案、设备方案和工程方案

（一）技术方案

1．技术方案选择

2．主要工艺流程图，主要技术经济指标表

（二）主要设备方案

（三）工程方案

1．建筑物、构筑物的建筑特征、结构方案（附总平面图、规划图）

2．建筑安装工程量及"三材"用量估算

3．主要建筑物、构筑物工程一览表

六、投资估算及资金筹措

（一）投资估算

1．建设投资估算（先总述总投资，后分述建筑工程费、设备购置安装费等）

2．流动资金估算

3．投资估算表（总资金估算表、单项工程投资估算表）

（二）资金筹措

七、效益分析

（一）经济效益

1．基础数据与参数选取

2．成本费用估算（编制总成本费用表和分项成本估算表）

3．财务分析

（二）社会效益

1. 项目对社会的影响分析

2. 项目与所在地互适性分析（不同利益群体对项目的态度及参与程度；各级组织对项目的态度及支持程度）

3. 社会风险分析

4. 社会评价结论

八、结论

第二节　项目建议书审查及报批

一、项目建议书审查

项目建议书完成后，项目建设单位组织内部审查，由于项目建议书重点是解决项目必要性问题，审查重心需放在政策依据是否充分、需求分析是否科学、效益分析是否客观等方面。在完成内部审查后一般应组织行业内专家进行论证，专家从行业、专业的角度，客观分析项目必要性，对项目决策和完善项目建议书非常重要。

二、项目建议书报批

项目建设单位完成项目建议书审查后，根据投资渠道和隶属关系报送主管部门审批。目前，项目建议书要按现行的管理体制、隶属关系，分级审批。原则上，按隶属关系，经主管部门提出意见，再由主管部门上报。

大中型基本建设项目、限额以上更新改造项目，经省、自治区、直辖市、计划单列市发展改革部门及行业归口主管部门初审后，报国家发改委审批，其中大型项目（总投资4亿元以上项目），由国家发改委审核后报国务院审批。小型基本建设项目，限额以下更新改造项目由地方或国务院有关部门审批。

主管部门审批前委托咨询单位或投资评审中心进行评审，主管部门根据评审意见进行审批。

Chapter 3

第三章　可行性研究报告编制及报批

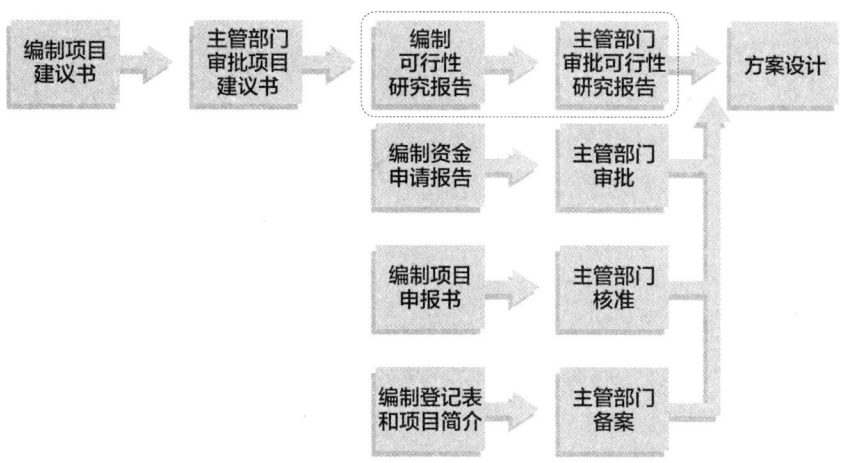

第一节　可行性研究报告编制

一、编制意义

可行性研究报告是从事一种经济活动（投资）之前，对经济、技术、生产、供销及社会各种环境、法律等各种因素进行具体调查、研究、分析，确定有利和不利的因素、项目是否可行，估计成功率大小、经济效益和社会效果程度，为决策者和主管部门审批提供依据。

建设项目可行性研究是指对拟建项目有关的自然、社会、经济、技术等进行调研、分析比较以及预测建成后的社会经济效益。在此基础上，综合论证项目建设的必要性，财务的盈利性，经济上的合理性，技术上的先进性和适应性以及建设条件的可能性和可行性，从而为投资决策提供科学依据。建设项目可行性研究报告分为政府审批核准用可行性研究报告和融资用可行性研究报告。审批核准用的可行性研究报告侧重关注项目的社会经济效益和影响；融资用可行性研究报告侧重关注项目在经济上是否可行。

建设项目可行性研究报告批复后，建设项目才是真正意义上立项，项目可以实质性开展操作层面的工作。

二、可行性研究报告与建议书的区别

项目建设前期工作中的项目建议书和可行性研究报告，通常在研究范围和内容结构上基本相同，但是因为二者所处工作阶段的作用和要求不同，研究目的和工作条件不同，所以在研究重点、深度和计算精度上要求有所不同。主要区别包括：

（1）研究的任务不同。机会研究阶段的项目建议书是为发现市场投资机会提出项目（立项准备）所作的研究分析，主要是论证项目的必要性，而可行性研究报告必须进行全面深入的技术经济论证，做多方案比较，推荐最佳方案，或者否定该项目并提出充分理由，为最终决策提供可靠的依据。

（2）基础资料和依据不同。项目建议书基本的依据是国家的长远规划、行业及地区规划、产业政策，与拟建项目有关的自然资源条件和生产布局状况，项目主管部门的有关批文，初步的市场预测资料，而可行性研究报告除了以批准的项目建议书作为依据外，还有详细的设计资料和经过深入调查研究后掌握的比较翔实确凿的数据与资料，以及建设条件落实情况等作为依据。

（3）内容繁简和深浅程度不一样。项目建议书只要求一个大概的轮廓，内容概略简洁，而可行性研究报告必须详细深入，分析细致，内容翔实。

（4）投资估算的精度要求不一样。项目建议书与实际发生的投资额差距较大，误差允许控制在±30%以内，而可行性研究报告对建设投资和生产成本应该进行分项详细估算，其误差应该控制在±10%以内。

（5）上报的研究成果内容不同。机会研究和初步可行性研究阶段的研究成果包括：项目建议书，附市场初步调查报告、建设地点初选报告、初步勘查报告等文件；而可行性研究阶段的成果包括：可行性研究报告，附市场调查报告、厂址选择报告、地质勘查报告、资源调查报告、规划设计条件（选址意见书）、环境影响评价报告和自然灾害预测资料等文件。

三、可行性研究报告编制条件与资金申请报告书、项目申报书

需要编制项目建议书的项目（见第一章）只有获得建议书批复后才能开展项目可行性研究工作，其他项目可以直接编制可行性研究报告。

1. 资金申请报告书

资金申请报告是指项目投资者为获得政府专项资金支持而出具的一种报告。政府资金支持包括投资无偿补助、奖励、转贷和贷款贴息等方式，只审批资金申请报告。也就是说需要政府专项资金给予补贴的建设项目需要编制资金申请报告，全部申请财政资金的项目编制可行性研究报告。资金申请报告一般是根据政府主管部门发布申报指南或通知进行编报，政策指向性较强。有些补贴性项目在编报资金申请报告书之前要报送可行性研究报告，批

复可行性报告后允许报送资金申请报告书。

资金申请报告书一般格式和要求如下：

（1）项目的背景和必要性：国内外现状和技术发展趋势，对产业发展的作用与影响，产业关联度分析，市场分析。

（2）项目承担单位的基本情况和财务状况

（3）项目的技术基础。成果来源及知识产权情况，已完成的研究开发工作及中试情况和鉴定年限，技术或工艺特点以及与现有技术或工艺比较所具有的优势，该项技术的突破对行业技术进步的重要意义和作用。

（4）建设方案。项目建设的主要内容、建设规模、采用的工艺路线与技术特点、设备选型及主要技术经济指标、项目招标内容、产品市场预测、建设地点、建设工期和进度安排、建设期管理等。

（5）各项建设条件落实情况。其中节能分析章节按照《国家发展改革委关于加强固定资产投资项目节能评估和审查工作的通知》（发改投资〔2006〕2787号）要求进行编写。

（6）投资估算及筹措。项目总投资规模、投资使用方案、资金筹措方案以及贷款偿还计划等。

（7）项目财务分析、经济分析及主要指标。内部收益率、投资利润率、投资回收期、贷款偿还期等指标的计算和评估，项目风险分析，经济效益和社会效益分析。

（8）资金申请报告附件：

1）银行出具的贷款承诺（省级分行以上）文件或已签订的贷款协议或合同；

2）地方、部门配套资金及其他资金来源证明文件；

3）自有资金证明及企业经营状况相关文件（包括营业执照、损益表、资产负债表、现金流量表）；

4）技术来源及技术先进性的有关证明文件；

5）环境保护部门出具的环境影响评价文件的审批意见；

6）节能、土地、规划等必要文件；

7）项目核准或备案文件（在有效期内且未满两年）；已开工项目需提供投资完成、工程进度以及生产情况证明材料；

8）项目单位对项目资金申请报告内容和附属文件真实性负责的声明。

2．项目申报书

项目申报书编报主要是针对不申请财政资金但需要政府核准项目，政府核准项目目录国家定期发布，凡是目录内行业的项目需要报送项目申报书，由政府核准后才能实施。项目申报书主要内容有：项目单位情况、拟建项目情况、资源利用和生态环境影响分析、经济和社会影响分析等。

项目申报书一般格式如下：

（1）申报单位及项目概况。

（2）发展规划、产业政策和行业准入分析。

（3）资源开发及综合利用分析：资源开发方案、资源利用方案、资源节约措施。

（4）节能方案分析：用能标准和节能规范、能耗状况和能耗指标分析、节能措施和节能效果分析。

（5）建设用地、征地拆迁及移民安置分析：项目选址及用地方案、土地利用合理性分析、征地拆迁和移民安置规划方案。

（6）环境和生态影响分析：环境和生态现状、生态环境影响分析、生态环境保护措施（地质灾害的项目，要阐述项目建设所在地的地质灾害情况，分析拟建项目诱发地质灾害的风险，提出防御的对策和措施）、特殊环境影响。

（7）经济影响分析：经济效益或效果分析、行业影响分析、区域经济影响分析、宏观经济影响分析。

（8）社会影响分析：社会影响效果分析、社会适应性分析、社会风险及对策分析。

项目申报书附件如下：

1）城乡规划行政主管部门出具的选址意见书（仅指以划拨方式提供国有土地使用权的项目）；

2）国土资源行政主管部门出具的用地预审意见（不涉及新增用地，在已批准的建设用地范围内进行改扩建的项目，可以不进行用地预审）；

3）环境保护行政主管部门出具的环境影响评价审批文件；

4）节能审查机关出具的节能审查意见；

5）根据有关法律法规的规定应当提交的其他文件。

四、主要工作

在组织编制可行性研究报告之前，项目建设单位应成立专门班子负责该项工作，一般由分管基本建设的单位领导牵头，组织基本建设、业务、财务等部门组建工作班子开展项目可行性研究报告编制工作。可行性研究报告编制需要委托具备相应工程咨询资质的单位（工程咨询资质情况见附录1），可行性报告编制费超过50万元的财政投资项目应公开招标确定工程咨询单位，工程咨询费测算可参照国家颁布的收费标准（工程咨询费标准见附录2）。公开招标要求同项目建议书。

在确定工程咨询单位后签订工程咨询合同，国家有工程咨询合同标准示范文本，可直接或参照使用。签订可行性研究报告编制合同时重点约定双方的权利和义务，在可行性研究期间需要建设单位配合完成大量工作和提供大量资料，要约定清楚建设单位的工作和提供的资料，避免职责不清，责任无法追究；约定咨询报告编制质量，特别是约定咨询单位工作方法和步骤；约定咨询报告评审和审批过程中完善和修改工作；约定咨询报告编制时间。

在可行性研究期间，建设单位一方面配合工程咨询单位调研，收集相关资料，另一方面根据可行性研究报告初步成果和可行性研究报告要求，办理相关手续和意见，如规划选址意见书（规划设计条件）、环境影响评价报告及审批，项目如有新征地内容还需办理土地预审意见等，根据项目具体情况还需要征求相关部门意见，如：电力、通信、供水排水、供暖等市政部门意见，批复供应方案或签订相关协议，有些地方还需要征求人民防空管理部门意见，主要目的是落实项目建设条件。

可行性研究报告初稿完成后，建设单位组织行业、工程、财务等方面专家进行论证，工程咨询单位根据专家论证意见进行完善。

五、可行性研究报告主要内容及主要行业项目一般格式

1. 主要内容

根据不同行业类别，可行性研究内容的侧重点差异较大，但一般应包括以下内容（图3–1）：

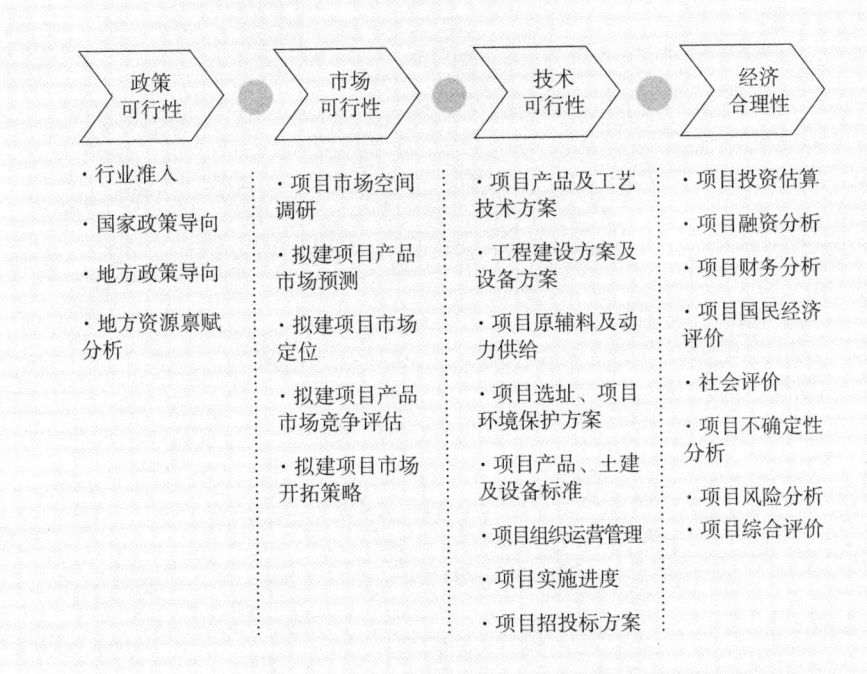

图3-1 可行性研究报告基本内容示意图

（1）政策可行性：主要根据有关的产业政策，论证项目投资建设的必要性；

（2）市场可行性：主要根据市场调查及预测的结果，确定项目的市场定位；

（3）技术可行性：主要从项目实施的技术角度，合理设计技术方案，并进行比选和评价；

（4）经济可行性：主要从投资者的角度，设计合理财务方案，从企业理财的角度进行资本预算，评价项目的财务盈利能力，进行投资决策，并从融资主体（企业）的角度评价股东投资收益、现金流量计划及债务清偿能力。

2. 主要行业可行性研究报告一般格式

（1）工业项目一般格式

1. 总论。总论作为可行性报告的首要部分，综合叙述报告中各部分的主要问题和研究结论，并对项目的可行与否提出最终建议，为可行性研究的审批提供方便。

2. 建设可行性。

3. 市场需求分析。市场分析在可行性研究中的重要地位在于，任何一个项目，其生产规模的确定、技术的选择甚至厂址的选择，都必须在对市场需求情况有了充分了解以后才能决定。而且市场分析的结果，还可以决定产品的价格、销售收入，最终影响到项目的营利性和可行性。在可行性报告中，要详细研究当前市场现状，以此作为后期决策的依据。

4. 产品规划方案。

5. 建设地点与土建总规模。

6. 环保、节能与劳动安全方案。在项目建设中，必须贯彻执行国家有关环境保护、能源节约和职业安全方面的法律法规，对项目可能造成周边环境影响或劳动者健康和安全的因素，必须在可行性研究阶段进行论证分析，提出防治措施，并对其进行评价，推荐技术可行、经济，且布局合理，对环境影响较小的最佳方案。按照国家现行规定，凡从事对环境有影响的建设项目都必须执行环境影响报告书的审批制度，同时，在可行性报告中，对环境保护和劳动安全要有专门论述。

7. 组织和劳动定员。在可行性报告中，根据项目规模、项目组成和工艺流程，研究提出相应的企业组织机构，劳动定员总数及劳动力来源及相应的人员培训计划。

8. 实施进度安排。项目实施时期的进度安排是可行性报告中的一个重要组成部分。是指从正式确定建设项目到项目达到正常生产这段时期，这一时期包括项目实施准备，资金筹集安排，勘察设计和设备订货，施工准备，施工和生产准备，试运转直到竣工验收和交付使用等各个工作阶段。这些阶段的各项工业活动和各个工作环节，有些是相互影响的，前后紧密衔接的，也有同时开展，相互交叉进行的。因此，在可行性研究阶段，需将项目实施时期每个阶段的工作环节进行统一规划，综合平衡，作出合理又切实可行的安排。

9. 招标方案。

10. 财务评价分析。

11. 财务效益。

12. 风险分析及风险防控。

13．结论与建议。

（2）农业项目一般格式

1．总论。项目概况，可行性研究报告的编写依据、范围和指导思想，综合评价。

2．建设条件。项目区概况，项目产业发展建设条件。

3．建设单位基本情况。概述业务情况，建设及运行能力。

4．市场分析与销售方案。国际市场分析，国内市场分析，市场前景分析，销售方案和营销模式。

5．项目建设方案与建设规模。项目工程构成范围，生产技术方案，总平面布置与运输，公用辅助工程，采暖通风和制冷，节能措施。

6．项目实施进度安排。

7．投资估算及资金筹措。投资估算依据、项目投资、资金筹措方案。

8．招标方案。

9．环境影响分析。

10．效益分析。

（3）城市基础设施项目一般格式

1．总论。项目背景、项目名称、承办单位概况、项目建议书编制依据、项目提出的理由与过程，拟建地点、建设规模与目标、主要建设条件、项目投入总资金及效益情况，问题与建议。

2．供需预测。供应现状，现有设施规模、能力、问题，供应预测，规划建设规模能力。需求预测：需求现状，城市社会经济发展对设施的需求；需求预测，预测期间城市社会经济发展对设施的需求量分析，价格现状与预测。

3．建设规模。建设规模与方案比选，推荐建设规模及理由。

4．项目选址。场址现状，建设地点与地理位置，场址土地权属类别与占地面积，改建项目利用现有场地情况；场址条件，地形、地貌、地震，工程地质与水文地质条件，气候条件，城市规划与社会环境条件，交通条件，公用设施社会依托条件，法律支持条件，防洪、排涝设施条件，环境保护要求，征地与拆迁、移民安置条件，施工条件；场址比选，建设条件比选，投资条件比选；推荐场址方案。

5. 技术方案、设备方案、工程方案。项目技术方案：技术方案选择，工艺流程确定，主要工艺流程图、主要技术经济指标；项目设备方案：主要设备选型，主要设备清单；工程方案：主要建筑物、构筑物结构方案描述，特殊基础工程方案，建安工程量及"三材"用量估算，项目利用原有工程情况，主要建、构筑物工程一览表。

6. 原材料、燃料供应。主要原材料供应：主要原材料品种质量、年需要量，主要原材料供应来源与运输方式；燃料供应：燃料品种质量、年需要量，燃料供应来源与运输方式；主要原材料、燃料价格现状与预测；主要原材料、燃料供应表。

7. 总图运输与公用辅助工程。总图布置：项目构成、主要单项工程，生产系统、非生产系统、地上地下管线布置方案，总平面布置图及主要指标；场内外运输：场外运输量及运输方式，场内运输量及运输方式；公用辅助工程：给水排水工程，供电工程，通信设施，供热设施，其他设施。

8. 节能、节水措施。节能措施与能耗指标分析，节水措施与水耗指标分析。

9. 环境保护与消防方案。项目场址环境现状，项目建设与运行对环境的影响，环境保护措施，环境保护设施与投资，环境影响评价。

10. 劳动安全卫生与消防。危害因素与危害程度分析：主要隐患部位，有害物质种类及危害性分析；安全措施方案：采用安全生产和无危害的工艺和设备，对危害部位的危险性作业的保护措施，危险场所的防护措施，职业病防护和卫生保健措施；消防设施。

11. 组织机构设置与人力资源配置。组织机构：项目法人组建方案，管理机构组织方案及体系，机构适应性分析；人力资源配置：劳动定员数量及技能素质要求，职工工资及福利，员工来源及招聘方案，员工培训计划。

12. 项目实施计划。建设工期，项目实施进场安排，项目实施进度计划横道图。

13. 投资估算。投资估算依据，投资估算：建设投资估算（建筑工程费、设备工器具购置费、安装工程费、工程建设其他费用、基本预备费、涨价预备费、建设期利息、投资估算表、分年度投资计划），流动资金估算，投资估算表。

14. 融资方案。资本金筹措：新设项目法人资本金筹措，既有项目法人资本金筹措；债务资金的筹措，融资方案分析。

15. 财务评价。新设项目法人财务评价：财务评价基础数据选择（财务价格、计算期、运营负荷、基础数据选定、其他计算参数），营业收入测算，成本费用估算，财务评价报表；既有项目法人财务评价：不确定分析，项目财务评价，财务评价结论。

16. 社会评价。项目对社会的影响分析；项目与所在地互适性分析：不同利益群体对项目的态度与参与程度，各级组织对项目的态度与支持程度，地方文化状况对项目的适应程度；社会风险分析；社会评价结论。

17. 风险分析。项目主要风险因素识别，风险程度分析，防范和降低风险措施。

18. 研究结论。推荐方案总体描述，推荐方案优缺点描述，主要争论与分歧，结论与建议。

第二节　可行性研究报告审查与报批

一、可行性研究报告审查

可行性研究报告完成后，建设单位组织内部审查和专家论证，重点审查和论证以下几个方面：

1. 必要性

（1）是否有利于宏观效益的提高。固定资产投资项目的效益，包含两个层次：

1）微观层次上的效益，如能够降低生产成本，或者扩大生产，支持本单位事业发展等。

2）宏观层次上的效益，如符合国家当前的产业政策，符合地方经济发展和社会进步的客观需要等。

某项目如果仅对建设单位微观效益有利，但不符合国家产业政策和地方经济发展的客观需要，从理论上讲可以直接给出"不必要"或"不可行"的审查结论。作为内部审查来说，遇到这种情况一般应该提出建议，尽可能使项目的投资方向既符合微观效益的提高，又符合宏观效益提高的要求。

（2）是否存在盲目引进、重复建设的问题。盲目引进主要针对固定资产投资项目中包含的新技术、设备工艺等引进项目；重复建设主要是针对投资项目成果的主要功能是否与本单位、本地区、本部门已建或在建固定资产相重复。

（3）项目背景和必要性。项目背景是指项目建设是在什么背景下提出的，它能够解决建设单位生产、经营、事业、发展中的什么问题，能够满足建设单位哪些需要等。

2. 市场预测

市场预测是可行性研究的基础性环节，一方面它对项目投资必要性从当量分析角度加以说明，另一方面市场能力大小的预测结果将决定项目投资的规模。市场预测的结果也可能直接推翻项目的可行性。

（1）市场预测方法科学性。在可行性研究中的市场预测，通常包括项目运行所需要生产要素的供应市场和项目产品的销售市场两种预测。供应市场的预测方法比较简单，一般可以根据所需的生产要素生产企业的现有生产能力和拟建、扩建中的生产能力进行测算。但也应该注意，有些必要的生产要素并不是以企业化的方式生产出来的，有些要受到国家管制的，上述的预测方法对这些要素的供应就不适用。项目产品销售市场的预测的方法，按照预测期的远近可以分为"市场潜量预测"和"市场趋势预测"两种：

1）市场潜量预测着重分析产品当前的潜在需求量，预测方法有抽样调查法、相关产品分析法和购买力估算法等；

2）市场趋势预测法是预测项目产品在今后一段时期需求发展趋势的方法，包括历史资料外推法、回归分析法、产品寿命周期分析法等。对市场预测方法进行审查时，主要应注意所用方法与预测的内容是否相适用，方法的选择是否符合预测目的的要求等。

（2）审查市场预测所用的数据来源是否可靠。市场预测所用的数据来源主要有历史资料、市场调查资料和由政府和上级部门机构（如行业主管部门、统计部门、商业和外贸部门等）提供的资料，对数据来源可靠性的审查，除了审查其来源是否正规、有据可查外，还要审查数据是否具有代表性和现实意义等。

（3）审查市场预测的范围是否适当和完整。项目运营生产要素的供应市场和项目产品的销售市场，很可能涉及当地市场和外地市场、国内市场和国外市场，特别是发展出口产品和进口替代产品时，预测范围是否完整对确定项目的规模有很大影响。注意在对国际市场预测时，应注意企业的供销预测与国家的进出口能力是否相适应，其中销售预测主要是预测有多少产品可以打入国际市场；供应预测主要是预测我国可能进口的产品数量，而不是世界各国对该产品的总供应量。

（4）审查市场预测项目的适当与完整性。项目的供销市场预测不仅是对可以得到的供应数量和可以实现的销售数量的预测，同时还应该包括对供应和销售有关的重要条件进行预测，包括：

1）在各种不同市场供应和销售的价格；

2）在各种不同市场交纳的税金和费用；

3）未来同类产品的竞争情况；

4）运输方式和运输费用；

5）为了供应和销售而可能引起的各种附加条件等。

（5）形成项目的市场能力。所谓项目的市场能力是指由生产要素的市场供应和项目产品的市场销售而形成的对项目规模的约束。市场能力是项目供销市场预测的工作成果，它为可行性研究之后的各阶段工作提供了基础。审查人员通过以上各项审查以后，可以判断市场预测所形成的项目市场能力是否适当。

3. 项目规模和工艺方案

（1）项目规模确定合理性的审查。

经营性项目首先应确定该项目获得预期利润的起始规模，在此基础上根据项目市场能力提出多种备选方案进行分析比较，找出经济规模最优方案。审查方法包括：

1）用规模经济方法如本量利分析法，测算所确定的项目规模是否能够实现项目预期利润的要求；

2）对照项目的市场能力，判断所确定的项目规模是否符合市场能力的约束条件。

非经营性项目一般是根据项目需求、国家相关标准指标或根据工艺方案进行测算。如科研条件建设项目可根据国家颁布的科研建筑工程规划指标进行测算，高校学生宿舍项目可根据国家颁布学生人均指标测算。

（2）项目工艺方案先进合理性审查。工艺技术的先进程度经常受项目规模的限制，项目规模越大，工艺技术可能越先进。工艺技术的先进程度还应适应国情和企业的实际情况，并不是任何投资项目都是工艺越先进越好。先进的工艺需要其他相关因素与之相配合，如原材料、设备、操作技术和管理水平等，任何一个因素不配合都会导致整体水平的下降。

项目工艺方案先进合理性的审查应该包括：

1）审查项目最优工艺方案。不同的工艺方案，其投资规模、能源消耗量、劳动力需求量、产品成本等都有所不同，这就要求除了审查工艺方案的技术先进、合理性外，还要审查其经济上的合理性。

2）审查设备的选择是否与工艺要求相协调。工艺与设备是密切相关的，先进的工艺要求有先进的设备。

3）审查设备的购置决策是否经济有效。设备投资经常是项目投资中极为重要的部分，对项目经济效益影响较大。因此应该审查：

①在设备购置决策时是否比较了自制、国内采购、国外引进等多种途径，最优途径的确定是否以先进、适用、经济为依据；

②采购设备是否使用最有效的方式，例如实地考察、价格调查和招标投标等，使设备的采购最符合经济原则；

③引进的设备与原有的其他设备是否配套协调；

④引进设备与备品备件、维修保养等关系是否兼顾。

4）审查设备的可靠性和技术资料的完整性。应该审查选择的设备是否有技术鉴定，尤其是引进的设备特别应该注意技术鉴定的可靠性，还应注意所采购的设备有关安装、调试、维护等方面的技术资料是否完整，设备的有效使用有无保障。

（3）项目设计方案的审查

投资项目的设计方案除了工艺技术和设备外，还包括项目选址、三废处理设计和建筑安装工程设计等。

1）项目选址的审查。对于一个新建项目，恰当的选址是非常重要的，它不仅涉及自然资源、水文地质、交通运输和社会基础设施等问题，而且还涉及国家和地方经济发展政策。例如"三废"比较严重的项目，国家规定应建设在限定的区域内。审查项目选址，应当检查项目的选址是否符合国家有关经济、环境政策。

2）审查三废处理设计的合规性。三废的处理设计是设计方案审查的重点内容，首先要调查项目建成运行会产生哪些废气、废水和固体污染物，对环境有什么不良影响；然后检查项目设计方案对这些问题采取了什么有效措施，能否达到国家规定的排放标准；最后应该审查三废治理工程与项目主体工程能否同时设计、同时施工、同时交付使用。

3）建筑安装工程设计的审查。建筑安装工程是为项目功能实现提供基础保障，所以建筑安装工程方案设计必须符合、满足项目工艺和功能要求，防止与功能脱节。

4. 财务预测

（1）与项目投资支出有关的财务预测审查。这部分审查包括对投资估算合理性的审查、投资资金来源的审查以及资金筹措方案优化的审查。

1）投资估算合理性审查。所谓投资估算的合理性，应指与投资活动发生当时取得等量同类生产能力或使用价值的平均成本相当。例如建筑投资项目的估算，应该与投资当时单位建筑面积的实际平均造价相当。评价可行性研究中投资概预算的合理性，应由工程造价专业人员和商务人员进行审查，重点是估算分项是否完整，涵盖项目全部内容和全过程费用；分项分解是否详细，达到能够使用指标进行测算的标准；测算指标是否合理科学，反映当时当地的物价水平。

2）资金来源及筹资方案优化的审查。确认了项目投资估算的合理性以后，应审查投资资金来源的落实和合法性情况。检查与项目有关的投资协议、贷款合同以及建设单位的财务资料，检查投资所需要的资金是否有合法而充裕的资金来源，资金及时到位是否有保障。

在市场经济条件下，筹措资金的渠道往往有很多种，所以在一般情况下，一个固定资产投资项目的资金，是由若干种不同资金来源组成的"拼盘"。在这种情况下，还应该审查"拼盘"投资项目的筹资方案是否经过优化。优化包含以下两个含义：

①筹资方案的综合资金成本最低；

②各项不同资金的占用时间与项目进度以及资金使用回收的现金流量相一致。

（2）与项目投产运行有关的财务预测审查。项目投产运行过程中发生的各项费用、成本、税金、收入也是可行性研究报告中财务预测的重要内容，这部分预测的结果形成投资项目的未来现金流量，是计算项目经济效益指标的重要数据来源，所以应该重点审查其可靠性。审查时应该注意：

1）成本费用、税金和收入的预算审查，应该以经过审查被确认为优化的项目规模为基础，未来的销售量、产量等都不应超越项目规模的界限；

2）注意项目运行的年限预计是否合理，可以参照固定资产的使用年限或项目产品的寿命年限加以评价；

3）由于项目运行的年限一般比较长，运行风险比较高，应注意各种不确定因素对成本费用、税金和收入的影响。

项目财务预测经过审查如果确认不可靠，在结论中应提出重新预测的建议。如果可以确认原财务预测的可靠性，那么以此为基础进行投资项目经济效益的测算。

5. 项目经济效益和社会效益

项目的经济效益和社会效益是投资项目可行性的一个重要的组成部分，它一方面反映投资项目经过实施所带来的最终效果，另一方面也为投资决策，即在若干个可行方案中选择较优方案提供指标数据方面的基础。

（1）项目经济效益指标的测算。由于投入和产出之间的比较存在不同的方法，比较的结果也分别具有不同的优缺点。因此对一个单位或一个项目的评价，应该采用不同的比较方法形成不同的指标进行测算，以反映经济效益的不同侧面。

反映固定资产投资项目经济效益的指标，至少包括：

1）净现值（NPV）＝项目未来报酬总现值－项目原投资额；

2）现值指数（PVI）＝项目未来报酬总现值/项目原投资额；

3）内涵报酬率（IRR）相当于使项目净现值计算等于零所用的折现率；

4）投资回收期（N）＝项目原投资额/每年相等的现金净流量现值。

上述项目经济效益指标测算所用的数据，主要包括：

1）项目运行各年的现金净流量（NCF），该数据的来源是项目运行有关的财务预测结果；

2）将现金净流量折算为现值所用的折现率（I），该数据的来源是投资资金筹措方案所形成的加权平均资金成本；

3）项目的运行年限，该数据系根据投资所形成的固定资产使用年限和项目产品市场寿命年限孰短原则确定；

4）项目的原始投资额，该数据的来源是可行性研究报告中经审查被确认为合理的投资估算。

（2）项目的社会效益评价。项目的社会效益评价一般以定性方法为主，包括对贯彻国家经济政策的影响、对地方经济建设的影响、对地方社会进步和生态环境改善的影响、对缩小城乡差别和贫富差别的影响、对提高我国某领域的科学技术水平和国民健康文化水平的影响等。

（3）宏观经济效益的评价。宏观经济效益评价是指从国民经济的角度评价投资项目对国家和社会所产生的效益。应注意宏观经济效益评价的特点：

1）宏观经济效益衡量的价值标准是利税之和，而不是利润；

2）对投入和产出的价格计量应该以国际市场价格为基础；

3）不仅应该计算项目的直接经济效益，而且还应该评价项目所带来的间接效果。

二、可行性研究报告报批

建设单位完成可行性研究报告审查后，以报送可行性研究报告请示文件报送主管部门（单位），在报送可行性报告时，注意检查可行性研究报告主要附件是否完整，主要有项目建议书批复文件（如有）、规划部门关于工程建设规划意见、项目用地预审意见（新征用地）或国有土地使用权证、环保部门关于项目环境影响评价审批意见、行业主管部门关于可行性研究报告的行业审查意见书、项目相关配套条件（电力、水、资金）协议及有效证明文件。

主管部门受理后进行初步审查，如基本符合投资要求，一般委托投资评审机构或社会中介机构进行评审，评审单位在评审过程中一般组织建设单位汇报与答辩。主管部门在评审基础上进行审批。

只有可行研究报告批复后，建设项目才是真正意义上立项，相关实质工作才可以全面开展，投资计划部门可以安排部分资金开展前期工作，如项目设计、设备选型等。

第四章　方案设计及工程勘察

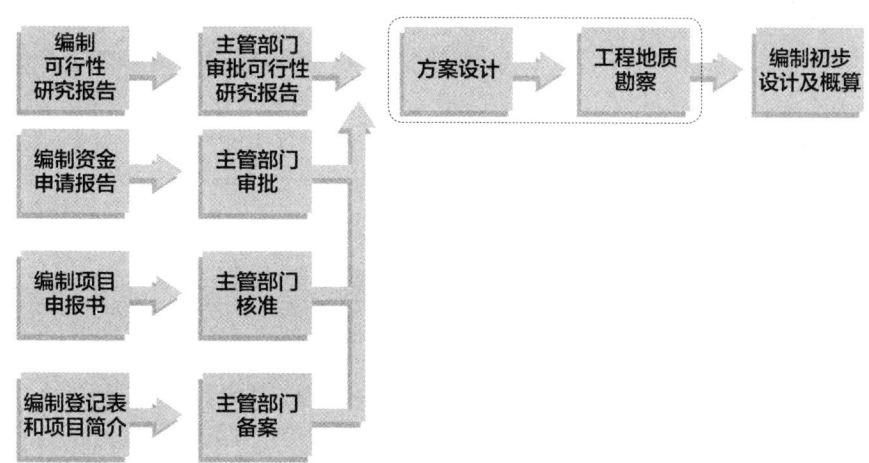

第一节　方案设计

一、方案设计条件及意义

方案设计是项目立项之后的重要阶段，非建筑工程项目或没有建筑工程子项的项目一般不开展方案设计，直接编制初步设计。

方案设计是一个极富创造性的设计阶段，它涉及设计者的知识水平、经验、灵感和想象力等。方案设计包括设计需求分析、系统功能分析、原理方案设计几个过程。该阶段主要是从分析需求出发，确定实现产品功能和性能所需要的总体对象。设计人员根据设计任务书的要求，运用自己掌握的知识和经验，布局合理的功能系统，选择合适的技术系统，构建经济、适用、美观的视觉系统。

二、主要工作

在组织方案设计之前，建设单位需要开展以下工作：

1. 确定设计单位

一般来说，一个项目只确定一个设计单位，便于项目各部分设计的完整和各阶段设计的衔接。如果项目内容跨度大，如一个项目内既有复杂的房屋建筑，又有专业性很强的行业内容，可以采用联合设计，也可以单独委托；如果属于大型项目，根据项目特点也可以分阶段委托，如项目所在地没有较高水平的设计单位，可以将方案设计与其他阶段设计分开，开展方案设计全球或全国范围内招标，充分体现方案设计在整体项目设计中地位。考虑到初步设计和施工图设计需要在当地报批，以及施工图设计与项目施工期间联系紧密，初步设计与施工图设计可以在项目所在地招标。

如果设计费不超过50万元，可以通过比选方式直接委托；如果设计费超过50万元，且使用国有资金的项目需要按照国家规定通过公开招标的形式选择设计单位，招标程序和要求同工程咨询招标，见第二章，工程设计资质标准见附录3，工程设计收费标准见附录4。

项目设计专业性、技术性很强，且经验性较强，建设单位在选择设计单位时一方面要考虑其是否具有与项目性质相关的资质，另一方面要考虑其是否具备与项目性质相关的设计经验，即相关业绩。

由于方案设计阶段可能会面临多次修改，有的还可能发生颠覆性修改。在合同签订时要重点约定，在什么情况下增加设计费用，以及修改进度。

2. 编制设计任务书

建设单位通过编制设计任务书进一步细化可行性研究报告中的技术指标，优化项目工艺技术，收集项目功能需求；设计单位通过研究设计任务书，了解建设单位的设计要求和项目需求，以及项目的设计条件。

建设单位基本建设管理部门组织项目使用部门或业务部门和设计单位共同参与设计任务书编制，由建设单位提出设计要求和项目需求，设计单位提出需要提供的资料与参数，通过调研、论证完成设计任务书编制。

设计任务书一般格式及要求如下：

一、项目基本情况

项目名称：××××。

项目批准文件：文号、名称。

项目位置：依据项目立项批复。

用地规模：依据规划意见书。

建设规模：依据项目立项批复。

项目背景：依据可研报告简单描述。

项目主要用途：简单描述。

建筑类型：（单层、多层、小高层、高层、别墅）依照可研报告填写。

投资规模：依据立项批复的总投资规模。

项目进度要求：指设计单位的设计周期。

二、项目周边环境及配套设施情况

地理位置及周边环境：简单描述，包括周边现有建筑物情况、是否有需要保留的古树名木等、文物情况等，并提供电子地形图。

气候及气象条件：依据可研报告。

地形地貌：简单描述。

初步地质勘察报告（或拟建建筑周围可供参考的地质勘察报告）：对大型项目或地质情况较复杂的项目提供，一般项目可不提供。

地震基本烈度：有特殊要求需注明，但不得低于当地设防烈度。

道路交通情况：注明周边现有道路名称。

现有市政配套设施情况：给水、排水、中水、电力、电信、网络、有线电视、燃气、热力等。

三、设计目标

目标与功能定位，外观形象要求、寓意要求、象征意义、与周边建筑的关系要求、园林绿化要求、功能分区要求等。

四、规划设计条件

规划意见书（或规划设计条件）中的主要规划要求，包括：

总用地面积。

总建设用地面积（以钉桩成果为准）。

其他各种用地，如居住、商业、代征等用地的面积。

容积率。

建筑密度。

建设性质。

建筑控制规模。

建筑高度。

建筑退让原则。

绿地率。

交通部门开口要求。

停车要求。

以及其他消防、人防、日照、环保等内容。

五、项目使用部门人员构成、业务构成、业务流程

使用部门（单位）人员构成。

业务构成及业务流程。

建筑功能使用要求如表1所示。

主要建筑功能及面积分配表（表中面积为使用面积）　　　　表1

名称	规模	使用功能技术要求	备注
（例）		有无上下水、电力、通风、气体、气流流向、防水、洁净度、温度、湿度、消防（消防介质水、干粉、气体）、重量等使用要求	内置物件名称及重量/工作内容等
大（重）型仪器室			
×××专用仪器室			
药品室			
洁净间			
生物安全实验室			
专用机房			
网络机房			
恒温恒湿室			
气瓶间			
药品室			
样品室			
危险品仓库			
档案室			
书库			
GMP/GLP用房			
冷库			
仓库			
其他用房			
……			

六、对项目设计的技术要求

1．总平面设计

与周边建筑的关系、交通组织、绿化、景观设计以及外线设计要求等。

2.地下层设计

须对地下层的使用提出功能和位置要求，如：人防、库房、管理用房、车库、活动用房、恒温恒湿室等。

3.地上各层设计

提出楼层的净高要求，对功能区位置关系、流线关系以及有特殊楼层使用要求的用房提出要求。

4.外立面造型设计要求

提出本建筑与周围环境、周边建筑及当地的建筑风格等的关系，并可适当提出对立面材料的选用等基本要求。说明建筑外立面是否有夜景灯光需要。

5.屋面设计要求

需考虑是按上人屋面设计还是按不上人屋面设计，如为上人屋面，提出上人屋面的使用用途。

6.建筑内部装饰、装修及建筑材料要求

明确建筑的装修标准，如对建筑物室内不同使用功能的房间的装修材料是否有特殊要求。

7.无障碍要求

如有特殊要求需提出。

8.结构

建筑物的合理使用年限（依据《建筑结构可靠度设计统一标准》）。

有特殊荷载要求的部位要明确。

结构选型建议（结构选型应受力合理、安全可靠、经济耐用、易于建造并与建筑造型协调统一）：砖混、框架、钢结构。

9.暖通

（1）空调系统：

冷源：冷源是来自冷冻机组、VRV系统、水（地）源热泵等。

热源：热源是来自市政还是单位或小区自供等。

终端设备：风盘、VRV、散热器（铸铁、钢制、铝铜制等）等。

（2）通风系统：

需明确哪些用房需要通风系统（如：有通风柜、排毒柜、生物安全柜、专用仪器通风要求的房间）。

防排烟措施的要求，在满足防火规范的要求基础上是否有特殊房间的要求。

10. 给水排水

给水：

水源接入位置，冷、热水的给水路由、管径、压力情况。

各类水泵房的位置（在室内还是室外）和设置要求。

是否设置中水系统和雨水回收系统（依照市政和环保部门的统一规划实施），如设置中水需明确是市政中水还是设计中水机房。

拟建区内现有消防设施情况。

排水：

明确排水路由、管径、标高等技术要求。

是否雨、污分流（雨、污合流）。

卫生器具选用原则（如：大便器具采用蹲式还是坐式，冲洗按钮采用脚踏还是感应等）。

是否有特殊污水处理要求。

11. 强电

明确电源引入的详细情况（如电源电压等级、几回路供电、供电点位置等）。

是否需要发电机房。

明确现有及未来主要设备的用电负荷。

明确有特殊动力用电要求的设备。

明确有独立接地要求的设备。

明确计量方式（楼、层、房间等）。

12. 弱电及建筑智能化（明确各系统的标准）

以下各项可根据项目的需求情况选择使用。

办公自动化系统。

公共广播系统。

会议系统。

通信网络系统。

建筑设备监控系统。

火灾自动报警与消防联动控制系统。

安全防范及车库管理系统（含入侵报警、视频安防、出入控制、电子巡查等）。

智能化集成系统、智能卡应用系统。

弱电机房的设置原则（是否单独设置）。

信息网络系统、信息引导及发布系统、信息网络安全管理系统。

电话交换系统。

室内移动通信覆盖系统。

有线电视及卫星电视接收系统。

公共服务系统。

13．环境保护与节能

能源利用。

是否利用太阳能技术。

是否采用可再生能源。

特殊节能要求。

14．工程造价

提供当地定额及取费文件。

三、设计方案审查

设计单位完成方案设计后，建设单位组织项目使用部门或业务部门进行设计方案审查。同时，还需要组织行业专家和工程技术专家进行论证，在完成建设单位组织的论证后，设计单位根据论证意见进一步完善设计方案。一般一个设计方案要经历多次的论证后才趋于完善。

建设单位在组织论证及审查时，重点是审查设计方案是否充分体现设计任务书要求，工艺技术是否先进、合理，功能是否符合需求，外观造型是否美观、经济，以及方案设计文件是否达到国家规定的深度。

方案设计文件一般格式及深度要求：

一、一般要求

1．方案设计文件包括内容

设计说明书，包括各专业设计说明以及投资估算等内容。

总平面图、交通分析图、景观分析图以及建筑设计图纸（平面图、立面图、剖面图、户型图等，若为城市区域供热或区域煤气调压站，应提供热能动力专业的设计图纸）。

设计委托或设计合同中规定的透视图、鸟瞰图、模型等。

2．方案设计文件编排顺序

封面；

扉页；

设计文件目录；

设计说明书；

设计图纸。

二、设计说明书，包括：

1．设计依据、设计要求及主要技术经济指标；

2．总平面设计说明；

3．建筑设计说明；

4．结构设计说明；

5．建筑电气设计说明；

6．给水排水设计说明；

7．采暖通风与空气调节设计说明；

8．热能动力设计说明；

9．投资估算编制说明及投资估算表。

三、设计图纸

1．总平面设计图纸

场地的区域位置。

场地的范围（用地和建筑物各角点的坐标或定位尺寸、道路红线）。

场地内及四邻环境的反映（四邻原有及规划的城市道路和建筑物，场地内需保留的建筑物、古树名木、历史文化遗存、现有地形与标高、水体、不良地质情况等）。

场地内拟建道路、停车场、广场、绿地及建筑物的布置，并表示出主要建筑物与用地界线（或道路红线、建筑红线）及相邻建筑物之间的距离。

拟建主要建筑物的名称、出入口位置、层数与设计标高，以及地形复杂时主要道路、广场的控制标高。

指北针或风玫瑰图、比例。

根据需要绘制下列反映方案特性的分析图：功能分区、空间组合及景观分析、交通分析（人流及车流的组织、停车场的布置及停车泊位数量等）、地形分析、绿地布置、日照分析、分期建设等。

主要指标：

容积率；

建筑密度；

公共绿地；

绿地总面积；

绿地率；

道路广场总面积；

建筑红线；

建筑坐标。

2. 建筑设计图纸

平面图应表示的内容：

（1）平面的总尺寸、开间、进深尺寸或柱网尺寸（也可用比例尺表示）；

（2）各主要使用房间的名称；

（3）结构受力体系中的柱网、承重墙位置；

（4）各楼层地面标高、屋面标高；

（5）室内停车库的停车位和行车线路；

（6）底层平面图应标明剖切线位置和编号，并应标示指北针；

（7）必要时绘制主要用房的放大平面和室内布置；

（8）图纸名称、比例或比例尺。

立面图应表示的内容：

（1）体现建筑造型的特点，选择绘制一两个有代表性的立面；

（2）各主要部位和最高点的标高或主体建筑的总高度；

（3）当与相邻建筑（或原有建筑）有直接关系时，应绘制相邻或原有建筑的局部立面图；

（4）图纸名称、比例或比例尺。

剖面图应表示的内容：

（1）剖面应剖在高度和层数不同、空间关系比较复杂的部位；

（2）各层标高及室外地面标高，室外地面至建筑檐口（女儿墙）的总高度；

（3）若遇有高度控制时，还应标明最高点的标高；

（4）剖面编号、比例或比例尺。

表现图（透视图或鸟瞰图）：

方案设计应根据合同约定，提供外立面表现图或建筑造型的透视图或鸟瞰图。

3．热能动力设计图纸（当项目为城市区域供热或区域煤气调压站时提供）

主要设备平面布置图及主要设备表。

工艺系统图。

工艺管网平面布置图。

四、设计方案报批

建设单位完成设计方案审查后，根据上级管理部门和地方建设行政管理部门的要求报批设计方案。各行业主管部门和各地方建设行政管理部门要求不太一致，行业主管部门一般不要求报批设计方案，除非重大或重要项目。建设行政管理部门中的规划、人民防空部门，一般要求报批设计方案。

第二节　工程勘察

一、工程勘察条件及意义

工程勘察主要为岩土工程勘察，可分为可行性研究勘察（选址勘察）、初步勘察和详细勘察三阶段。其中，可行性研究勘察应符合场地方案确定的要求，一般项目可以不开展此项工作，除非对地质影响较大或地质对项目影响较大的项目；初步勘察应符合初步设计的要求；详细勘察应符合施工图设计的要求。为简化基本建设流程，一般将初步勘察与详细勘察合并，在方案设计完成后即开展初步勘察与详细勘察。

在方案设计基本完成后，即可开展工程勘察。为什么一定要在方案设计基本完成后才能开展工程勘察呢？因为只有初步的建筑方案形成后，才能判断建筑位置、与红线关系、建筑形态、占地、大致结构类型等，才能确定工程勘察方案。

工程勘察工作是下一步设计和施工的基础。不同类型、不同规模的工程活动都会给地质环境带来不同程度的影响；反之，不同的地质条件又会给工程建设带来不同的效应。工程勘察的目的主要是查明地形情况、工程地质条件，分析存在的地质问题，对建筑区域做出工程地质评价。

工程勘察按照不同勘察阶段的要求，反映场地的工程地质条件，并结合工程设计、施工条件以及地基处理等工程的具体要求，进行技术论证和评价，对岩土工程问题提出具体建议，并提出基础、边坡等工程的设计准则和岩土工程施工的指导性意见，为设计、施工提供依据，服务于工程建设的全过程。

根据勘察对象的不同，可分为：水利水电工程（主要指水电站、水工构造物的勘察）、铁路工程、公路工程、港口码头、大型桥梁及工业、民用建筑等。由于水利水电工程、铁路工程、公路工程、港口码头等工程一般比较重大，投资造价及重要性高，国家分别对这些类别的工程勘察进行了专门的分类，编制了相应的勘察规范、规程和技术标准等，通常这些工程的勘察称为工程地质勘察。因此，通常所说的"岩土工程勘察"主要指工业、民用建筑工程的勘察，勘察对象主体主要包括房屋楼宇、工业厂房、学校楼舍、医院建筑、市政工程、管线及架空线路、岸边工程、边坡工程、基坑工程、地基处理等。

岩土工程勘察内容主要有：工程地质调查和测绘、勘探及采取土试样、原位测试、室内试验、现场检验和检测，最终根据以上几种或全部手段，对场地工程地质条件进行定性或定量分析评价，编制满足不同阶段所需的成果报告文件。

二、主要工作

选择工程勘察单位。选择工程勘察单位方法同设计单位，工程勘察费没有超过50万元的项目，可以直接通过比选确定工程勘察单位；超过50万元且使用国有资金的项目，需要通过公开招标确定工程勘察单位，公开招标程序和要求同工程咨询招标，见第一章项目建议书招标，工程勘察收费标准见附录6。在选择工程勘察单位时要注意选择具备相应资质的单位，工程勘察资质情况见附录5。

收集工程勘察所需要的资料。（1）提供本工程批准文件（复印件），以及用地情况（附红线范围）；（2）提供工程勘察任务委托书、技术要求和工作范围的地形图、建筑总平面布置图；（3）提供勘察工作范围已有的技术资料及工程所需的坐标与标高资料；（4）提供勘察工作范围地下已有埋藏物的资料（如电力、电信电缆、各种管道、人防设施、洞室等）及具体位置分布图。建设单位向工程勘察单位提供的文件资料，一定要准确、可靠。建设单位如不能提供上述有关资料，可以委托工程勘察单位提供，但需支付相应费用。

协调工程勘察现场。工程勘察时，项目场地可能还没有清空，地上物可能影响工程勘察操作，建设单位需要为工程勘察单位协调。

组织工程勘察成果审查。工程勘察工作完成后，工程勘察单位向建设单位提供工程勘察成果。工程勘察成果因涉及工程安全，需要委托具备审查工程勘察成果资质的第三方进行审查，并出具工程勘察成果审查报告。

三、工程勘察成果

岩土工程勘察报告应根据任务要求、勘察阶段、工程特点和地质条件等具体情况编写，一般包括下列内容：

（1）勘察目的、任务要求和依据；

（2）拟建工程概况；

（3）勘察方法和勘察工作布置；

（4）场地地形、地貌、地层、地质构造、岩土性质及其均匀性；

（5）各项岩土性质指标、岩土的强度参数、变形参数、地基承载力的建议值；

（6）地下水埋藏情况、类型、水位及其变化；

（7）土和水对建筑材料的腐蚀性；

（8）可能影响工程稳定的不良地质作用的描述和对工程危害程度的评价；

（9）场地稳定性和适宜性的评价。

Chapter 5

第五章　初步设计及深度要求

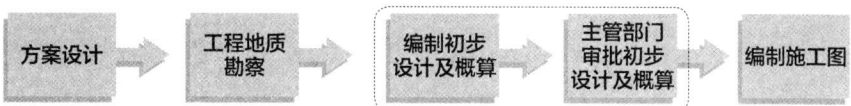

第一节　初步设计条件及意义

一、初步设计条件

在设计方案定稿并完成相关审批，且工程勘察工作完成并通过审查后，方可全面开展初步设计工作。

二、初步设计意义

初步设计是基本建设程序中的重要环节，在财政投资项目的建设中尤为重要，它不仅是对项目技术层面进行全面设计，解决项目一些关键技术问题，还要对项目总投资进行全面测算，是核定项目投资的重要依据。初步设计概算批复后，项目投资即被框定，原则上项目执行不得突破批复的概算。

第二节　主要工作

一、调研工艺设备

工艺设备是项目重要组成部分，初步设计需要描述、列示工艺设备名称、规格型号、技术参数以及价格，建筑工程需要按照工艺设备要求进行建筑、结构和给水排水、供电暖通及空调等设计。大型项目的工艺设备复杂、专业，设计单位难以掌握这类设备的技术参数和市场情况，需要建设单位发挥熟悉行业优势，组织业务部门深入调研工艺设备情况，包括市场主流的设备情况、规格型号参数、市场价格等，有些需要进口的设备可能还要组织国外考察。

二、审查初步设计及概算

1. 初步设计审查

重点审查以下内容：

（1）建设规模和内容

项目的建设规模和内容直接影响项目投资，应核查项目建设规模、建设内容、功能划分与项目的可行性批复是否一致，是否符合相关项目建设标准。在审核中如发现初步设计阶段的建设规模与可研批复发生重大变化的，应重新调整初步设计方案；因功能要求或客观条件无法调整的，应重新按照项目主管部门的要求进行立项审批，一般性变化可在初步设计说明文件中进行说明。

（2）各专业初步设计方案

应针对初步设计各专业方案选取合理性、设计深度等问题进行审查。通常建筑工程设计审查重点是：材料设备选择、地基基础形式、结构类型、建筑内外装修方案、水电暖通方案等。

1）基础形式及基坑支护。建设项目地基基础属于隐蔽工程，对项目的安全性起着至关重要的作用，且所占项目投资造价比例较高。通常多层建设项目地基基础工程投资能够达到建设项目总体投资的10%～20%，高层建设项目地基基础工程投资甚至能够达到建设项目总体投资的15%～25%，部分建设项目如地基基础承载力不足还需进行地基处理，工程投资还将进一步增加。在建设项目审查中，应结合项目地勘报告对基础设置形式进行分析论证，分析地基承载力是否满足要求。对地基处理方案、降水方案、基坑支护方案、地基抗浮方案（如有）初步设计，应对设计方案的技术经济合理性进行分析，选择最优设计方案。

2）结构形式。结构形式对工程造价会产生较大影响，随着城市发展高层建筑、大跨度建筑的项目越来越多，同时对于人群密集公共建设项目要求建筑设防等级提高，因此，结构工程在整个项目投资中所占的比例越来越大。在初步设计方案审查中，应该对结构形式进行科学合理的论证，对于重大方案也可以通过价值工程进行比选。如大跨度报告厅初步设计，楼盖为预应力混凝土结构，楼顶设置绿化，采用预应力混凝土屋面结构造成屋顶钢筋及混凝土用量大增，同时也加重了结构体系中竖向受力构件及基础的荷载，使项目整体结构不经济。

3）室内外装修。建筑装修设计方案关系到能否实现建筑功能与美观，同时也对建筑物投资产生较大的影响。国内各行业领域都推行节俭，杜绝奢靡浪费，对于使用政府投资或国有资金的建设项目在室内外装修方案的选择上，应进行多种类型材料的对比分析，选择性价比最优的方案、与建筑功能相匹配的方案。

4）变配电、空调等设备。初步设计审查中应对项目变配电单位指标进行核算，审核项目变配电容量设置的合理性，避免变配电设备选择不合理，造成设备投资浪费，或者用电容量不足等情况。应对建筑物冬季采暖及夏季制冷的负荷进行计算，合理选取空调主机的功率，并根据建筑物的使用功能特点合理选择空调设置方案。

5）市政配套方案。市政基础设施条件的齐备是项目建设正常运行的保证，因此在进行项目初步设计时，必须要求项目落实各项市政管线及设施，主要包括给水、排水、中水（如有）、燃气、热力、供电、电信等，确定管线接入口具体位置、路径、材质、埋深等主要技术参数。对于周围市政条件不完善的项目，要有合理的替代方案。

6）重要材料、设备选择。审查初步设计所采用的主要材料和设备是否符合可研报告要求，是否与项目功能定位、工艺要求相符，是否为市场主流材料和设备。

2. 概算审查

合理准确的审查初步设计概算是建立在对设计全面理解和合理调整的基础上，根据项目选择的最优方案开展概算审查能够起到事半功倍的效果。初步设计概算一般包括工程费用、工程建设其他费、预备费等。概算审查应注意以下事项：

（1）工程量的审核

工程量是一切费用计算的基础，工程量的真实性和准确性对工程投资的影响较大。因此，初步设计概算审查的重点应首先核算工程量是否合理准确，要避免工程量多计或少计，甚至是漏计，特别是一些大项目。

（2）定额套用及取费的审核

设计概算审查应审查定额选用、项目套用是否正确合理，应审查在定额套用中是否忽略定额综合解释，发生重复计取等问题。定额套用应符合项目方案，材料设备价格选择可参考当地造价信息并进行市场询价，价格水平应合理、客观。取费应按照工程类型分专业确定，研究费用定额及取费文件，特别要注意调价文件审核费用计算基数、税金费率套用是否合理等。

（3）工程建设其他费用的审核

工程建设其他费用包括：基础设施建设费等行政收费、建设单位管理费、前期咨询费、勘察设计费、招投标代理费等，对工程建设其他费用在审查阶段已经签订合同的，应按照合同费用计取。工程其他费用审核一定要全面，不漏项，特别是一些地方行政收费和项目实施中可以预见一定发生的费用，如：拆迁补偿、深基坑支护等。

（4）与同类建设项目投资水平进行比较

对于社会同一时期建设的同类项目，投资水平应具有一定的可比性，特别是对于幼儿园、医院、学校等具有一定标准配置的建设项目，在完成初步设计概算审查后，可查询同类建设项目资料对费用进行对比。对费用差距较大的项目应分析原因，如为客观原因应进行分析说明，如地基承载力不足、市政条件不完善等引起的投资增加。

初步设计及概算审查是项目前期控制投资的一个重要阶段。要高质量地完成审查工作，必须对初步设计方案进行深入研究、理解，并结合项目情况对项目方案进行合理优化，这是保证审查质量的核心。同时，结合优化方案对设计概算进行审查，做到概算与方案保持一致。

三、报批

初步设计报批分建设行政管理部门审批和投资主管部门审批。各地方建设行政管理部门要求不同，一般只有人民防空部门要求报批初步设计，也有一些地方的交通、园林、规划等部门要求报送初步设计。在完成建设行政管理部门审批后，并按照其审批意见完成修改，报投资主管部门审批，一般是立项审批部门审批初步设计概算，也有只审批概算，初步设计由行业部门审批。

第三节　初步设计文件格式及深度要求

一、一般要求

1．初步设计文件

设计说明书，包括设计总说明、各专业设计说明；

有关专业的设计图纸；

工程概算书。

2．初步设计文件的编排顺序

封面。

扉页。

设计文件目录。

设计说明书。

设计图纸。

概算书。

二、设计总说明

1．工程设计的主要依据

2．工程建设的规模和设计范围

3．设计指导思想和设计特点

4．总指标

5．提请在设计审批时需解决或确定的主要问题

6．总说明中已叙述的内容，在各专业说明中可不再重复

三、总平面

1．在初步设计阶段，总平面专业的设计文件应包括设计说明书、设计图纸、根据合同约定的鸟瞰图或模型。

2．设计说明书

3．设计图纸

（1）区域位置图（根据需要绘制）。

（2）总平面图。

1）保留的地形和地物；

2）测量坐标网、坐标值，场地范围的测量坐标，道路红线、建筑红线或用地界线；

3）场地四邻原有及规划道路的位置（主要坐标或定位尺寸）和主要建筑物及构筑物的位置、名称、层数、建筑间距；

4）建筑物、构筑物的位置（人防工程、地下车库、油库、贮水池等隐蔽工程用虚线表示），其中主要建筑物、构筑物应标注坐标（或定位尺寸）、名称（或编号）、层数；

5）道路、广场的主要坐标（或定位尺寸），停车场及停车位、消防车道及高层建筑消防扑救场地的布置，必要时加绘交通流线示意；

6）绿化、景观及休闲设施的布置示意；

7）指北针或风玫瑰图；

8）主要技术经济指标表，该表也可列于设计说明内；

9）说明栏内注写：尺寸单位、比例、地形图的测绘单位、日期，坐标及高程系统名称（如为场地建筑坐标网时，应说明其与测量坐标网的换算关系），补充图例及其他必要的说明等。

（3）竖向布置图

1）场地范围的测量坐标值（或注尺寸）；

2）场地四邻的道路、地面、水面及其关键性标高；

3）保留的地形、地物；

4）建筑物、构筑物的名称（或编号），主要建筑物和构筑物的室内外设计标高；

5）主要道路、广场的起点、变坡点、转折点和终点的设计标高，以及场地的控制性标高；

6）用箭头或等高线表示地面坡向，并表示出护坡、挡土墙、排水沟等；

7）指北针；

8）注明：尺寸单位、比例、补充图例；

9）本图可视工程的具体情况与总平面图合并；

10）根据需要利用竖向布置图绘制土方图及计算初平土方工程量。

四、建筑

1. 初步设计阶段，建筑专业设计文件应包括设计说明书和设计图纸。

2. 设计说明书

3. 设计图纸

（1）平面图

1）标明承重结构的轴线、轴线编号、定位尺寸和总尺寸；

2）绘出主要结构和建筑构配件；

3）表示主要建筑设备的位置；

4）表示建筑平面或空间的防火分区和防火分区分隔位置和面积，宜单独成图；

5）标明室内、外地面设计标高及地上、地下各层楼地面标高；

6）标明指北针（画在底层平面）；

7）标明剖切线及编号；

8）绘出有特殊要求或标准的厅、室的室内布置；也可根据需要选择绘制标准层、标准单元或标准间的放大平面图及室内布置图；

9）列出各类建筑设计规范要求计算的技术经济指标（也可在说明中列出）

10）标明图纸名称、比例。

（2）立面图

应选择绘制主要立面，立面图上应标明：

1）两端的轴线和编号；

2）立面外轮廓及主要结构和建筑部件的可见部分；

3）平、剖面未能表示的屋顶及屋顶高耸物、檐口（女儿墙）、室外地面等主要标高或高度；

4）图纸名称、比例。

（3）剖面图

剖面应剖在层高、层数不同、内外空间比较复杂的部位，剖面图应准确、清楚的标示出剖到或看到的各相关部分内容，并应表示：

1）主要内、外承重墙、柱的轴线，轴线编号；

2）主要结构和建筑构造部件，如：地面、楼板、屋顶、檐口、女儿墙、吊顶、梁、柱、内外门窗、天窗、楼梯、电梯、平台、雨篷、阳台、地沟、地坑、台阶、坡道等；

3）各层楼地面和室外标高，以及室外地面至建筑檐口或女儿墙顶的总高度，各楼层之间尺寸及其他必需的尺寸等；

4）图纸名称、比例。

（4）对于紧邻的原有建筑，应绘出其局部的平、立、剖面图。

五、结构

1．在初步设计阶段结构专业设计文件应有设计说明书和必要时提供结构布置图。

2．设计说明书

3．设计图纸（较复杂的工程提供）

标准层、特殊楼层及结构转换层平面结构布置图，注明定位尺寸、主要构件的截面尺寸；条件许可时，提供基础平面图。

特殊结构部位的构造简图。

4．内部作业

与建筑及其他专业配合，确定结构形式及布置。

提出能为编制概算所需的结构简图及附加的文字说明。

对高层建筑、大型公共建筑和复杂的建（构）筑物应作必要的计算工作，计算书经校审后保存。

六、建筑电气

1．初步设计阶段，建筑电气专业设计文件应包括设计说明书、设计图纸、主要电气设备表、计算书（供内部使用及存档）。

2．设计说明书，包括：

（1）设计依据；

（2）设计范围；

（3）各类系统负荷、容量、等级、敷设、电源、选型、安装、运行等各相关参数信息及标准；

（4）建筑物防雷；

（5）接地及安全；

（6）需提请在设计审批时解决或确定的主要问题。

3．设计图纸

（1）电气总平面图（仅有单体设计时，可无此项内容）。

（2）变、配电系统：

1）高、低压供电系统图；

2）平面布置图；

3）标示房间层高、地沟位置、标高（相对标高）。

（3）配电系统一般只绘制内部作业草图，不对外出图。

4．照明系统

5．热工检测及自动调节系统

（1）需专项设计的自控系统需绘制热工检测及自动调节原理系统图；

（2）控制室设备平面布置图。

6．火灾自动报警系统

（1）火灾自动报警系统图；

（2）消防控制室设备布置平面图。

7．通信系统

（1）电话系统图；

（2）站房设备布置图。

8．防雷系统、接地系统

9．其他系统

（1）各系统所属系统图；

（2）各控制室设备平面布置图。

10．主要设备表

注明设备名称、型号、规格、单位、数量。

11．设计计算书（供内部使用及存档）

因条件不具备不能进行计算的内容，应在初步设计中说明，并应在施工图设计时补算。

七、给水排水

1．初步设计阶段，给水排水专业设计文件应包括设计说明书、设计图纸、主要设备表、计算书（内部使用并存档）。

2．设计说明书

（1）设计依据；

（2）设计范围；

（3）室外给水设计：

1）水源；

2）用水量；

3）给水系统；

4）消防系统；

5）中水系统；

6）循环冷却水系统；

7）当采用重复用水的系统较大时，应概述系统流程，净化工艺并绘制水量平衡图；

8）管材、接口及敷设方式。

（4）室外排水设计：

1）现有排水条件简介；

2）说明设计采用的排水制度、排水出路；

3）说明或用表格列出生产、生活排水系统的排水量；

4）说明雨水排水采用的暴雨强度公式（或采用的暴雨强度）、重现期、雨水排水量等；

5）管材、接口及敷设方式。

（5）建筑给水排水设计：

1）说明或用表格列出各种用水量标准，用水单位数，工作时间，小时变化系数，最高日用水量，最大时用水量；

2）给水系统；

3）消防系统；

4）热水系统；

5）对水质、水温、水压有特殊要求或设置饮用净水、开水系统者，应说明采用的特殊技术措施，并列出设计数据及工艺流程、设备选型等；

6）中水系统；

7）排水系统；

8）管材、接口及敷设方式。

（6）节水、节能措施：说明高效节水，节能设备及系统设计中采用的技术措施等。

（7）对有隔振及防噪要求的建（构）筑物，说明给水排水设施所采取的技术措施。

（8）对特殊地区的给排水设施，说明所采取的相应技术措施。

（9）需提请在设计审批时解决或确定的主要问题。

3．设计图纸

（1）给水排水总平面图：

1）全部建筑物和构筑物的平面位置、道路等，并标出主要定位尺寸或坐标、标高，指北针（或风玫瑰图）等；

2）给水、排水管道平面位置，标注出干管的管径、流水方向、闸门井、消火栓井、水表井、检查井、化粪池等和其他给排水构筑物位置；

3）场地内给水、排水管道与城市管道系统连接点的控制标高和位置；

4）消防系统、中水系统、冷却循环水系统、重复用水系统的管道的平面位置，标注出干管的管径。

（2）给水排水局部总平面图：

1）取水构筑物平面布置图；

2）水处理厂（站）总平面布置及工艺流程图。

（3）建筑给排水平面图：

1）绘制给排水底层、标准层、管道和设备复杂层的平面布置图，标出室内外接管位置、管径等。

2）绘制机房平面布置图。

3）绘制给水系统、排水系统、各类消防系统、循环水系统、热水系统、中水系统等系统原理图，标注干管管径，设备设置标高，建筑楼层编号及层面标高。

4）绘制水处理流程图（或方框图）。

4．主要设备表

按子项分别列出主要设备的名称、型号、规格（参数）、数量。

5．计算书（内部使用）

八、采暖通风与空气调节

1．采暖通风与空气调节初步设计应有设计说明书，除小型、简单工程外，初步设计还应包括设计图纸、设备表及计算书。

2．设计说明

（1）设计依据；

（2）设计范围；

（3）设计计算参数；

（4）采暖：

1）采暖热负荷；

2）叙述热源状况、热媒参数、室外管线及系统补水与定压；

3）采暖系统形式及管道敷设方式；

4）采暖分户热计量及控制；

5）采暖设备、散热器类型、管道材料及保温材料的选择。

（5）空调：

1）空调冷、热负荷；

2）空调系统冷源及冷媒选择，冷水、冷却水参数；

3）空调系统热源供给方式及参数；

4）空调风、水系统简述，必要的气流组织说明；

5）监测与控制简述；

6）空调系统的防火技术措施；

7）管道的材料及保温材料的选择；

8）主要设备的选择。

（6）通风：

1）需要通风的房间或部位；

2）通风系统的形式和换气次数；

3）通风系统设备的选择和风量平衡；

4）通风系统的防火技术措施。

（7）防烟、排烟：

1）防烟及排烟简述；

2）防烟楼梯间及其前室、消防电梯前室或合用前室以及封闭式避难层（间）防烟设施和设备选择；

3）中庭、内走道、地下室等，需要排烟房间的排烟设施和设备选择；

4）防烟、排烟系统风量叙述，需要说明的控制程序。

（8）需提请在设计审批时解决或确定的主要问题，

3．设备表

列出主要设备的名称、型号、规格、数量等。

4．设计图纸

（1）采暖通风与空气调节初步设计图纸一般包括图例、系统流程图、主要平面图。

（2）系统流程图应表示热力系统、制冷系统、空调水路系统、必要的空调风路系统、防排烟系统、排风、补风等系统的流程和上述系统的控制方式。

（3）采暖平面图

绘出散热器位置、采暖干管的入口、走向及系统编号。

（4）通风、空调和冷热源机房平面图

绘出设备位置、管道走向、风口位置、设备编号及连接设备机房的主要管道等，大型复杂工程还应注出大风管的主要标高和管径，管道交叉复杂处需绘局部剖面。

5．计算书（供内部使用）

对于采暖通风与空调工程的热负荷、冷负荷、风量、空调冷热水量、冷却水量、管径、主要风道尺寸及主要设备的选择，应做初步计算。

九、热能动力

1．在初步设计阶段，热能动力专业设计文件应有设计说明书、设计图纸、主要设备表、计算书。

2．设计说明书

（1）设计依据；

（2）设计范围和内容；

（3）锅炉房：

1）热负荷的确定及锅炉形式的选择；

2）热力系统及辅机选择；

3）噪声防、治措施；

4）燃料系统；

5）简述锅炉房及附属间的组成，对扩建发展的考虑等；

6）技术指标。

（4）其他动力站房

1）热交换站：

说明加热介质及其参数、供热负荷、供热介质及其参数，简述热力系统、水处理系统、补水定压方式，确定换热器及配套辅助设备。

2）气体站房：

说明各种气体的用途、用量和参数，供气系统，主要设备选择。若为可燃气体站房，应明确有关安全措施。

3）柴油发电机房：

说明供油系统及排烟方式。

4）燃气调压站：

说明燃气用量、调压前后参数、调压器选择，有关安全措施。

5）气体瓶组站

说明各种气体用量及其参数、调压和供气方式、瓶组数量。若为可燃气体，应明确有关安全措施。

（5）室内管道：

确定各种介质负荷与参数，说明管道及附件的选用，管道敷设方式及保温材料的选择，燃气管道的安全措施。

（6）室外管网：

确定各种介质负荷与参数，说明管道走向及敷设方式，明确主要管材和附件的选用，注明保温防腐方式和保温材料的选择，

（7）需提请在设计审批时解决或确定的主要问题

3. 设计图纸

（1）锅炉房

1）设备平面布置图；

2）热力系统图。

（2）其他动力站房

较大热交换站参照锅炉房出图深度。其他动力站房在初步设计阶段可不出图。

（3）室内外动力管道

室内动力管道可不出图，室外动力管道根据需要绘制平面走向图。

4. 主要设备表

列出主要设备名称、规格、技术参数、单位和数量。该表也可附在设计说明书中。

5. 计算书（供内部使用）

十、概算

1. 概算需提供能满足编制设计概算的各专业经过校审并签字的设计图纸（或内部作业草图）、文字说明和主要设备表，其中：

（1）土建工程中建筑专业提交建筑平、立、剖面图和初步设计文字说明；结构专业提交结构平面布置图、构件截面尺寸、特殊构件配筋率；

（2）给水排水、电气、采暖通风、空气调节、动力等专业的平面布置图或文字说明和主要设备表；

（3）室外工程有关各专业提交平面布置图；总图专业提交建设场地的地形图和场地设计标高及道路、排水沟、挡土墙、围墙等构筑物的断面尺寸。

2. 设计概算文件分为：单位工程概算书；单项工程综合概算书；建设项目总概算书。

总概算书由承担建设项目总体设计的单位负责编制。只承担单项工程设计而不承担总体设计的单位，只编制单项工程综合概算书。

Chapter 6

第六章　施工图设计

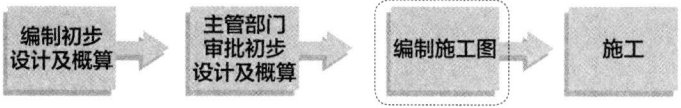

编制初步设计及概算　→　主管部门审批初步设计及概算　→　编制施工图　→　施工

第一节　施工图设计条件及意义

施工图设计工作需要在初步设计及概算获得批复后进行，按照初步设计批复的方案、规模以及投资开展设计工作，即限额设计。

施工图设计为工程设计的最后阶段，主要通过图纸，把设计者的意图和全部设计结果表达出来，作为施工制作和验收的依据，它是设计和施工工作的桥梁。对于工业项目来说，包括建设项目各分部工程的详图和零部件，结构件明细表，验收标准方法等；民用工程施工图设计应形成所有专业的设计图纸，含图纸目录、说明和必要的设备材料表，并按照要求编制工程预算书。施工图设计文件，应满足设备材料采购，非标准设备制作和施工的需要。

第二节　主要工作

一、采购工艺设备

建设项目一般都含有工艺设备，通过安装调试后以满足生产需求，工艺设备安装大部分与建筑是关联的，也就是说工艺设备安装需要与建筑空间和构件协调，否则要么无法安装，要么安装后不能充分发挥设备功能，所以在施工图设计时要充分考虑工艺设备规格、型号、安装方式等。

通常建设项目在初步设计及概算批复后即可开始实施工艺设备采购，为施工图设计更准确地体现工艺设备安装需求，特别是与建筑联系紧密的设备，一方面确定了具体设备后，建筑空间和构造形式更好适应设备安装和使用；另一方面，确定了设备供应商之后，可以配合施工图设计工作，特别对一些大型复杂的项目尤为重要。

工艺设备采购价格超过100万元且使用国有建设资金的项目，需要通过公开招标的方式选择工艺设备供应商；采购价格在100万元以下的，可以通过比选直接选择供应商。

设备招标程序和工程咨询招标程序基本相同，见第二章。如果采购的是进口设备，其招标程序与工程咨询招标程序有所不同，一般程序是：委托机电产品国际招标代理机构—编制招标文件—专家评审—机电产品进口办备案—公告并发售招标文件—开标评标—结果公示—结果备案—发中标通知书。

设备采购时要注意明确设备的规格型号、技术参数以及培训、运行维护服务等，进口设备还要注意汇率和退税问题。

二、办理相关专项审批

在施工图设计阶段，一般需要办理规划、消防、抗震、人防、节能等专项审批。各地方要求不同，建设单位可以向办理施工许可证的部门咨询，因为所有专项审批都是办理施工许可证的前置条件。专项审批时间较长，建设单位应根据项目特点和地方要求及时办理。各专项审批要求设计图纸深度不同，可以在施工图设计期间办理相关专项审批，不需要等施工图设计全部完成后再办理报批，这样可以加快项目前期工作进度。

三、施工图强制审查

施工图审查是指建设行政主管部门认定的施工图审查机构按照有关法律、法规，对施工图涉及公共利益、公众安全和工程建设强制性标准的内容进行的审查。施工图未经审查合格的，不得使用。因此，施工图审查是一项强制性的工作，因此又称为施工图强审。

建设单位在完成施工图设计，并取得《建设工程规划许可证》后，在办理施工招标和施工许可证之前，建设单位应当委托有资格的审图单位进行施工图审查。施工图审查费用由建设单位承担。

1. 施工图审查时应提供下列文件和资料的复印件

（1）规划管理部门核发的《建设工程规划许可证》；

（2）批准立项文件、主要的初步设计文件及批准文件；

（3）有关部门对消防、抗震、人防、节能等专项审批意见书；

（4）工程勘察成果报告（详勘）；

（5）施工图设计全套图纸文件（结构专业计算书，注明计算软件名称及版本）；

（6）审查需要提供的其他资料。

2. 建筑工程施工图主要审查以下内容

（1）是否符合国家有关工程建设强制性标准和规范；

（2）是否按照经批准的初步设计文件进行施工图设计，施工图是否达到规定的设计深度标准要求；

（3）工程勘察是符合国家及当地的有关技术标准及规定；

（4）结构设计是否安全；

（5）是否损害公众利益。

审查合格的项目，审查单位负责人及审查人员应在审查报告上签字、盖章，并向建设单位发出《建筑工程施工图设计文件审查通知书》。

对于审查不合格的项目，审查单位将有审查单位负责人和审查人员签字并盖章的《建筑工程施工图设计文件审查报告》交建设单位，由原设计单位修改后，建设单位重新送审。

施工图一经审查批准，不得擅自进行修改。如遇特殊情况需对已审查过的主要内容进行修改时，必须重新报请原审查单位批准后实施。建筑工程竣工验收时，有关部门应按照审查批准的施工图进行验收。

四、施工图内部审核

施工图内部审核是指建设单位按照设计合同约定对设计单位提交的施工图进行审核，与强审不同。强审重点是施工图设计是否符合国家强制性规范，特别是涉及公共安全部分。内部审核是全面性的，主要是施工图设计是否符合批复的初步设计规模及内容，设计深度是否符合要求，细部功能做法是否合理，材料设备选用是否合适，各专业图纸是否配套等。

施工图审核专业性较强，技术力量较强的建设单位可针对项目特点和以往项目管理经验，编制施工图审核要点，针对要点，分专业组织图纸审查；

技术力量弱的建设单位可以通过召开专家评审会的方式组织施工图审核。内审的目的使施工图所表达的内容符合建设单位和初步设计的意图，选用的做法和材料符合项目实际，各专业图纸相互配套等。

第三节　施工图设计内容与深度要求

一、一般要求

1．施工图设计文件

（1）合同要求所涉及的所有专业的设计图纸以及图纸总封面。

（2）合同要求的工程预算书。

2．总封面应标明以下内容：

（1）项目名称；

（2）编制单位名称；

（3）项目的设计编号；

（4）设计阶段；

（5）编制单位法定代表人、技术总负责人和项目总负责人的姓名及其签字或授权盖章；

（6）编制年月。

二、总平面

1．在施工图设计阶段，总平面专业设计文件应包括图纸目录、设计说明、设计图纸、计算书。

2．图纸目录

3．设计说明

4．总平面图

总平面图在初步设计的基础上，还需表达以下内容：

（1）建筑物、构筑物（人防工程、地下车库、油库、贮水池等隐蔽工程以虚线表示）的名称或编号、层数、定位（坐标或相互关系尺寸）。

（2）广场、停车场、运动场地、道路、无障碍设施、排水沟、挡土墙、护坡的定位（坐标或相互关系）尺寸。

（3）建筑物、构筑物使用编号时，应列出"建筑物和构筑物名称编号表"。

5．竖向布置图

竖向布置图在初步设计的基础上，还需表达以下内容：

（1）广场、停车场、运动场地的设计标高。

（2）道路、排水沟的起点、变坡点、转折点和终点的设计标高（路面中心和排水沟顶及沟底）、纵坡度、纵坡距、关键性坐标，道路表明双面坡或单面坡，必要时标明道路平曲线及竖曲线要素。

（3）挡土墙、护坡或土坎顶部和底部的主要设计标高及护坡坡度。

（4）用坡向箭头表明地面坡向，当对场地平整要求严格或地形起伏较大时，可用设计等高线表示。

6．土方图

（1）场地四界的施工坐标。

（2）设计的建筑物、构筑物位置。

（3）20m×20m或40m×40m方格网及其定位，各方格点的原地面标高、设计标高、填挖高度、填区和挖区的分界线，各方格土方量、总土方量。

（4）土方工程平衡表。

7．管道综合图

（1）总平面布置。

（2）场地四界的施工坐标（或注尺寸）、道路红线及建筑红线或用地界线的位置。

（3）各管线的平面布置，注明各管线与建筑物、构筑物的距离和管线间距。

（4）场外管线接入点的位置。

（5）管线密集的地段宜适当增加断面图，表明管线与建筑物、构筑物、绿化之间及管线之间的距离，并注明主要交叉点上下管线的标高或间距。

（6）指北针。

8．绿化及建筑小品布置图

（1）绘出总平面布置。

（2）绿地（含水面）、人行步道及硬质铺地的定位。

（3）建筑小品的位置（坐标或定位尺寸）、设计标高、详图索引。

（4）指北针。

（5）注明尺寸单位、比例、图例、施工要求等。

9．详图

10．计算书（供内部使用）

三、建筑

1．在施工图设计阶段，建筑专业设计文件应包括图纸目录、施工图设计说明、设计图纸、计算书。

2．图纸目录

3．施工图设计说明

4．设计图纸

（1）平面图

1）承重墙、柱及其定位轴线和轴线编号，内外门窗位置、编号及定位尺寸，门的开启方向，注明房间名称或编号；

2）轴线总尺寸、轴线间尺寸、门窗洞口尺寸、分段尺寸；

3）墙身厚度，柱与壁柱宽、深尺寸及其与轴线关系尺寸；

4）变形缝位置、尺寸及做法索引；

5）主要建筑设备和固定家具的位置及相关做法索引，如卫生器具、雨水管、水池、台、橱、柜、隔断等；

6）电梯、自动扶梯及步道、楼梯（爬梯）位置和楼梯上下方向示意和编号索引；

7）主要结构和建筑构造部件的位置、尺寸和做法索引，如中庭、天窗、地沟、地坑、重要设备或设备机座的位置尺寸、各种平台、夹层、人孔、阳台、雨篷、台阶、坡道、散水、明沟等；

8）楼地面预留孔洞和通气管道、管线竖井、烟囱、垃圾道等位置、尺寸和做法索引，以及墙体预留洞的位置、尺寸与标高或高度等；

9）车库的停车位和通行路线；

10）特殊工艺要求的土建配合尺寸；

11）室外地面标高、底层地面标高、各楼层标高、地下室各层标高；

12）剖切线位置及编号；

13）有关平面节点详图或详图索引号；

14）指北针；

15）每层建筑平面中防火分区面积和防火分区分隔位置示意；

16）屋面平面应有女儿墙、檐口、天沟、坡度、坡向、雨水口、屋脊（分水线）、变形缝、楼梯间、水箱间、电梯间、天窗及挡风板、屋面上人孔、检修梯、室外消防楼梯及其他构筑物，必要的详图索引号、标高等；

17）图纸名称、比例；

（2）立面图

1）两端轴线编号，立面转折较复杂时可用展开立面表示，但应准确注明转角处的轴线编号；

2）立面外轮廓及主要结构和建筑构造部件的位置，以及关键控制标高的标注；外墙的留洞应注尺寸与标高或高度尺寸（宽×高×深及定位关系尺寸）；

3）平、剖面未能表示出来的屋顶、檐口、女儿墙、窗台以及其他装饰构件、线脚等的标高或高度；

4）在平面图上表达不清的窗编号；

5）各部分装饰用料名称或代号，构造节点详图索引；

6）图纸名称、比例；

7）各个方向的立面应绘齐全；内部院落或看不到的局部立面，可在相关剖面图上表示；若剖面图未能表示完全时，则需单独绘出。

（3）剖面图

1）剖视位置应选在层高不同、层数不同、内外部空间比较复杂，具有代表性的部位；建筑空间局部不同处以及平面、立面均表达不清的部位，可绘制局部剖面。

2）墙、柱、轴线和轴线编号；

3）剖切到或可见的主要结构和建筑构造部件；

4）高度尺寸；

5）标高；

6）节点构造详图索引号；

7）图纸名称、比例。

（4）详图

1）内外墙节点、楼梯、电梯、厨房、卫生间等局部平面放大和构造详图；

2）室内外装饰方面的构造、线脚、图案等；

3）特殊的或非标准门、窗、幕墙等应有构造详图；

4）其他凡在平、立、剖面或文字说明中无法交代或交代不清的建筑构配件和建筑构造。

（5）对紧邻的原有建筑，应绘出其局部的平、立、剖面，并索引新建筑与原有建筑结合处的详图号。

5．计算书（供内部使用）

四、结构

1．在施工图设计阶段，结构专业设计文件应包含图纸目录、设计说明、设计图纸、计算书（内部归档）。

2．图纸目录

3．结构设计总说明

4．基础平面图

（1）绘出定位轴线、基础构件的位置、尺寸、底标高、构件编号，基础底标高不同时，应绘出放坡示意。

（2）标明结构承重墙与墙垛、柱的位置与尺寸、编号，并注明断面变化关系尺寸。

（3）标明地沟、地坑和已定设备基础的平面位置、尺寸、标高，无地下室时，±0.000标高以下的预留孔与埋件的位置、尺寸、标高。

（4）提出沉降观测要求及测点布置。

（5）说明中应包括基础持力层及基础进入持力层的深度，地基的承载能力特征值，基底及基槽回填土的处理措施与要求，以及对施工的有关要求等。

（6）桩基应绘出桩位平面位置及定位尺寸，说明桩的类型和桩顶标高、入土深度、桩端持力层及进入持力层的深度、成桩的施工要求、试桩要求和桩基的检测要求，注明单桩的允许极限承载力值。

（7）当采用人工复合地基时，应绘出复合地基的处理范围和深度，置换桩的平面布置及其材料和性能要求、构造详图；注明复合地基的承载能力特征值及压缩模量等有关参数和检测要求。

当复合地基另由有设计资质的单位设计时，主体设计方应明确提出对地基承载力特征值和变形值的控制要求。

5. 基础详图

6. 结构平面图

一般建筑的结构平面图，均应有各层结构平面图及屋面结构平面图，具体内容为：

（1）绘出定位轴线及梁、柱、承重墙、抗震构造柱等定位尺寸，并注明其编号和楼层标高；

（2）注明预制板的跨度方向、板号、数量及板底标高，标出顶留洞大小及位置；预制梁、洞口过梁的位置和型号、梁底标高；

（3）现浇板应注明板厚、板面标高、配筋，标高或板厚变化处绘局部剖面，有预留孔、埋件、已定设备基础时应示出规格与位置，洞边加强措施；当预留孔、埋件、设备基础复杂时，亦可放大另绘；

（4）有圈梁时应注明位置、编号、标高，可用小比例绘制单线平面示意图；

（5）楼梯间可绘斜线注明编号与所在详图号；

（6）电梯间应绘制机房结构平面布置图，注明梁板编号、板的厚度与配筋、预留洞大小与位置、板面标高及吊钩平面位置与详图；

（7）屋面结构平面布置图内容与楼层平面类同，当结构找坡时应标注屋面板的坡度、坡向、坡向起终点处的板面标高，当屋面上有留洞或其他设施时，应绘出其位置、尺寸与详图，女儿墙或女儿墙构造柱的位置、编号及详图。

7. 节点构造详图

8. 楼梯图、预埋件、特种结构和构筑物

9. 建筑幕墙的结构设计文件

（1）按有关规范规定，幕墙构件在竖向、水平荷载作用下的设计计算书。

（2）施工图纸，包括：

1）封面、目录（单另成册时）；

2）幕墙构件立面布置图，图中标注墙面材料、竖向和水平龙骨（或钢索）材料的品种、规格、型号、性能；

3）墙材与龙骨、各向龙骨间的连接、安装详图；

4）主龙骨与主体结构连接的构造详图及连接件的品种、规格、型号、性能。

10．钢结构

（1）钢结构设计图应由具有设计资质的设计单位完成，设计图的内容和深度应满足编制钢结构施工详图的要求。

（2）钢结构设计图

1）设计说明；

2）基础平面及详图应表达钢柱与下部混凝土构件的连接构造详图；

3）结构平面布置图；

4）构件与节点详图。

（3）钢结构施工详图

11．结构计算书（内部归档）

所有计算书应校审，并由设计、校对、审核人在计算书封面上签字，作为技术文件归档。

五、建筑电气

1．在施工图设计阶段，建筑电气专业设计文件应包括图纸目录、施工设计说明、设计图纸主要设备表、计算书（供内部使用及存档）。

2．图纸目录：先列新绘制图纸，后列重复使用图。

3．施工设计说明

4．设计图纸

（1）施工设计说明、补充图例符号、主要设备表可组成首页，当内容较多时，可分设专页。

（2）电气总平面图（仅有单体设计时，可无此项内容）

（3）变、配电站

1）高、低压配电系统图（一次线路图）；

2）平、剖面图；

3）继电保护及信号原理图；

4）竖向配电系统图；

5）相应图纸说明。

（4）配电、照明

1）配电箱（或控制箱）系统图；

2）配电平面图；

3）照明平面图；

4）图中表达不清楚的，可随图作相应说明。

（5）热工检测及自动调节系统

1）普通工程宜选定型产品，仅列出工艺要求。

2）需专项设计的自控系统需绘制；热工检测及自动调节原理系统图、自动调节方框图、仪表盘及台面布置图、端子排接线图、仪表盘配电系统图、仪表管路系统图、锅炉房仪表平面图、主要设备材料表、设计说明。

（6）建筑设备监控系统及系统集成

（7）防雷、接地及安全

1）绘制建筑物顶层平面；

2）绘制接地平面图；

3）当利用建筑物（或构筑物）钢筋混凝土内的钢筋作为防雷接闪器、引下线、接地装置时，应标注连接点，接地电阻测试点，预埋件位置及敷设方式，注明所涉及的标准图编号、页次；

4）随图说明；

5）除防雷接地外的其他电气系统的工作或安全接地的要求，如果采用共用接地装置，应在接地平面图中叙述清楚；交代不清楚的，应绘制相应图纸。

（8）火灾自动报警系统

1）火灾自动报警及消防联动控制系统图、施工设计说明、报警及联动控制要求；

2）各层平面图，应包括设备及器件布点、连线，线路型号、规格及敷设要求。

（9）其他系统

1）各系统的系统框图；

2）说明各设备定位安装、线路型号规格及敷设要求；

3）配合系统承包方了解相应系统的情况及要求，审查系统承包方提供的深化设计图纸。

5．主要设备表

注明主要设备名称、型号、规格、单位、数量。

6．计算书（供内部使用及归档）

施工图设计阶段的计算书，只补充初步设计阶段时应进行计算而未进行计算的部分，修改因初步设计文件审查变更后，需重新进行计算的部分。

六、给水排水

1．施工图设计阶段的给水排水专业设计文件

应包括图纸目录、施工图设计说明、设计图纸、主要设备表、计算书。

2．图纸目录

先列新绘制图纸，后列选用的标准图或重复利用图。

3．设计总说明

设计总说明、图例。

4．给水排水总平面图

（1）绘出各建筑物的外形、名称、位置、标高、指北针（或风玫瑰图）；

（2）绘出全部给排水管网及构筑物的位置（或坐标）、距离、检查井、化粪池型号及详图索引号；

（3）对较复杂工程，应将给水、排水（雨水、污废水）总平面图分开绘制，以便于施工（简单工程可以绘在一张图上）。

（4）给水管注明管径、埋设深度或敷设的标高，宜标注管道长度，并绘制节点图，注明节点结构、闸门井尺寸、编号及引用详图（一般工程给水管线可不绘节点图）；

（5）排水管标注检查井编号和水流坡向，标注管道接口处市政管网的位置、标高、管径、水流坡向。

5．排水管道高程表和纵断面图

排水管道绘制高程表。

对地形复杂的排水管道以及管道交叉较多的给排水管道，应绘制管道纵断面图；

6．取水工程总平面图

绘出取水工程区域内的地形等高线、取水头部、吸水管线（自流管）、集

水井、取水泵房、栈桥、转换闸门及相应的辅助建筑物、道路的平面位置、尺寸、坐标、管道的管径、长度、方位等，并列出建（构）筑物一览表。

7. 取水工程流程示意图

8. 取水头部（取水口）平、剖面及详图

9. 取水泵房平、剖面及详图

10. 其他建筑物平、剖面及详图

11. 输水管线图

12. 给水净化处理厂（站）总平面布置图及高程系统图

13. 各净化建（构）筑物平、剖面及详图

14. 水泵房平、剖面图

15. 水塔（箱）、水池配管及详图

16. 循环水构筑物的平面、剖面及系统图

17. 污水处理

18. 建筑给水排水图纸、平面图、系统图、局部设施、详图

19. 主要设备材料表

主要设备、器具、仪表及管道附配件可在首页或相关图上列表表示。

20. 计算书（内部使用）

根据初步设计审批意见进行施工图阶段设计计算；

21. 当为合作设计时，应依据主设计方审批的初步设计文件，按所分工内容进行施工图设计。

七、采暖通风与空气调节

1. 在施工图设计阶段，采暖通风与空气调节专业设计文件应包括图纸目录、设计与施工说明、设备表、设计图纸、计算书。

2. 图纸目录

先列新绘图纸，后列选用的标准图或重复利用图。

3. 设计说明和施工说明

设计说明、施工说明、图例。

4. 设备表，施工图阶段，型号、规格栏应注明详细的技术数据。

5. 平面图

（1）绘出建筑轮廓、主要轴线号、轴线尺寸、室内外地面标高、房间名称。底层平面图上绘出指北针。

（2）采暖平面绘出散热器位置，注明片数或长度，采暖干管及立管位置、编号；管道的阀门、放气、泄水、固定支架、伸缩器、入口装置、减压装置、疏水器、管沟及检查人孔位置。注明干管管径及标高。

（3）二层以上的多层建筑，其建筑平面相同的，采暖平面二层至顶层可合用一张图纸，散热器数量应分层标注。

（4）通风、空调平面用双线绘出风管，单线绘出空调冷热水、凝结水等管道。标注风管尺寸、标高及风口尺寸，标注水管管径及标高；各种设备及风口安装的定位尺寸和编号；消声器、调节阀、防火阀等各种部件位置及风管、风口的气流方向。

（5）当建筑装修未确定时，风管和水管可先出单线走向示意图，注明房间送、回风量或风机盘管数量、规格。建筑装修确定后，应按规定要求绘制平面图。

6．通风、空调剖面图

（1）风管或管道与设备连接交叉复杂的部位，应绘剖面图或局部剖面。

（2）绘出风管、水管、风口、设备等与建筑梁、板、柱及地面的尺寸关系。

（3）注明风管、风口、水管等的尺寸和标高，气流方向及详图索引编号。

7．通风、空调、制冷机房平面图

（1）机房图应根据需要增大比例，绘出通风、空调、制冷设备的轮廓位置及编号，注明设备和基础距离墙或轴线的尺寸。

（2）绘出连接设备的风管、水管位置及走向；注明尺寸、管径、标高。

（3）标注机房内所有设备、管道附件的位置。

8．通风、空调、制冷机房剖面图

9．系统图、立管图

10．详图

11．计算书（供内部使用）

八、热能动力

1．在施工图设计阶段，热能动力专业设计文件应包括图纸目录、设计说明和施工说明、主要设备表、设计图纸、计算书。

2. 图纸目录

先列新绘制设计图纸，后列选用的标准图、通用图或重复利用图。

3. 设计说明和施工说明

4. 设计图纸

（1）锅炉房

1）热力系统图；

2）绘出设备平面布置图，对规模较大的锅炉房还应绘出主要设备剖面图，注明设备定位尺寸及设备编号；

3）绘出汽、水、风、烟等管道布置平面图，当规模较大、管道系统复杂时，应绘出管道布置剖面图，并注明管道阀门、补偿器、管道固定支架安装位置以及就地安装一次测量仪表的位置等；

4）其他图纸应根据工程情况进行绘制。

（2）其他动力站房

1）管道系统图（或透视图）；

2）设备管道平面图、剖面图。

（3）室内管道

1）管道平面布置图；

2）管道系统图（或透视图）；

3）安装详图（或局部放大图）。

（4）室外管网

1）管道平面布置图；

2）管道纵断面图国；

3）管道横断面图；

4）节点详图。

5. 主要设备表

列出主要设备名称、规格、各项技术参数、单位和数量。

6. 计算书（供内部使用）

施工图阶段的计算书系根据初步设计审批意见进行调整计算。

Chapter 7

第七章　项目实施

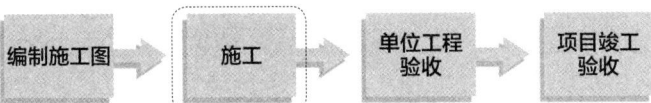

编制施工图　➔　施工　➔　单位工程验收　➔　项目竣工验收

第一节　实施规划

建设项目从采购、施工准备到施工属于实施阶段，大中型建设项目实施一般要经历几年时间，不仅时间跨度大，而且实施内容复杂，需要进行系统规划，统筹实施。实施规划统筹三个方面问题，即做什么、怎么做、何时做。做什么就是工作内容，要分解工作；怎么做就是用什么样人力采用什么方式去做；何时做就是工作时序。

一、管理机构

项目立项以后，建设单位成立项目实施机构，基本构成是总负责人（一般为项目法人单位的分管领导）、建设单位代表（项目经理）和专业负责人。实施机构中最核心的是建设单位代表，即建设单位项目经理，具体组织项目实施。一般一个建设单位代表只负责一个项目，小型项目除外。总负责人负责对上衔接、协调和监督建设单位代表以及专业负责人工作。专业负责人根据项目特点进行配备，部分专业负责人可以临时聘用。专人负责人具体负责项目某一专业技术工作，可以同时负责几个项目。

二、工作安排

组织机构落实以后，需要编制项目总体进度控制计划、工程报批报建计划、投资分解控制计划、招标计划、分包进场计划、主要材料选样计划、施工难点控制计划、样板确认计划等。

通过工作计划将工作内容以一定的工作方式落实到具体责任人、参与人员和起止时间。工作计划应分阶段编制，内容尽可能详实，目标尽可能明确，制订时需要与该项工作具体责任人协商。工作计划一旦制订，下一步工作要按照工作计划开展和考核。工作计划发送到所有项目实施机构成员，报送到相关领导。工作计划在出现不可抗逆的情况下要根据实际情况进行调整，以便更好地指导项目实施工作。如表7-1所示。

工作安排计划表 表7-1

工作阶段	工作内容	工作方案与目标	起止时间	责任人	参与人
……	……	……	……	……	……

三、年度投资

合理的资金筹措是保证项目顺利实施的基础，在项目实施前应按年度对项目资金需求进行科学测算，按照工作计划以及项目造价指标实事求是分解测算。如表7-2所示。

年度投资计划表 表7-2

项目实施年份	工作阶段及内容	测算依据	年度投资
第一年			
第二年			
第三年			

四、资料管理

资料管理是项目实施管理的重要组成部分，在项目实施前应编制管理规划。资料管理规划包括：资料管理依据、资料收集大纲、收集方法、资料整理归档方法、资料日常使用方法等。

根据国家重大建设项目档案管理办法或建设工程文件归档整理规程要

求，结合具体项目特点，编制资料收集目录，结合工作安排，将资料收集任务落实到具体责任人，制订资料收集任务一览表或大纲。如表7-3所示。

资料管理规划表 表7-3

资料收集目录	收集阶段	责任人

资料管理规划中明确资料管理人员，资料管理人员根据资料收集一览表或大纲定期向资料收集责任人催要资料，对已取得的资料及时整理归档。

第二节　施工准备

一、施工场地

1. 施工场地清理

施工场地内如有建筑、设施，需要落实拆迁，拆迁可分两步：第一步是使用人腾退建筑或设施；第二步拆除。建设单位委托拆除单位进行拆除，拆除后的建筑垃圾及时清理，达到场地平整，也可以完成腾退后，将拆除工程纳入施工招标范围内。根据拆迁经验，最好是一边腾退一边拆除，有利于整个拆迁快速完成。施工场地内如有较大树林，根据当地园林要求办理移伐手续，委托园林绿化单位移伐。全面清理施工场地内地下设施，特别是途经场地的管线和与其它场地相关的设施，要把位置、标高调查清楚；需要改移的可先改移，也可将改移工作包含在总包招标范围内。需要保护的设施要在总包招标文件中表达。

2. 场地施工条件

围绕施工所需要的供电、供水、排水、运输、通信条件，在施工前需要逐项落实。如果供电、供水需要从市政线路上接入，还需与相应电力和供水部门衔接、报批，场地运输如涉及市政道路开口，也需要与交通部门衔接、报批。一般而言，建设单位要将供电、供水、排水、运输、通信等设施接入项目规划红线范围内，也可以在接入手续办完后，将接入位置与条件写入招标文件，招标内容包含此部分内容，由施工单位中标后完成此项内容。

二、监理招标

1. 监理范围

（1）下列建设工程必须实行监理：

1）国家重点建设工程；

2）大中型公用事业工程；

3）成片开发建设的住宅小区工程；

4）利用外国政府或者国际组织贷款、援助资金的工程；

5）国家规定必须实行监理的其他工程。

（2）国家重点建设工程，是指依据《国家重点建设项目管理办法》所确定的对国民经济和社会发展有重大影响的骨干项目。

（3）大中型公用事业工程，是指项目总投资额在3000万元以上的下列工程项目：

1）供水、供电、供气、供热等市政工程项目；

2）科技、教育、文化等项目；

3）体育、旅游、商业等项目；

4）卫生、社会福利等项目；

5）其他公用事业项目。

（4）成片开发建设的住宅小区工程，建筑面积在50000m^{2}以上的住宅建设工程必须实行监理；50000m^{2}以下的住宅建设工程，可以实行监理，具体范围和规模标准，由省、自治区、直辖市人民政府建设行政主管部门规定。

为了保证住宅质量，对高层住宅及地基、结构复杂的多层住宅应实行监理。

（5）利用外国政府或者国际组织贷款、援助资金的工程范围包括：

1）使用世界银行、亚洲开发银行等国际组织贷款资金的项目；

2）使用国外政府及其机构贷款资金的项目；

3）使用国际组织或者国外政府援助资金的项目。

（6）国家规定必须实行监理的其他工程是指：

1）项目总投资额在3000万元以上关系社会公共利益、公众安全的下列基础设施项目：

①煤炭、石油、化工、天然气、电力、新能源等项目；

②铁路、公路、管道、水运、民航以及其他交通运输业等项目；

③邮政、电信枢纽、通信、信息网络等项目；

④防洪、灌溉、排涝、发电、引（供）水、滩涂治理、水资源保护、水土保持等水利建设项目；

⑤道路、桥梁、地铁和轻轨交通、污水排放及处理、垃圾处理、地下管道、公共停车场等城市基础设施项目；

⑥生态环境保护项目；

⑦其他基础设施项目。

2）学校、影剧院、体育场馆项目。

（7）以上是国家强制要求监理的项目范围，在实际项目实施过程中建筑工程一般都实行项目监理。

2．采购方式

（1）立项批复中对采购方式有明确要求的，必须按批复要求执行。

（2）立项批复中没有要求的，合同估算价在50万元以上，建设单位必须通过所在地招投标管理部门进行公开招标；合同估算价在50万元以内的，建设单位可以直接委托监理单位，但财政投资的建设项目必须通过所在地政府采购中心进行集中采购，具体流程根据所在地政府采购中心相关规定。

3．公开招标流程

（1）确定招标代理公司

采用公开招标（代理费估算50万元以上）、竞争性谈判、直接委托的方式确定招标代理公司。招标代理资质等级及承担业务范围见附录12，收费标准见附录13。

（2）委托招标代理公司编制和发布资格预审公告、资格预审文件

1）编制资格预审文件

资格预审文件主要包括：资格预审公告、申请人须知、资格审查办法、

资格预审申请文件格式、项目建设概况、澄清和修改的说明等。各地方一般有标准文本。

2）到项目所在地招标投标管理办公室报审。

3）发布公告。

公告主要包括：招标条件、项目概况与招标范围、申请人的资格要求（资质、业绩、人员、资金等方面的要求）、资格预审的方法（合格值或有限数量值），资格预审文件获取时间、地点、费用，资格预审文件的递交，发布公告的媒介，联系方式等。

4）进行资格预审（若采取资格后审的，招标人应在招标文件中注明对投标人资格要求的条件、标准和方法，在开标后进行审查）。

（3）委托招标代理公司编制招标文件

参照住房和城乡建设部或各省市颁发的监理招标文件范本，结合当地规章制度、拟建项目特点和本单位实际情况编制招标文件。

为避免投标人借用非本单位人员进行投标的现象，可在招标文件中明确要求，投标人必须提供总监理工程师和各专业监理工程师在本公司工作期间办理的社保证明；为避免或减少中标人在项目实施过程中随意更换关键管理人员的现象，可在招标文件中明确规定，无论何种原因发生人员变更，更换后的人员资质不能低于前者；同时，根据拟建项目的规模和施工难度等因素，在招标文件中合理、适度地提出对总监理工程师和各专业监理工程师的资质和业绩要求，不能过高，以增强项目实施过程中人员的稳定性；按照监理规程明确双方权利与义务，特别是监理内容、工作范围、权限、责任。

（4）到项目所在地招标投标管理办公室报审招标文件并备案。

（5）发售招标文件。

（6）招标代理公司组织开评标，按项目所在地招标投标管理办公室的规定进行。

（7）招标代理公司负责在项目所在地招投标管理部门规定的媒介进行中标结果公示。公示结束后，在项目所在地招标投标管理办公室备案。同时，建设单位根据要求到其上级部门备案。

（8）与中标的监理单位签订监理合同。

三、施工总承包招标

1. 招标范围

总承包范围一般包括：建筑工程、装饰工程、电气工程、采暖工程、通风工程、给排水工程（含消防水工程）、室外道路及管线工程，一般不含在总承包范围内的有：玻璃幕墙工程、钢结构工程、弱电工程、空调工程、电梯工程、消防报警工程、精装修工程、变配电工程、室外绿化工程，由专业分包单位实施，但在施工总承包招标时要作为暂估项，以便总承包单位计算配合费。

2. 采购方式

（1）立项批复中对采购方式有明确要求的，必须按批复要求执行。

（2）立项批复中没有要求的，合同估算价在200万元以上，建设单位必须通过所在地招投标管理部门进行公开招标；合同估算价在200万元以内的，建设单位可通过所在地招标管理部门进行公开招标，也可以采用其他方式确定承包单位，如：竞争性谈判、询价等。财政投资的项目需要通过项目所在政府采购中心集中采购，具体流程可参考所在地政府采购中心相关规定。

3. 公开招标流程

（1）确定招标代理公司

采用公开招标（代理费估算50万元以上）、竞争性谈判、直接委托的方式确定招标代理公司。招标代理资质等级及承担业务范围见附录12，收费标准见附录13。

（2）招标基本条件

1）初步设计及概算已获得批复。

2）资金来源已经落实。

3）施工图审查工作已经完成。

4）规划许可证已经办理完毕。

（3）委托招标代理公司编制资格预审文件和发布公告

1）编制资格预审文件

资格预审文件主要包括：资格预审公告，申请人须知，资格审查办法，资格预审申请文件格式，项目建设概况，澄清和修改的说明等。各地方一般有标准范本。

2）到项目所在地招标投标管理办公室报审。

3）发布公告

公告主要包括：招标条件、项目概况与招标范围、申请人的资格要求（资质、业绩、人员、设备、资金等方面的要求）、资格预审的方法（合格值或有限数量值），资格预审文件获取时间、地点、费用，资格预审文件的递交，发布公告的媒介、联系方式等。

4）进行资格预审（若采取资格后审，招标人应在招标文件中注明对投标人资格要求的条件、标准和方法，在开标后进行审查）。

（4）委托造价咨询公司或招标代理公司编制工程量清单。在清单编制过程中，对于施工图中不明确的，要及时与设计单位沟通，完善施工图，以减少实施过程中的变更洽商。建设单位可委托另一家造价咨询公司对已编制完的工程量清单进行审查，发现问题进行修改，保证工程量清单的准确性。（一般与工程量清单编制单位相同）

（5）委托造价咨询公司或招标代理公司编制招标控制价

1）招标控制价的计价依据主要包括：《建设工程工程量清单计价规范》GB 50500—2013，国家或省级、行业建设主管部门颁发的计价定额和计价办法，设计文件，工程量清单，相关标准、规范、技术资料，造价管理机构发布的造价信息。

2）招标控制价的编制内容包括：分部分项工程费、措施项目费、其他项目费、规费和税金。招标控制价一般不能超过批复的概算。

（6）委托招标代理公司编制招标文件

为避免投标人借用非本单位人员进行投标的现象，在招标文件中明确要求，投标人必须提供项目经理和主要技术人员的在本公司工作期间办理的社保证明；为避免或减少中标人在项目实施过程中更换项目经理和项目技术负责人等关键管理人员的现象，可在招标文件中明确规定，无论何种原因发生人员变更，更换后的人员资质不能低于前者。根据拟建项目的规模和施工难度等因素，在招标文件中合理适度地提出对项目经理和技术负责人的资质和业绩要求，不能过高，以增强项目实施过程中施工单位主要管理人员的稳定性；对项目风险因素、合同价款调整因素进行详细明确界定，对违约责任及处罚措施也需在招标文件合同条款中明确。

（7）到项目所在地招标投标管理办公室报审招标文件并备案。

（8）招标代理公司发售招标文件。

（9）招标人组织踏勘现场，召开答疑会。

（10）招标代理公司组织开评标。

（11）中标结果公示及备案。

（12）将招标情况向上级部门报备。

四、开工手续办理

1. 监理与施工合同备案

与监理单位和施工总包单位签订合同后，如果需要办理建筑工程施工许可证的，需要将监理合同与施工总包合同报当地住房和城乡建设管理部门备案。备案的目的是防止建设单位与监理、施工单位违背招投文件签订合同。

2. 工程施工安全监督备案

一般由施工总承包单位办理。

3. 相关费用缴纳

一般需要交纳基础设施配套费和工程质量监督费，各地方要求不同，可向当地办理建筑工程施工许可证部门咨询。

4. 申报建筑工程施工许可证

除工程投资额在30万元以下或者建筑面积在300m²以下的建筑工程，可以不申请办理施工许可证，其他建筑工程项目均需办理施工许可证。将以下材料报送项目所在地住房和城乡建设管理部门：

（1）按规定填写、盖章的《建筑工程施工许可申请表》一式三份；

（2）建设工程规划许可证正本、附件、附图的复印件；

（3）用地批准手续（国有土地使用证或有关批准文件）复印件；

（4）建筑工程施工图设计文件审查合格书原件；

（5）招投标管理部门出具的施工合同备案表；

（6）招投标管理部门出具的监理合同备案表（依法应当委托监理的工程提交）；

（7）建筑施工企业安全生产管理人员安全生产考核合格证书（B本、C本）

和（施工安全监督备案表）；

（8）项目建设资金落实证明原件；

（9）人防部门出具的人防施工图备案回执（部分地区）；

（10）法人委托书（附受托人身份证复印件）；

（11）建筑节能设计审查备案登记表、新型墙体材料专项基金及散装水泥专项资金缴款书复印件（部分地区）；

（12）地上、地下管线及建（构）筑物资料移交单。

5. 工程质量监督注册

将以下材料报送当地工程质量监督部门注册：

（1）建设工程质量监督注册登记表；

（2）建设工程规划许可证及复印件；

（3）施工、监理单位中标通知书及施工、监理合同副本；

（4）地质勘察报告；

（5）施工图设计文件审查合格书及审查回复、设计变更等文件；

（6）签章齐全并有施工图审查合格章的施工图纸；

（7）建设单位、施工单位和监理单位工程项目的负责人和机构组成以及相关人员的岗位资格证书（包括施工单位的项目经理、技术负责人、专职质量员、资料员、取（送）样员和监理单位的总监理工程师、专业监理工程师、监理员）；

（8）施工组织设计和监理规划。

第三节　施工现场组织

一、设计交底与图纸会审

1. 设计交底与图纸会审的目的

为了使参与工程建设的各方了解工程设计的主导思想、建筑构思和要求、采用的设计规范、确定的抗震设防烈度、防火等级、基础、结构、内外装修及机电设备设计，对主要建筑材料、构配件和设备的要求，所采用的新技术、新工艺、新材料、新设备的要求以及施工中应特别注意的事项，掌握工程关键部分的技术要求，保证工程质量。设计单位必须依据国家设计技术管理的有关规定，对提交的施工图纸进行系统的设计技术交底，同时，也为了减少图纸中的差错、遗漏、矛盾，将图纸中的质量隐患与问题消灭在施工之前，使设计施工图纸更符合施工现场的具体要求，避免返工浪费。在施工图设计技术交底的同时，监理单位、设计单位、建设单位、施工单位及其他有关单位需对设计图纸在自审的基础上进行会审。施工图纸是施工单位和监理单位开展工作最直接的依据。现阶段，大多项目对施工进行监理，设计监理很少，图纸中差错难免存在，因此设计交底与图纸会审更显必要。设计交底与图纸会审是保证工程质量的重要环节，也是保证工程质量的前提，更是保证工程顺利施工的主要步骤，建设单位应充分重视。

2. 设计交底与图纸会审应遵循的原则

（1）设计单位应提交完整的施工图纸，各专业相互关联的图纸必须提供齐全、完整，对施工单位急需的重要分部分项专业图纸也可提前交底与会审，但在所有成套图纸到齐后需再统一交底与会审。图纸会审不可遗漏，即使施工过程中另补的新图，也应进行交底和会审。

（2）在设计交底与图纸会审之前，建设单位、监理单位及施工单位和其他有关单位必须事先指定主管该项目的有关技术人员看图自审，初步审查本专业的图纸，进行必要的审核和计算工作。

（3）设计交底与图纸会审时，设计单位必须派负责该项目的主要设计人员出席。进行设计交底与图纸会审的工程图纸，必须经建设单位确认。未经确认不得交付施工。

（4）凡直接涉及设备制造厂家的工程项目及施工图，应由订货单位邀请制造厂家代表到会，一起进行技术交底与图纸会审。

3. 设计交底与图纸会审会议的组织及程序

（1）设计交底与图纸会审在项目开工之前进行，开会时间由监理单位决定并发通知。参加人员应包括监理、建设、设计、施工等单位的有关人员。

（2）会议组织按《建设工程监理规范》GB/T 50319—2013第5.2.2条要求，一般情况下，设计交底与图纸会审会议由总监理工程师主持，监理单位和各专业施工单位（含分包单位）分别编写会审记录，由监理单位汇总和起草会议纪要，总监理工程师应对设计技术交底会议纪要进行签认，并提交建设、设计和施工单位会签。

（3）设计交底与图纸会审工作的程序

1）首先由设计单位介绍设计意图、结构设计特点、工艺布置与工艺要求、施工中注意事项等。

2）各有关单位对图纸中存在的问题进行提问。

3）设计单位对各方提出的问题进行答疑。

4）各单位针对问题进行研究与协调，制订解决办法，写出会审纪要，并经各方签字认可。

（4）设计交底与图纸会审的重点

1）设计单位资质情况，是否无证设计或越级设计，施工图纸是否经过设计单位各级人员签署，是否通过施工图审查机构审查。

2）设计图纸与说明书是否齐全、明确，坐标、标高、尺寸、管线、道路等交叉连接是否相符，图纸内容、表达深度是否满足施工需要，施工中所列各种标准图册是否已经具备。

3）施工图与设备、特殊材料的技术要求是否一致，主要材料来源有无保证，能否代换；新技术、新材料的应用是否落实。

4）设备说明书是否详细，与规范、规程是否一致。

5）土建结构布置与设计是否合理，是否与工程地质条件紧密结合，是否符合抗震设计要求。

6）图纸之间有无相互矛盾，各专业之间、平立剖面之间、总图与分图之间有无矛盾；建筑图与结构图的平面尺寸及标高是否一致，表示方法是否清楚；预埋件、预留孔洞等设置是否正确；钢筋明细表及钢筋的构造图是否表示清楚；混凝土柱、梁接头的钢筋布置是否清楚，是否有节点图；钢构件安装的连接节点图是否齐全；各类管沟、支吊架（墩）等专业间是否协调统一，是否有综合管线图，通风管、消防管、电缆桥架是否相碰。

7）设计是否满足生产要求和检修需要。

8）施工安全、环境卫生有无保证。

9）建筑与结构是否存在不能施工或不便施工的技术问题，或导致质量、安全及工程费用增加等问题。

10）防火、消防设计是否满足有关规程要求。

（5）纪要与实施

1）项目监理部应将施工图会审记录整理汇总并负责形成会议纪要。经与会各方签字同意后，该纪要即被视为设计文件的组成部分（施工过程中应严格执行），发送建设单位和施工单位，抄送有关单位．并予以存档。

2）如有不同意见通过协商仍不能取得统一时，应报请建设单位决定。

3）对会审会议上决定必须进行设计修改的，由原设计单位按设计变更管理程序提出修改设计，一般性问题经监理工程师和建设单位审定后，交施工单位执行：重大问题报建设单位及上级主管部门研究解决。施工单位拟施工的一切工程项目设计图纸，必须经过设计交底与图纸会审，否则不得开工。已经交底和会审的施工图以下达会审纪要的形式作为确认。

二、监理例会

1. 监理例会作用

监理例会是经监理与建设单位代表、施工单位项目经理协商一致，定期召开的由总监主持的项目会议。监理方面有总监理工程师（包括总监代表）、专业监理工程师；承包商方面有项目经理、技术负责人及安全管理人员；建设单位方面有关管理人员及设计方的设计代表；必要时还可邀请分包商和材料供应商参加。

监理例会的目的有两个：一是协调施工组织，解决施工问题，发布施工指令；二是通过建设各方的相互沟通，达到相互理解、相互配合和相互支持。会议的任务是：对建设项目实施"四控二管一协调"（质量、安全、进度、费用"四控制"，合同、信息"二管理"，协调各方关系和解决问题），从而确保工程目标的实现。

2. 监理例会内容

根据《建设工程监理规范》GB/T 50319—2013的要求，工地监理例会应包括以下主要工作内容：检查上次例会上所定事项的落实情况，分析某些事项未完成的原因；检查分析工程项目进度计划完成情况，提出下一阶段进度目标及其落实措施；检查分析工程项目质量状况，针对存在的质量问题提出改进措施；检查工程量核定及工程款支付情况；解决需要协调的有关事项。由此可见，工地监理例会是关系到工程施工安全、进度、质量和费用投入是否偏离目标，以及参建各方能否围绕目标协调一致，并实现有效合作的一个极其重要的项目会议。

3. 第一次监理例会

第一次监理例会由建设单位代表主持，会议主要内容及程序如下：

（1）建设、监理、施工单位分别介绍各自驻现场组织机构人员及其分工。

（2）建设单位根据委托监理合同宣布对监理工程师的授权。

建设单位宣布本工程全部委托×××监理单位，总监理工程师×××全面负责本工程施工阶段的进度、投资、质量、安全监理工作。

（3）建设单位对施工准备情况提出意见和要求。

（4）监理单位对施工准备情况提出意见和要求（监理单位提出监理工作的总体要求及管控措施）：

1）项目经理、现场技术负责人、五大员开工前必须到位；

2）项目部管理人员、特殊工种作业人员岗位证书尽快报监理审核；

3）施工单位进场机械设备尽快报验；

4）施工单位企业资质、中标通知书、施工合同尽快报监理单位；

5）施工组织设计及前期专项施工方案尽快报验；

6）进场施工材料、构配件尽快报验；

7）施工总进度计划及现场布置总平面图尽快报监理单位；

8）开工前其他相关资料尽快报验；

9）另外还有信息管理制度、监理例会制度、收发文流转制度、材料报审制度、旁站制度、见证取样制度等等。

4. 监理例会容易出现的主要问题

（1）对召开工地监理例会的目的意义认识不足。主要表现在施工单位的项目部管理人员对项目监理认识不够，有的甚至认为只要建设单位满意就行，监理满意不满意无所谓，对监理的意见不予重视，甚至是置若罔闻，故而直接导致会议的质量下降，达不到预期效果。这种现象若得不到及时纠正，长此以往，与会者势必对会议召开感到厌倦疲劳，结果造成恶性循环。

（2）素质参差不齐，事先对会议程序和汇报内容不明确，导致与会人员汇报无主题，汇报内容不全面、不具体、不系统，片面性、随意性很大，或只讲自己一方关心的事项，忽视其他；或只报流水账，抓不住要领，重点不突出；或只讲表面工作，不谈实质问题等，致使会议主持者不能正确而全面地掌握施工进展情况，更不能果断和准确地作出决策。

（3）会前准备不足，主持人心中无数，议题漫无边际，对前段施工情况无讲评、无检查，只能由与会人员在会上信口开河；对下阶段工作无安排、无要求，即使提要求也只是泛泛而谈，不明确、不具体。会议主持者犹豫不决，少有主见，这是同样的问题在多次会议上提出而得不到及时协调解决的主要原因。

（4）建设单位代表越俎代庖。在正常情况下，建设单位代表一般都会将工程中的进度、质量、费用及安全等"四控二管一协调"的工作委托给监理，主要精力监督监理工作。然而，有的建设单位花钱请了监理，却不注意发挥监理的作用，仍然习惯于原有陈旧的老套数、老办法，自己操办并主持会议。在工程的具体管理上，又以自我为中心，把监理搁于难以开展工作的地位。这样做，失去了聘请监理的意义，发挥不了监理在工程管理上的专业特长作用。

三、放线与验线

施工单位按照规划许可证和施工图纸完成订桩放线后，由建设单位报规划管理部门验收。报送的材料如下：

（1）申报单位填写完整并加盖单位印章的《建设项目规划许可及其他事项申报表》。

（2）申报单位出具加盖单位印章和法人签字或印章的《建设项目法人授权委托书》。

（3）申报核验工程的《建设工程规划许可证》（含正本、附件及附图）复印件。

（4）《建设工程测量成果报告书》原件。

（5）申报核验工程的《建筑工程施工许可证》复印件。

四、施工质量管理

1. 加强监理管理

为确保工程项目的顺利实施，使监理单位能够有效控制工程项目质量，建设单位要严格按照基本建设程序和监理合同的要求去做，并赋予监理工程师相应的权力，调动监理工程师积极性，使监理工程师能够较好地履行监理合同所规定的各项职责，达到控制工程质量的目的。

在项目实施过程中，要求监理在对承包方现场安全文明施工检查、工序质量检查、进度检查、内业资料检查等过程中做好原始记录，分析检查结果，找出偏差，寻求并确定解决问题和纠正偏差的方案，及时将信息反馈至建设单位代表。建设单位主要工作是跟踪监督，掌握检查结果并盯住整改情况，做到心中有数。

（1）主要管理措施：

1）对监理布置明确的短期（每天）、中期（每周）、长期（每月）的工作目标，制定工作计划，落实到人定期培训监理，将建设单位的管理需求在培训中充分沟通。

2）检查监理日志与旁站记录，对同一工序的记载是否一致，记录是否详实等。

3）加强现场巡视和质量抽查，发现问题及时向监理部和监理企业反馈，并辅以处罚措施，达到震慑作用。

（2）注意事项：1）建设单位不宜直接给承包方下达指令，造成不必要的纠纷和误解，也影响监理威信；2）建设单位不宜对施工现场独自开展检查，下达整改通知单；3）因工期要求忽视监理意见；4）在监理例会上不宜直接驳斥总监意见；5）监理有错，不宜当着施工方马上给予评价。

2. 加强施工前控制

建设单位质量管理人员在管理过程中，要加强对法律、法规和业务知识的学习，不断改进工作方式和方法，逐步提高管理人员自身的业务素质和管理水平，满足工程建设的需要。

（1）掌握和熟悉质量控制的技术依据有：

1）设计图纸；

2）建筑工程施工质量验收规范和有关技术规范或规程。

（2）把好施工材料进场关：

1）审核工程所用材料、半成品的出厂证明、技术合格证或质保证书；

2）实行样品封样制度，建立样品库；

3）安排监理人员进行抽检或试验；

4）对重要原材料、制品、设备的生产工艺、质量控制、检测手段应实地考察，并帮助生产厂家完善其质保措施；

（3）审查施工单位提交的施工组织设计（或施工方案）：

1）施工组织设计应符合国家的技术政策，充分考虑承包合同规定的条件、施工现场条件及法规条件的要求；

2）施工组织设计的针对性：承包单位是否了解并掌握了本工程的特点及难点，施工条件是否分析充分；

3）施工组织设计的可操作性：承包单位是否有能力执行并保证本工程工期和质量目标；该施工组织设计是否切实可行；

4）技术方案的先进性：施工组织设计采用的技术方案和措施是否先进适用，技术是否成熟，是否能达到相应的质量标准；

5）质量管理和技术管理体系、质量保证体系是否健全且切实可行；

6）在满足合同和法规要求的前提下，施工组织设计或施工方案，是否对质量通病防治有具体措施及方法。

（4）审查施工交底。施工交底是施工单位技术人员向施工班级进行操作层面的交底，即将设计图纸和相关规范要求转化施工具体做法交代给工人，是具体也是极为重要，是主要工序和关键环节事前控制重要步骤。建设单位质量管理人员要抽查，重要施工部门要审查。

（5）制定工程质量验收制度及奖罚标准，明确三检制度，即施工单位自检、监理单位全检、建设单位抽检制度，编写逐级验收申请表，且明确指出如在建设单位抽检中发现钢筋偷工减料、偏位，使用瘦身钢筋，混凝土浇筑完毕后出现胀模、狗洞等现象，使用材料不合格、砂浆配合比错误等严重质量问题时，对总包单位及监理单位给予同额度罚款，从而对监理单位进行约束。

3．加强施工过程控制

（1）加强施工现场巡查工作。通过建设单位巡查，监督监理单位人员和施工单位质量管理人员巡查，特别是监督监理单位旁站监理落实。

（2）工序交接检查。坚持上道工序不经检查验收不准进行下道工序的原则。上道工序完成后，先由施工单位进行自检、专职检，认为合格后通知现场监理工程师到现场会同检验。检验合格签名认可后报建设单位进行抽检，抽检合格后方能进行下道工序。

（3）隐蔽工程检查验收。隐蔽工程完成后，先由施工单位自检、专职检，初验合格后填报隐蔽工程质量验收通知单，报告现场监理工程师检查验收，如存在问题下发整改通知单限期整改，整改完毕后报建设单位抽检。

（4）行使质量监督权，下达停工指令。为了保证工程质量，出现下述情况之一者，监理工程师或建设单位代表要指令施工单位立即停工整改。1）未经检验即进行下一道工序作业者；2）工程质量下降经指出后，未采取有效改正措施，或采取了一定措施，而效果不好，继续作业者；3）质量通病防治措施不到位，对监理单位下发的联系单置之不理。

（5）建立周例会制度（不同于监理例会）。每周五下午召开三方周例会，由监理单位汇报上周工程质量总体情况及存在的问题，对于施工质量较严重的、屡次不整改者当场给予批评甚至罚款。

（6）实行样板领路制度。在修饰装修工程、大面积施工之前，先做样板，样板做好后三方进行验收，验收通过后由监理单位监督施工单位组织所有工人参加现场质量观摩会，对该工序注意问题、施工重点进行讲解，讲解完毕后将该工序技术交底、施工要点张贴在样板之上。

（7）施工过程中，及时与当地质监部门联系，让其在重点阶段重点施工部位给予现场监督指导。

五、施工进度管理

1. 制定进度计划

计划是进度的保证，是避免盲目施工的有效措施。一般情况下，建设单位给出建设工期总目标，监理工程师要根据建设单位的目标编制总体目标计划，并要求各承包单位编制所承担施工标段的总体进度计划。同时在此计划的基础上，横向上分解成总体工程、单项工程、关键单位工程三个层次的控制计划，以单位工程保单项工程的进度计划，以单项工程保总体工程的进度计划；在纵向上，分解成年、季和月进度计划，以月保季，以季保年，以年保总体。在各类计划编制过程中要确定关键路线，设置明确的里程碑控制节点。

计划中的工序分解，即确定计划中要表达的施工内容，划分的粗细程度应根据计划的性质决定，既不能太粗也不宜太细。建设单位的一级计划中反映的是项目各个大项的里程碑控制点安排，细度较粗一般横向分解到单位工程，纵向分解到月；监理的二级进度计划是项目的总体目标计划，是项目实施和控制的依据，既要对承包单位的三级进度计划有切实的指导作用，又不能过于约束承包单位的计划编制和承包单位发挥各自的施工优势，一般横向分解到分部工程，纵向分解到周；三级进度计划是各个承包单位的分标段总体目标进度计划，细度要高于二级计划的细度，且在可能的情况下尽量细化，一般横向分解到分部分项，纵向分解到日。

计划的分析和判断。建设单位要对各承包单位的三级计划在时间和资源上进行分析和判断，看是否符合预定的条件，如设计图纸、设备材料、工序工期、劳动力、施工机械等因素，找出薄弱环节和相互矛盾的方面，及早采取措施进行处理。同时必须强调指出在征地拆迁、设计图纸等因素与施工计划无法统一时，及时对计划进行调整和修订；对可能突破的工作必须确定施工计划的龙头地位，即各项工作的开展必须以确保各个里程碑控制点实现为前提，以此带动整个项目的进展。

2. 进度检查与控制

计划执行情况的检查，建设单位要抓住以下三个方面的工作，一是抓好对计划完成情况的检查，正确估测完成的实际量，计算已完成计划的百分率；二是分析比较，将已完成的百分率及已过去的时间与计划进行比较，每月组织召开一次计划分析会，发现问题，分析原因，及时提出纠正偏差的措施，必要时进行计划调整，以保证计划的时效性，从而保证整个项目工期目标的实现；三是认真搞好计划的考核、工程进度动态通报和信息反馈，为领导决策和项目宏观管理协调提供依据。

施工进度的检查实行"三循环滚动"的控制方法，即第一循环以周保月，第二循环以月保季，第三循环以季保年。各考核周期（周、月、季）的建设单位代表工作内容如下：统计考核周期（周、月、季）的完成情况并与该考核周期计划、上一级考核周期计划（月、季、年）进行比较，计算该考核周期完成百分数；当考核周期完成情况与上一级考核周期的计划要求不吻合或发现有进度拖延时，及时进行原因分析，诸如：施工人员或施工机具不足，施工组织不恰当；设计图纸交付拖延或材料供应不及时；自然或天气的原因影响等；根据分析的原因，采取适当的纠偏措施，并调整下一个考核周期的作业计划，以保证上一级计划的完成，如要求承包单位增加资源或组织突击；催交设计及供应等。

在编制和审查各类作业计划过程中，要严禁脱离上一级计划的指导而随机自行编制，使计划之间失去应有的指导和保证作用，从而造成即使一级计划每次考核都按量或超量完成，上一级计划仍不能得到保证的局面，解决这一问题最好的办法就是将三级计划的细度分解足够细，或采用近细远粗的原则逐步细化。

3. 施工组织设计优化

在投标的施工组织设计基础上，与施工单位、监理单位研究，根据现场实际情况重点优化以下方面：施工总部署，施工组织机构，施工进度网络计划，主要里程碑控制点，工程施工所需劳动力的计划，进度考核管理制度等。通过审查优化施工组织设计，要对施工总体部署作出安排，对分阶段完成的建安量作出规划，采用先进的施工技术及施工方案，对人力、机具、材料作统筹计划，监理工程师和建设单位代表必须对承包单位的施工组织做到心中有数。

（1）技术因素是技术规程约束下的各项目（专业）之间的先后顺序关系，只有尊重这种关系，才能确保进度；

（2）组织因素是由于劳动力、施工机械、设备材料等因素的组织和安排而形成的各项目（专业）之间的先后施工顺序，由于组织关系是可变的，必须要对其进行优化和适时调整；

（3）流水作业是指作业面之间的关系，能保证劳动力或机械连续作业，减少停歇时间，以便使施工资源均衡，施工有节奏，有良好的组织效果；

（4）施工顺序是指工序之间关系不同的施工顺序会导致不同的施工工期，因此要通过合理的排序，以得到理想的工序工期。

4. 进度信息管理

只有及时准确掌握进度信息才能研判原因和纠偏。建设单位、监理单位和施工单位应有专人负责进度信息管理，采集分析进度数据。根据进度信息管理要求，制定统一的进度计划表和进度统计表。进度统计表制定一定要方便进度统计、分析，与进度计划对照。

施工单位的年、季、月进度报表按统一制定的格式、标准上报。施工单位在工程开工前需将大型机具进场时间及主要人力资源安排上报项目监理部。施工单位每月根据项目监理部的要求格式、标准上报人工、主要施工机械安排等详细资料。

六、施工安全与环境管理

1. 施工现场安全管理

在我国相关的法律文本中，虽然没有直接规定建设单位（发包人）在安全生产方面的具体操作方面职责，但在住房和城乡建设部《建设工程施工合同（示范文本）》中规定："发包人应对其在施工场地的工作人员进行安全教育，并对他们的安全负责。发包人不得要求承包人违反安全管理的规定进行施工。因发包人的原因导致的安全事故，由发包人承担相应责任及发生的费用"；"在工程开工前，发包人为建设工程和施工场地内所有人员及第三方人员生命财产办理保险，支付保险费用"。无论从管理责任还是保障项目顺利施工，建设单位应当对施工现场安全进行管理。

（1）工程施工前期安全管理

1）安全资质审查

承包方将承包工程的特殊工种进行分包，在施工中使用包工队伍和临时工的现象已日益增多，这增加了安全管理工作的难度，也给建设单位的安全管理提出了更高的要求。为了防止承包方在工程分包以及使用包工队伍和临时工时发生"以包代管"等现象，建设单位必须对承包方的安全资质进行静态与动态审查。不但在工程招投标期间要进行必要的安全施工管理制度的静态评审，而且在施工期间要分阶段进行动态复检。对复检不合格的发出黄牌警告，限期整改，当达不到要求时，可以终止合同，并按合同条款赔偿一切损失。

2）签订安全协议

签订安全协议是建设单位对发包工程进行安全管理和经济制约的重要手段。当投标单位中标后，建设单位应与承包方签订安全协议，明确双方的安全责任和义务；明确发生事故后各自应承担的经济责任；明确安全奖罚规定和安全施工保证金的提取。当发生人身伤亡或存在安全隐患而引起的罚款均将在保证金中扣除。

3）安全管理制度

建设单位要求监理单位和施工单位全面制定和落实安全生产管理制度。在组织机构、管理程序、关键环节、培训教育、安全技术、检查监督、责任落实等方面进行明确规定，必须将国家相关安全生产要求落实到制度中。安全生产管理制度要有专项的安全技术审核制度，并与工程项目各相关单位共同对项目的建设进行全方位安全把关、统一协调安全管理工作，消除生产中的不安全因素，从专业技术上保证工程项目的顺利进行。

4）施工安全培训

由于建筑施工从业人员绝大多数来自农村，人员流动频繁，文化素质参差不齐，安全和自我保护意识差，都是导致建筑事故发生的主要因素。因此，除了承包方加强自身的安全教育外，建设单位要根据工程施工的要求和工程的具体特点组织承包方人员进行针对性的安全培训。

（2）施工现场监督检查

杜绝"以包代管"，就必须对发包工程实行动态管理。对承包方的安全管理进行全过程的检查、督促、指导和服务，并加强安全考核。对违章作业、野蛮施工、管理混乱的承包方进行处罚并提出限期整改，对整改不力的承包方予以警告、停工整顿，直至清退，因此而造成的一切损失均由承包方承担。定期或不定期地组织工程安全监督情况汇报会，并以安全简报的形式向各承包方领导及被监督的施工队伍传递、交流安全监督情况。"表扬与批评"、"奖励与处罚"均反映在简报上。使企业的领导者、管理部门及时了解和掌握安全施工实际状况，从而进行必要的决策，同时对基层施工人员在施工过程中的不安全行为发出警示性信号，使其在安全施工和安全管理中起到信息交流、反馈、宣传和教育的作用。

2. 施工现场环境卫生管理

（1）噪声与扰民

严格控制作业时间，一般情况限制在6：00～22：00，混凝土浇筑尽量安排在白天进行，特殊情况需连续作业时必须办理夜间施工证，并尽量减小噪声。有木工电锯、电刨、混凝土泵要搭设封闭式机棚。晚间施工时，照明灯调整好位置和角度，以免直对居民住宅，夜间22：00以后除必要灯具外，全部关闭，确保居民正常休息。加强对施工人员的教育，增强全体施工人员防噪声污染的自觉意识，禁止施工人员乱敲乱打，减少人为噪声。

（2）大气污染

在场地不具备硬化条件下，裸露的地面用绿色小孔安全网覆盖，安全网的四角用地锚与地面连接牢固。水泥、砂子和其他易飞扬的细颗粒散体材料用彩条布或密目网覆盖严密。施工现场制定洒水降尘制度，设定专人负责，使用洒水小车经常清洒，防止扬尘。四级以上大风停止一切土方作业。清理作业面垃圾时，用容器或编织袋装好，采用容器向下吊运，严禁凌空抛洒。现场设密闭式垃圾站，不准乱倒垃圾、渣土，乱扔废弃物。清运垃圾时，适量洒水，减少扬尘。现场内临时道路进行混凝土硬化，并派专人进行洒水，以减少扬尘。现场尽量不设混凝土搅拌站，全部使用商品混凝土，以减少搅拌站扬尘。现场食堂做饭使用液化石油气燃气灶，以减少烟尘污染。现场严禁焚烧废弃物及会产生有害烟尘气体等物质。

（3）卫生

施工道路两侧设排水沟，引至市政排水管道内，防止污水四处漫流。食堂处设置隔油池，污水经隔油池后外排。剩余饭菜倒入桶内集中外运，隔油池定期掏油，防止污染。施工现场要天天打扫，保持整洁卫生，场地平整、道路畅通，做到无积水，有排水措施。施工现场严禁大小便，发现有随地打小便现象要对责任区负责人进行处罚，施工区、生活区有明确划分，设置标志牌，标牌上注明责任人姓名和管理范围。卫生区的平面图应按比例绘制，并注明责任区编号和负责人姓名。各分包安排固定人员搞好现场责任区内卫生。

七、工程联系单、变更洽商与签证管理

1. 工程联系单

工程联系单是用于各方日常工作联系，只需建设、监理（或设计）、施工单位签认，工程各方都可以使用。工程联系单可视为对某事的通知、催促和请求的函件，同时也是反映出一个工程的进展过程记录，是索赔等强有力的证明材料，特别是工期及相应费用索赔。例如：施工单位联系建设单位催要

甲供材料。所以建设单位要充分重视工程联系单，同时要正确处理好工程联系单。

2．设计变更

一般说变更是指设计变更，是设计单位对原施工图纸和设计文件中所表达的设计标准状态的改变和修改。由此可见，设计变更仅包含由于设计工作本身的漏项、错误等原因而修改、补充原设计的技术资料。设计变更费用一般应控制在建安工程总造价的5%以内，由设计变更产生的新增投资一般不得超过基本预备费的1/3。设计变更也可能由于建设单位因为使用功能发生变化或其他原因，要求设计单位对设计某个方面进行修改，此类设计变更不在上述费用控制范围内。设计变更形成的材料一般称为设计变更通知单。

3．工程洽商

一般说洽商是指工程洽商，是指施工单位就施工图纸、设计变更所确定的工程承包内容以外零星工程，或施工现场原因需要对设计做局部或细微修改的，或者是施工图纸或规范对某个具体工艺没有规定的，需要明确的等，提出工程洽商，由建设单位、监理单位、施工单位和设计单位共同会商后签字确认。工程洽商是技术洽商，但部分工程洽商会发生费用。形成的材料一般称为工程洽商记录。

4．工程签证

一般说工程签证是指工程现场签证，是建设单位（或监理单位）、施工单位和材料设备供应商就工程量增减、增加额外工作、额外费用支出等提出签证，由甲乙双方和监理签字确认，形成的材料一般称为工程签证单，工程签证单可视为补充协议，具有与协议书同等的优先解释权。因为工程签证一般都涉及费用，建设单位尤为注意。

工程洽商记录和签证单的内容描述应客观、清楚，签字栏中，建设单位由项目负责人（合同约定的建设单位代表或合同签订人）签字，设计单位由专业设计人签字（施工图上签字人），监理单位应为总监或总监代表签字，施工单位应为技术负责人或项目经理签字，同时需注明签字时间。为确保项目投资始终处于受控状态，在设计变更、工程洽商和工程签证签发或签证前，由提出方编制预算，经监理单位出具审核意见后，报送建设单位审核确认后签发或签证。在日常管理中可能有部分变更、洽商和签证的预算审核双方不能达成一致，为不影响项目建设进度，可以将有争议的预算审核放到结算时考虑。

八、分包与材料设备采购管理

1. 分包范围确定

（1）专业分包招标文件编制过程中，关于分包工程的承包范围和技术要求等内容，应由设计单位、施工总承包单位和建设单位协商共同完成，确保分包承包范围与总承包范围不重复、无遗漏且责任清晰。工程量尽量计算准确，以便建设单位比较准确地确定招标控制价。对于暂估价的专业分包工程和重要材料、设备的招标控制价，建设单位应委托造价咨询公司编制，同时建设单位经过市场询价，最好进行实地考察，来确定控制价，以免控制价与实际价格偏差太大。

（2）各暂估价的专业分包工程，其承包范围主要考虑以下内容：

1）变配电工程承包范围，主要针对外电源、变配电室设备采购及安装等内容。

2）精装修工程承包范围，主要针对大堂、门厅、报告厅、会议室等位置的地面、墙面、柱子、吊顶、照明等内容，而且要包括这些部位的二次深化设计，具体到各节点设计。

3）弱电工程承包范围，包括整个工程的楼宇自动化、智能化系统，含安防、监控、广播、音视频、会议系统等内容。对于关键部位的承包范围和设计深度，例如多功能报告厅、中心机房等，建设单位必须充分征求使用单位的意见，由中标人进行二次深化设计。

4）空调工程承包范围，除设备采购安装外，也要包括二次深化设计，尤其要注意楼顶室外机的摆放要尽可能集中布置，且与女儿墙保持足够距离，以免影响外立面效果。

5）电梯工程承包范围，除设备采购安装外，也要包括二次深化设计，而且电梯工程招标工作要尽早完成，建设单位尤其要提醒中标人认真核对设计单位关于电梯井道的建筑图纸和结构图纸是否一致，冲顶高度、基坑深度是否满足要求，电梯井内是否有供安装电梯使用的承重圈梁等，以便尽早发现问题，在结构工程施工或二次结构施工过程中进行完善和补救。

2．分包单位选择

分包工程中土建类合同估算价在200万元以上（含），机电类合同估算价在100万元以上（含）均采用公开招标，根据拟建项目特点，要在资质、业绩、人员、设备、资金等方面提出具体要求，例如：

（1）项目经理和技术负责人必须有同类项目工作经验。

（2）有些分包工程，要求分包单位必须具有二次深化设计的专业资质和能力。例如：玻璃幕墙工程、铝合金门窗工程、精装修工程必须具有设计资质，同时具有施工资质。

分包工程招标程序与施工总承包招标程序及要求相同，分包单位资质标准见附录9。

3．工程用主要材料和设备采购

对于在总承包招标时还不能明确的材料设备或对于本项目非常重要的材料设备以及质量档次难以界定的材料设备，由建设单位主导招标采购。例如：铝合金门窗、石材等。

主要材料和设备的采购，必须严格执行《政府采购法》、《招标投标法》和行业主管部门的规章制度，达到公开招标规模（100万元）的材料和设备采购，可在中国政府采购网和中国采购与招标网同时发布招标公告信息，为吸引更多的投标人参加，还可同时在中国日报、中国建设报、中国经济导报等媒介上发布信息。

4．仪器设备采购

仪器设备由建设单位招标采购。例如：中心机房中的服务器、不间断电源，实验室中的仪器设备等。如果仪器设备采购价值超过100万元，需要公开招标，仪器设备招标如其他招标有所不同，主要程序及要求如下：

（1）选择招标代理机构并签订合同；

（2）进口仪器设备报批（如有）；

（3）编制招标文件；

（4）发布招标公告（在中国政府采购网、中国采购与招标网、中国日报、中国建设报、中国经济导报等媒介上发布信息）；

（5）开标、评标、公示；

（6）将招标情况向上级部门报备；

（7）签订合同；

（8）办理进口产品免税手续（如有）。

无论是暂估价分包工程还是材料、设备采购，在招标之前建设单位需要进行市场调研，了解相关行业、产品情况，特别是资质，企业，主流产品、技术情况，以便能编制恰当的招标文件。

分包及材料设备采购要有计划性、主导性。与工程施工进度相协调，要留有足够的时间考察、调研市场；避免因施工进度仓促采购。分包及材料设备采购与总包单位关联度大，建设单位要主导采购工作，特别是在质量、价格方面要有控制力。

九、工程款支付管理

1. 工程款支付

（1）按照合同规定支付工程款

1）按照合同规定及时支付工程预付款。工程预付款仅用于承包人支付施工开始时与本工程有关的动员费用，若承包人滥用此款，发包人有权立即收回。合同专用条款中应该要求承包人提交预付款保函，在发包人全部扣回预付款之前，该保函一直有效。原则上，预付款金额为合同金额的10%～30%，招标人根据工程类型、合同工期、承包方式和供应体制等不同条件而定。例如，钢结构和管道安装工程所占比重较大的工程，其主要材料所占比重比一般工程要高，招标人可适当提高预付款比例；工期紧的工程，可适当提高预付款比例；包工不包料的工程，可以不支付预付款。

2）按照合同规定支付工程进度款，注意预付款的扣回。工期较短的工程，可一次扣回，无需分期；工期较长，如跨年度施工，发包人至少在合同规定的完成工期前三个月将预付款分期扣回。

审查每次的工程进度款申报材料时，根据实际完成情况严格审查施工单位和监理单位签字确认的工程形象进度，避免发生超进度支付的现象。承包人报送的进度款支付申请应包括：本期已实施工程的价款、累计已完成的工程价款、累计已支付的工程价款、本期已完成计日工金额、应增加和扣减的变更金额、应增加和扣减的索赔金额、应抵扣的工程预付款、应扣减的质量保证金、根据合同应增加和扣减的其他金额、本付款周期实际应支付的工程价款。

根据现行的清单计价规范，工程量据实结算。为有效预测和控制投资，要求施工单位报送的已完工程量为实际完成累计量即为结算量，以防结算时工程量出现大幅变化。

（2）谨慎支付变更费用

变更发生的费用首先由监理审核后，提交建设单位，如果建设单位没有造价工程师等专业技术人员，没有审查预算的能力，可以专门委托造价咨询单位对变更预算进行审核，建设单位将咨询单位审核结果与监理审核结果进行比对后，再确定支付变更费用的比例和金额，避免超付现象发生，以便在工程结算审计阶段，建设单位占据主动地位。

如果变更内容比较明确，预算审核意见一致，可以将变更费用与工程款同期支付；如果变更内容比较复杂，而且各方对预算审核意见不一致，可以将变更费用放在结算阶段考虑，避免因过程中的纠纷影响工程进度。

（3）动态分析投资，确保累计支付金额不超过合同规定

由于工程施工过程中存在设计变更、工程洽商、现场签证、工程量偏差、材料设备价差等因素，合同价款实际上是在不断变化的，因此在工程款支付过程中，要动态分析投资，每周甚至每天都要更新合同价款变化数据，确保累计支付金额不超过合同规定。

2. 分包及材料设备款支付

（1）通过公开招标或竞争性谈判等方式确定的暂估价设备和材料，核实工程量后，按照中标价格支付。为避免因总承包施工单位挪用工程款，拖欠分包单位和材料供应商的材料款，导致工程进度滞后等问题，重要装饰装修材料款和安装工程中的设备款，可以在合同中设定由建设单位直接支付。

（2）由建设单位采购的材料设备或分包工程，按照合同规定支付费用。

十、施工现场外部协调

施工是大范围作业，涉及面广，外部协调工作显得尤为重要，是建设单位保证项目正常实施不可缺少的工作内容之一，外部协调工作主要有以下几个方面：

（1）在土方开挖和结构施工（主要是浇筑混凝土阶段）前，针对施工对环境的影响和采取的措施，应与承包人项目经理主动到工程所在地的区县住

房和城乡建设委员会、城管和社区等部门进行沟通。

（2）在工程钉桩放线、主体结构完成到±0.000和工程竣工验收阶段，应主动与城市规划部门联系，每个阶段标高、位置、尺寸等控制情况是否在规划允许范围内。

（3）与消防部门联系，所用材料是否满足防火规范要求。

（4）与人防、人防质监部门联系，对人防施工部位、选择的人防材料、设备是否有人防管理部门核发的证书和质量检查报告。

（5）与工程建设质量监督部门联系，关键部位来现场检查施工质量情况，指导在施工过程中应防范的一些问题。

（6）与节水、节能等管理部门联系，所使用的设备、材料是否有国家或地方管理部门禁止使用的淘汰产品。

（7）与城建档案管理部门联系，对档案资料是否有新的要求。

（8）与上级管理部门联系，一方面定期汇报工程建设进度情况，另一方面在施工期间是否有超越本单位决策权限的变更洽商，若有需按程序办理审批手续。

Chapter 8

第八章　工程验收与结算

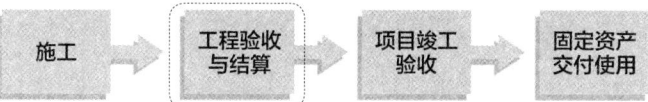

第一节　基槽验收

所有建（构）筑物基坑均应进行施工验槽。基坑挖至基底设计标高并清理后，施工单位必须会同勘察、设计、建设、监理等单位共同进行验槽，合格后方能进行基础工程施工。基槽验收一般由监理单位组织。

一、验槽条件

（1）勘察、设计、建设、监理、施工等单位有关负责及技术人员到场；

（2）有基础施工图和结构总说明；

（3）有详勘阶段的岩土工程勘察报告；

（4）基槽开挖完毕，槽底无浮土、松土（若分段开挖，则每段条件相同），条件良好。

二、无法验槽情况

（1）基槽底面与设计标高相差太大；

（2）基槽底面坡度较大，高低悬殊；

（3）槽底有明显的机械车辙痕迹，槽底土扰动明显；

（4）槽底有明显的机械开挖、未加人工清除的沟槽、铲齿痕迹；

（5）现场没有详勘阶段的岩土工程勘察报告或基础施工图和结构总说明。

三、验槽前准备工作

（1）察看结构说明和地质勘察报告，对比结构设计所用的地基承载力、持力层与报告所提供的是否相同；

（2）询问、察看建筑位置是否与勘察范围相符；

（3）察看场地内是否有软弱下卧层；

（4）场地是否为特别的不均匀场地，是否存在勘察方要求进行特别处理而设计方没有进行处理的情况；

（5）建设单位提供场地内是否有地下管线和相应的地下设施。

四、推迟验槽情况

（1）设计所使用承载力和持力层与勘察报告所提供的不符；

（2）场地内有软弱下卧层而设计方未说明处理方法；

（3）场地为不均匀场地，勘察方需要进行地基处理而设计方未进行处理。

五、验槽主要内容

不同建筑物对地基的要求不同，基础形式不同，验槽的内容也不同，主要有以下几点：

（1）根据设计图纸检查基槽的开挖平面位置、尺寸、槽底深度；检查是否与设计图纸相符，开挖深度是否符合设计要求；

（2）仔细观察槽壁、槽底土质类型、均匀程度和有关异常土质是否存在，核对基坑土质及地下水情况是否与勘察报告相符；

（3）检查基槽之中是否有旧建筑物基础、古井、古墓、洞穴、地下掩埋物及地下人防工程等；

（4）检查基槽边坡外缘与附近建筑物的距离，基坑开挖对建筑物稳定是否有影响；

（5）检查核实分析钎探资料，对存在的异常点位进行复核检查。

六、验槽方法

验槽方法主要采用观察法，而对于基底以下的土层不可见部位，要先辅以钎探法配合共同完成。

1. 观察法

（1）观察槽壁、槽底的土质情况，验证基槽开挖深度，初步验证基槽底部土质是否与勘察报告相符，观察槽底土质结构是否被人为破坏。

（2）基槽边坡是否稳定，是否有影响边坡稳定的因素存在，如地下渗水、坑边堆载或近距离扰动等（对难以鉴别的土质，应采用洛阳铲等手段挖至一定深度仔细鉴别）。

（3）基槽内有无旧的房基、洞穴、古井、掩埋的管道和人防设施等。如存在上述问题，应沿其走向进行追踪，查明其在基槽内的范围、延伸方向、长度、深度及宽度。

（4）在进行直接观察时，可用袖珍式贯入仪作为辅助手段。

2. 钎探法

钎探法的验收程序：绘制钎点平面布置图→放钎点线→核验点线→就位打钎→记录锤击数→拔钎→盖孔保护→验收→灌砂。

验槽时应重点观察柱基、墙角、承重墙下或其他受力较大部位；如有异常部位，要会同勘察、设计等有关单位进行处理。

完成验收后要形成验槽记录，建设、施工、监理、设计和勘察等单位签字确认。

第二节   基础验收

一、地基与基础分部验收程序和要求

（1）地基与基础分部（子分部）施工完成后，施工单位应组织相关人员进行检查，在自检合格的基础上报送监理单位项目总监理工程师（建设单位项目负责人）。

（2）地基与基础分部工程验收前，施工单位应将分部工程的质量控制资料整理成册报送项目监理机构审查，监理核查符合要求后由总监理工程师签署审查意见，并于验收前三个工作日通知质监站。质监站根据项目情况确定是否现场监督验收。

（3）总监理工程师（建设单位项目负责人）组织施工、设计、建设和勘察等单位对地基与基础分部工程进行验收，验收合格后应填写地基与基础分部工程质量验收记录，并签注验收结论和意见。相关责任人要签字并加盖单

位公章，同时附上分部工程观感质量检查记录。

（4）总监理工程师（建设单位项目负责人）组织对地基与基础分部工程验收时，必须有以下人员参加：总监理工程师、建设单位项目负责人、设计单位项目负责人、勘察单位项目负责人、施工单位技术质量负责人及项目经理等。

二、验收条件

（1）地基与基础分部验收前，基础墙面上的施工孔洞须按规定镶堵密实，并作隐蔽工程验收记录，未经验收不得进行回填土分项工程的施工。对确需分阶段进行地基与基础分部工程质量验收的，建设单位项目负责人要向质监站提交书面申请。

（2）混凝土结构工程模板应拆除并对其表面清理干净，混凝土结构存在缺陷处应整改完成。

（3）楼层标高控制线应清楚弹出，竖向结构主控轴线应弹出墨线，并做醒目标志。

（4）工程技术资料存在的问题已整改完成。

（5）施工合同和设计文件规定的地基与基础分部工程施工的内容已完成，检验、检测报告（包括环境检测报告）应符合现行验收规范和标准要求。

（6）安装工程中各类管道预埋结束，相应测试工作已完成，其结果符合相关规定要求。

（7）地基与基础分部工程施工中，质监站发出整改（停工）通知书中要求整改的质量问题都已整改完成，完成报告书已送质监站归档。

三、不符合地基与基础分部验收处理办法

（1）不符合验收程序、不具备验收条件的应责令重新组织验收。

（2）存在严重质量问题或涉及结构安全的质量问题时，应签发书面整改通知书或局部停工通知书，待问题整改完成后重新组织分部工程的验收。

（3）工程施工质量违反国家强制性标准或质量责任主体违法违规行为，应签发局部停工通知书责令停工整改，并将情况及时上报行政主管部门予以处罚。

（4）未经验收或验收不合格，责任方擅自进行上部施工的，应签发局部停工通知书责令整改，并按有关规定处理。

参建责任方签署的地基与基础分部工程质量验收记录，应在签字盖章后三个工作日内由项目监理人员报送质监站存档。

第三节 主体结构验收

一、主体结构验收主要依据

（1）施工验收规范；

（2）国家及地方关于建设工程的强制性标准；

（3）经审查通过的施工图纸、设计变更、工程洽商以及设备技术说明书；

（4）引进技术或成套设备的建设项目，需要签订的合同和国外提供的设计文件等资料；

（5）其他有关建设工程的法律、法规、规章和规范性文件。

二、主体结构验收组织及验收人员

（1）由建设单位负责组织实施建设工程主体验收工作，建设工程质量监督部门对建设工程主体验收实施监督，工程的施工、监理、设计等单位参加。

（2）验收人员：由建设单位负责组织主体验收小组。验收组组长由建设单位法人代表或其委托的负责人担任。验收组副组长应至少有一名工程技术人员担任。验收组成员由建设单位负责人、项目现场管理人员及设计、施工、监理单位项目技术负责人或质量负责人组成。

三、验收程序

建设工程主体验收按施工企业自评、设计认可、监理核定、建设单位验收与质监站监督的程序进行。

（1）施工单位主体结构工程完工后，向建设单位提交建设工程质量施工单位（主体）报告，申请主体工程验收；

（2）监理单位核查施工单位提交的建设工程质量施工单位（主体）报告，对工程质量情况作出评价，填写建设工程主体验收监理评估报告；

（3）建设单位审查施工单位提交的建设工程质量施工单位（主体）报告，对符合验收要求的工程，组织设计、施工、监理等单位的相关人员组成验收组；

（4）建设单位在主体工程验收3个工作日前将验收的时间、地点及验收组名单报至质监站；

（5）建设单位组织验收组成员在质监站监督下在规定的时间内完成全面验收。

四、现场检查主要内容

（1）对实体质量抽查：1）抽查施工作业面的施工质量，突出对强制性标准执行情况的检查；2）重点检查结构质量和使用功能，特别是涉及结构安全的关键部位；3）抽查涉及结构安全和使用功能的主要材料、构配件和设备的出厂合格证、试验报告、见证取样送检资料及结构实体检测报告。

（2）抽查结构混凝土及承重砌体施工过程的质量控制情况。

（3）实体质量检查要辅以必要的监督检测。

（4）对主体分部工程外观的观感质量检查。

（5）检查工程参建各方质量行为和质量制度履行情况。

五、不符合主体分部验收处理办法

（1）主体分部工程验收监督过程中，发现有不符合验收程序、不具备验收条件的情况应责令重新组织验收。

（2）验收监督过程中，发现存在严重质量问题或涉及结构安全的质量问题时，应签发书面整改通知书或局部停工通知书，待问题整改完成后重新组织分部工程的验收。

（3）验收监督过程中，发现工程施工质量违反国家强制性标准或质量责任主体违法违规行为，应签发局部停工通知书责令整改，并将情况及时上报行政主管部门予以处罚。

（4）主体分部工程未经验收或验收不合格，责任方擅自进行上部施工的，应签发局部停工通知书责令整改，并按有关规定处理。

第四节　专项验收

在单位工程竣工验收前要开展各种专项验收，如规划、消防、园林等的验收，只有通过规定的专项验收才能开展单位工程竣工验收，即"四方验收"和工程竣工备案。专项验收范围和要求各地方不尽相同，具体可咨询当地负责工程竣工备案部门。专项验收的内容一般有以下几个方面：

一、电梯验收

适用范围：安装、大修、改造后电梯。

验收条件：电梯安装、改造、重大维修完毕并经施工单位自检合格。

验收程序：（1）建设单位（或电梯使用单位）持施工许可证和有关资料向检验机构提出申请检验，电梯检验检测机构接到检验申请后安排检验。（2）经检验合格后，由安全监察机构办理注册登记手续，发给电梯安全检验合格标志。

二、消防验收

适用范围：（1）建筑总面积大于20000m²的体育场馆、会堂，公共展览馆、博物馆的展示厅；（2）建筑总面积大于15000m²的民用机场航站楼、客运车站候车室、客运码头候船厅；（3）建筑总面积大于10000m²的宾馆、饭店、商场、市场；（4）建筑总面积大于2500m²的影剧院，公共图书馆的阅览室，营业性室内健身、休闲场馆，医院的门诊楼，大学的教学楼、图书馆、食堂，劳动密集型企业的生产加工车间，寺庙、教堂；（5）建筑总面积大于1000m²的托儿所、幼儿园的儿童用房，儿童游乐厅等室内儿童活动场所，养老院、福利院，医院、疗养院的病房楼，中小学校的教学楼、图书馆、食堂，学校的集体宿舍，劳动密集型企业的员工集体宿舍；（6）国家机关办公楼、电力调度楼、电信楼、邮政楼、防灾指挥调度楼、广播电视楼、档案楼;(7)单体建筑面积大于40000m²或者建筑高度超过50m的公共建筑;(8)国家标准规定的一类高层住宅建筑;(9)城市轨道交通、隧道工程,大型发电、变配电工程;(10)生产、储存、装卸易燃易爆危险物品的工厂、仓库和专用车站、码头、易燃易爆气体和液体的充装站、供应站、调压站。

验收条件:室内防火分区(含封堵)、防火(卷帘)门、消火栓、喷淋(气体)灭火、消防指示灯、消防报警、电气等系统完成联动调试,室外幕墙防火构造、庭院环形路、室外接合器等完成,并自检合格。建设单位委托有资质的消防检测机构进行检测,并出具消防检测报告书。

验收程序:(1)建设单位完成消防检测后向当地消防机构申请验收。申请消防验收应当提供下列材料:1)建设工程消防验收申报表;2)工程竣工验收报告;3)消防产品质量合格证明文件;4)有防火性能要求的建筑构件、建筑材料、室内装修装饰材料符合国家标准或者行业标准的证明文件、出厂合格证;5)消防设施、电气防火技术检测合格证明文件;6)施工、工程监理、检测单位的合法身份证明和资质等级证明文件;7)其他依法需要提供的材料。(2)当地消防机构进行现场消防验收,验收合格的出具消防认可文件。

三、规划验收

适用范围:新建、翻建、扩建工程,增层、外立面改造工程。

验收条件:建设工程主体和外立面完成,建设单位委托有资质的测绘机构测绘,并出具《建设工程竣工测量成果报告书》;室外道路、管网、园林绿化已完成;需要消防验收的工程,消防主管部门已出具建筑工程消防验收意见书。

验收程序:(1)建设单位按照建设工程规划许可证证件批准的内容,全面完成各项建设之后,填写《建设工程规划验收申报表》,按规定向规划行政主管部门申请规划验收;(2)规划监督人员在施工现场进行查验,经验收合格的,规划行政主管部门在规划许可证件附件上签章。

四、人防验收

适用范围:城市新建民用建筑,按照国家有关规定修建的防空地下室。

验收条件：地下人防工程已完成通风、灯具、人防门安装，并自检合格，如人防工程室外口及"三防设备"不具备条件，可出具缓建证明及暂不安装证明。

验收程序：建设单位组织竣工验收，提前7天书面通知当地人防工程质量监督机构或人民防空主管部门参与监督，验收合格后15天内向工程所在地的县级以上人民防空主管部门备案。

五、室内环境检测

适用范围：新建、扩建和改建的民用建筑工程及其室内装修工程。

验收条件：（1）室内装饰完成设计内容，建设单位委托有资质的环境检测机构，并签订合同；（2）民用建筑工程室内环境中游离甲醛、苯、氨、总挥发性有机化合物（TVOC）浓度检测时，对采用集中空调的民用建筑工程，应在空调正常运转的条件下进行，对采用自然通风的民用建筑工程，检测应在对外门窗关闭1小时后进行；（3）民用建筑工程室内环境中氡浓度检测时，对采用集中空调的民用建筑工程，应在空调正常运转的条件下进行；对采用自然通风的民用建筑工程，检测应在对外门窗关24小时后进行。

验收程序：建设单位委托有资质环境检测机构现场检测，并出具《室内环境污染物浓度检测报告》。

六、建筑节能验收

适用范围：新建、改建和扩建民用建筑工程项目。

验收条件：（1）承包单位已完成施工合同内容，且各分部工程验收合格。（2）外窗气密性现场实体检测应在监理（建设）人员见证下取样，委托有资质的检测机构实施。（3）采暖、通风与空调、配电与照明工程安装完成后，应进行系统节能性能的检测，且应有建设单位委托具有相应检测资质的检测机构检测并出具检测报告。

验收程序：（1）民用建筑工程竣工验收前，建设单位应组织设计、施工、监理单位对节能工程进行专项验收，并对验收结果负责，提前3天通知当地节能办到场监督。（2）验收合格后10个工作日内办理备案，备案时建设单位需提交下列材料：1）民用建筑节能备案表；2）民用建筑节能专项验收报告；

3）新型墙体材料专项基金缴纳凭证；4）新型墙体材料认定证书复印件。

七、无障碍设施验收

适用范围：公共建筑、居住建筑、城市道路和居住区内无障碍设施，具体详见《城市道路和建筑物无障碍设计规程》JGJ50—2011。

验收条件：完成设计图纸无障碍设施内容，并自检合格。

验收程序：新建、扩建和改建建设项目的建设单位在组织建设工程竣工验收时，应当同时对无障碍设施进行验收。未按规定进行验收或者验收不合格的，建设行政主管部门不办理竣工验收备案手续。

八、供电验收

适用范围：增容、扩容的用电工程。

验收条件：施工、供货单位按照供电部门审核的设计图纸施工完成内容，并自检合格；签订《供电用电合同》。

验收程序：建设单位向当地供电部门提出验收申请，由供电部门安排验收。只有通过供电验收才能申请发电。

九、燃气验收

适用范围：使用燃气设施的工程。

验收条件：施工、供货单位按照供燃气设计图纸施工完成内容，并自检合格；签订《供气用气合同》。

验收程序：由建设单位向当地燃气管理部门申请验收，由燃气管理部门安排验收，验收合格后方可申请供气。

十、供水验收

适用范围：使用生活饮用水的工程。

验收条件：中水设施已联合调试、运转正常，给水系统管道已安装完成，并已冲洗和消毒；建设单位委托有资质的水样检测部门取样检验，并出具《水质检测报告》；签订《供水用水合同》。

验收程序：由建设单位向当地供水管理部门申请验收，由其安排验收，验收合格后方可申请供水。

十一、防雷装置验收

适用范围：（1）《建筑物防雷设计规范》规定的第一、二、三类防雷建筑物；（2）油库、气库、加油加气站、液化天然气、油（气）管道站场、阀室等爆炸和火灾危险环境及设施；（3）邮电通信、交通运输、广播电视、医疗卫生、金融证券、文化教育、不可移动文物、体育、旅游、游乐场所等社会公共服务场所和设施以及各类电子信息系统；（4）按照有关规定应当安装防雷装置的其他场所和设施。

验收条件：屋面、幕墙、金属门窗避雷系统完成设计内容，并自检合格；建设单位委托相应资质的防雷检测单位出具的检测报告。

验收程序：（1）完成防雷检测向当地气象部门申请验收。申请验收提交以下材料：1）《防雷装置竣工验收申请书》；2）《防雷装置设计核准书》；3）防雷工程专业施工单位和人员的资质证和资格证书；4）由省、自治区、直辖市气象主管机构认定防雷装置检测资质的检测机构出具的《防雷装置检测报告》；5）防雷装置竣工图等技术资料；6）防雷产品出厂合格证、安装记录和由国家认可防雷产品测试机构出具的测试报告。（2）报当地防雷机构，经验收合格后颁发《防雷装置验收合格证》。

十二、工程档案预验收

适用范围：列入城建档案馆接收范围的工程。

验收条件：承包单位已完成图纸和施工合同内容，且各分部工程验收合格，按要求工程资料（含竣工图）收集、整理准确、完整。

验收程序：（1）建设单位、监理单位、总包单位按照归档分工分别编制《基建文件卷》、《监理文件卷》及《施工文件卷》，各分包单位编制各自合同范围内工程内容的《施工文件卷》，提交总包单位汇总；其中，竣工图由总包单位绘制，或建设单位另行委托其他单位完成。（2）建设单位汇总各单位资料，形成初步《建设工程竣工档案》，在组织工程竣工验收前，提请城建档案馆对工程档案进行预验收，并出具《建设工程竣工档案预验收意见》。

第五节 单位工程竣工验收与备案

一、验收条件

工程竣工验收一般是指单位工程验收，俗称"四方验收"。一个项目可能有几个单位工程，可以独立也可以合并验收，原则上以一个总承包单位为一个验收单元，如果几个单位工程分别由不同总承包施工，但进度基本一致，可以合并验收，但应分别形成验收资料。

单位工程需要具备以下条件才能正式验收：

（1）已完成设计文件和合同约定的内容；

（2）已经建设（监理）、设计、勘察、施工等单位共同预验收，存在的问题已整改到位；

（3）涉及设计文件的变更，已由设计部门签署认可文件，其中重大变更已经审图机构审查通过；

（4）施工单位对工程质量进行了检查，确认工程质量符合有关法律、法规和工程建设强制性标准，已提出工程竣工报告；

（5）监理单位对工程进行了评估，具有完整的监理资料，并已提出工程质量评估报告；

（6）勘察、设计单位对勘察、设计文件及施工过程中由设计单位签署的设计变更进行了检查，并已提出质量检查报告；

（7）工程质量控制资料（包括桩基、钢结构、幕墙、装修、安装、节能等）已经建设（监理）单位核查并符合要求；

（8）工程安全和功能检验资料已经建设（监理）单位核查并符合要求；

（9）专业工程（桩基、地下防水、钢结构、幕墙、住宅工程质量通病控制、安装工程）已按要求办完相关专业验收手续；

（10）专项验收已完成；

（11）竣工图及工程竣工资料已整理归档。

二、验收程序及内容

建设单位负责组织单位工程的竣工验收工作，当地建设工程质量安全监督站实施监督。

验收组成员包括：建设单位（项目）负责人、施工（含分包单位）、设计、监理等单位（项目）负责人以及相关单位的技术、质量负责人，验收组成员中土建、水电及其他安装专业方面的人员配齐。

竣工验收标准为国家工程建设强制性标准，现行施工验收规范及相关标准，经审查通过的设计文件以及有关的法律、法规、规章和规范性文件规定。

（1）验收组分为三组分别进行检查验收：

1）检查工程实体质量；

2）检查工程建设参建各方提供的竣工资料；

3）对建筑工程的使用功能进行抽查、试验，包括：水压、通电、排污主管通球、绝缘电阻、接地电阻、漏电跳闸测试、层高等。

（2）对竣工验收情况进行汇总讨论，形成单位工程竣工验收综合验收结论，填写《单位（子单位）工程竣工验收记录》，验收组人员分别签字、单位盖章。

（3）当在验收过程中发现严重问题，达不到竣工验收标准时，验收组将责成责任单位立即整改，并宣布本次验收无效，重新确定时间组织单位工程竣工验收。

（4）竣工验收过程中发现需整改的一般的质量问题，验收组可形成初步验收意见，填写《单位（子单位）工程竣工验收记录》，验收组人员分别签字，但各单位不加盖公章。验收组责成有关责任单位整改，并委托建设单位、监理单位项目负责人组织复查，整改完毕符合要求后，加盖各单位公章。

（5）当竣工验收组各方不能形成一致竣工验收意见，协商不成时，报建设行政主管部门或质量监督机构进行协商裁决。

一般工程竣工验收合格之日起15天内向备案部门办理竣工验收备案。办理竣工备案所需要的材料是：

1）工程竣工验收备案表原件（一式两份）。备案表可从备案部门的网站下载。

　　2）工程竣工验收备案文件：①工程竣工验收报告原件：工程竣工验收报告其主要内容应包括：工程概况，建设单位执行基本建设程序情况，对工程勘察、设计、施工、监理等方面的评价，工程竣工验收时间、程序、内容和组织形式，工程竣工验收意见等内容；②工程施工许可证复印件；③单位工程质量综合验收文件原件（市政基础设施工程为"工程竣工验收鉴定书"和"单位工程质量竣工验收记录"；房屋建筑工程为"单位（子单位）工程质量竣工验收记录"）；④市政基础设施的有关质量检测和功能性试验资料及其他相关资料（仅限市政基础设施工程）；⑤按照工程性质选择填写"市政基础设施有关质量检测和功能性试验资料清单（表一）"或"市政基础设施有关质量检测和功能性试验资料清单（表二）"；⑥备案机关认为需要提供的有关资料，如工程规划许可证；⑦法律、行政法规规定应当由规划部门出具的认可文件或者准许使用文件：指建设工程规划验收合格通知书（仅限建筑工程）；⑧法律规定应当由公安消防部门出具的对大型的人员密集场所和其他特殊建设工程验收合格的证明文件：指建筑工程消防验收意见书；⑨施工单位签署的工程质量保修书：参照房屋建筑工程质量保修办法（建设部令第80号令发布）、建设部国家工商行政管理局关于印发《房屋建筑工程质量保修书》示范文本的通知（建建［2000］185号）；⑩商品住宅的《住宅质量保证书》《住宅使用说明书》（中华人民共和国建设部令第78号令第五条、建设部［1998］102号文）；⑪法规、规章规定必须提供的其他文件；⑫法人委托书和法定代表人身份证明原件。部分地区还需提供工程款支付证明。

　　鉴于工程结算阶段建设单位与参建方容易形成分歧，造成工程资料移交困难，影响交付和单位工程验收，工程通过验收后，建设单位应要求参建方及时移交需要归档的资料，不能将参建方资料移交工作推迟至工程结算阶段。

第六节　工程移交

　　单位工程完成验收、备案后，建设单位组织使用单位或物业管理单位、施工单位进行工程移交。移交后的单位工程由使用单位或物业管理单位接管，使用单位或物业管理单位进行系统保洁和功能性布置，待若干个单位工程交付形成单项工程后开始启用项目。

一、移交条件

（1）施工单位已完成全部垃圾、物料清退和卫生打扫；

（2）单位工程通过验收并完成备案；

（3）完成与使用管理相关的工程资料整理；

（4）完成单位工程使用说明书的编制；

（5）所有带锁门的钥匙已编号；

（6）完成移交单的编制。

二、移交程序及内容

现场移交前建设单位应将单位工程相关资料，包括竣工图、使用说明书、机电设备说明书、移交单等交接收单位，接收单位要先期熟悉情况。

现场移交时，建设单位、使用单位和施工单位要按照移交清单上工程内容逐项移交，现场察看，发现问题施工单位要及时记录。对于机电设备，移交时需要开机运行。完成现场移交后，如无较大问题，三方在移交单上签字，明确移交内容、存在问题等。移交后建设单位及时组织施工单位处理、解决存在的问题，对于较复杂的机电设备，组织施工单位或设备供应商对接收单位进行培训。

为便于后期接收单位管理，在移交时应明确移交内容的保修时间、保修单位以及联系方式。

第七节　工程结算

工程结算主要包括竣工结算、分阶段结算、专业分包结算、合同中止结算。竣工结算是指单位工程完成验收后与总承包单位的工程结算；分阶段结算是指建设单位为了分阶段控制项目投资，将工程项目分成几个阶段进行结算；专业分包结算是指建设单位直接分包的专业工程，在完成验收后的工程结算；合同中止结算是指一个合同由于某种原因中止执行后，甲乙双方进行的结算。日常工作遇到最多的是竣工结算，无论是何种结算，建设单位都需要严格审核把关，一方面委托专业工程造价咨询单位审核，另一方建设单位也要在总体上把关。

一、工程结算条件及程序

（1）结算条件

1）完成单位工程验收或合同验收（建设单位分包工程）。

2）完成工程移交。

3）完成竣工资料移交。

（2）结算程序

1）施工单位编制工程竣工结算书，加盖造价师执业合格章和单位公章后报监理单位。

2）监理单位按规定时间完成初审，与施工单位交换意见，由施工单位确认，形成审核稿报建设单位。

3）建设单位对施工单位结算书及监理单位审核意见进行初步审查，委托专业审计单位进行工程竣工造价审计，审计核定造价为最终结算价。

二、结算审核关键点

（1）核对竣工结算依据

包括《建设工程工程量清单计价规范》GB 50500—2013，施工合同，竣工图纸，双方确认的工程量，双方确认追加（减）的工程价款，双方确认的索赔、现场签证事项及价款，变更洽商，投标文件，招标文件等。

（2）核对合同条款

1）核对竣工工程内容是否符合合同条件要求，竣工验收是否合格；

2）核查结算价款是否符合合同的结算方式；

3）核查合同违约条款，是否存在索赔。

（3）核对合同内的工程量与价

1）依据施工图及现场签证等进行核算，对于未完工程或未做的工作内容在结算时应予以扣除。

2）审查是否按规定的工程量计算规则计算工程量，防止各种计算误差，特别是一些与招标文件中的工程量出入较大的要注意复核，还有一些招标文件中没有的清单子目要注意是否符合实际，在结算中施工企业可能为增加结算费用，有意增加施工工序中的环节，刻意增加清单子目；还有多方施工的工程项目，有时会出现各方都把自己承担的部分工程作为整体工程进入结算书，尤其是电气工程，容易重复计算工程量。

（4）核对变更洽商的量与价

按合同的规定，检查设计变更签证是否有效；检查各变更之间是否存在交叉和重复的内容，检查合同外内容是否真实、合理，避免其将合同内的内容通过变更的方式调整单价；检查减项变更洽商是否在结算内，防止工程结算只增不减。

（5）核对人材机工程价款调整

一要审查调价依据；二要审查是否按合同规定进行调价，采用先约定后法定的原则，若合同中没有规定，则按照《建设工程工程量清单计价规范》GB 50500—2013等文件计算。

（6）核对措施费、其他项目费

采用综合单价计价的措施项目，依据发、承包双方确认的工程量和综合单价计算；明确采用"项"计价的措施项目，依据合同约定的措施项目和金额或发、承包双方确认调整后的措施项目费金额计算；计日工的费用按照发包人实际签证确认的数量和合同约定的相应项目综合单价计算；暂估价的材料单价应按发、承包双方最终确认价在综合单价中调整；暂列金额减去工程价款调整与索赔、现场签证金额计算，如有余额归发包人所有。

（7）清理相关费用

注意相关费用的清理工作，特别是工期罚款、质量罚款、应乙方承担的水电费用、甲方供应材料费用、工程合同约定的优惠比例等。

Chapter 9

第九章　项目验收与资产交付

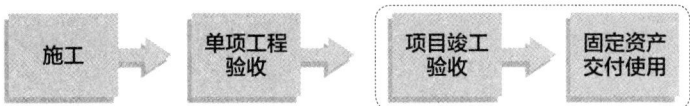

项目验收是指项目完成所有建设内容并完成试运行，由项目投资部门对项目决策、工程质量、国家和行业强制性标准执行情况、资金使用情况、档案管理和试运行情况进行的全面检查验收，以及对工程建设、设计、施工、监理等工作的综合评价。工程验收主要侧重于建设内容的完成和工程质量情况，项目竣工验收除关注工程建设内容的完成和工程质量外，还关注项目投资决策的合理性、项目建设目标的完成情况、资金使用、档案管理、项目各参建单位对项目的过程管理等情况，侧重于项目建设内容的完成情况、决策和建设过程的规范情况、试运行效果及项目建设功能的实现情况。

第一节 验收条件

项目竣工验收是对项目全过程管理情况的总验收，为此只有具备以下条件才能申请项目竣工验收：

（1）完成项目内容所有单位工程验收，包括仪器设备验收，工程验收并备案等；

（2）项目已交付并投入试运行，并试运行良好；

（3）已完成项目所有结算工作，并完成支付（不含质保金）；

（4）已完成项目财务竣工决算并委托相关单位完成审计，资金使用规范；

（5）项目档案已按照要求整理完毕，并完成档案验收；

（6）已组织项目预验收，预验收合格；

（7）已完成项目总结报告。

第二节　验收准备

一、财务竣工决算与审计

财务竣工决算是指整个建设工程全部完工并经验收以后，通过编制竣工决算书计算整个项目从立项到竣工验收、交付使用全过程中实际支付的全部建设费用、核定新增资产和考核投资效果的过程，计算出的价格称为竣工决算价，是整个建设项目最终实际价格。财务竣工决算与工程结算不同，工程结算是指在工程施工阶段，根据合同约定、工程进度、工程变更与索赔等情况，通过编制工程结算书对已完施工价格进行计算的过程，计算出来的价格称为工程结算价。结算价是该结算工程部分的实际价格，是支付工程款项的凭据。

建设项目完工投入使用或者试运行合格后，应当在3个月内编报竣工财务决算，特殊情况确需延长的，中小型项目不得超过2个月，大型项目不得超过6个月。

1. 财务竣工决算条件

（1）工程已经完工，或留有少量（不超过10%）不影响建设目标实现的收尾工程；

（2）除收尾工程外，工程价款结算工作已经完成；

（3）与工程相关的资金往来、债权、债务已清理完毕；

（4）工程物资已清理；与施工单位的"甲供材"已核对清楚，并已在结算时进行扣除；

（5）库存器材已处理（变现或转生产）；

（6）要交付的资产已归类清点完毕，且账实相符；

（7）与概算有关的工程和设计变更已经过批准；

（8）有结余资金的项目，结余资金使用方案已经过批准。

2. 竣工决算报表

（1）项目概况表；

（2）项目竣工财务决算表；

（3）资金情况明细表；

（4）交付使用资产总表；

（5）交付使用资产明细表；

（6）待摊投资明细表；

（7）待核销基建支出明细表；

（8）转出投资明细表。

3. 竣工财务决算说明书

主要包括以下内容：

（1）项目概况；（2）会计账务处理、财产物资清理及债权债务的清偿情况；（3）项目建设资金计划及到位情况，财政资金支出预算、投资计划及到位情况；（4）项目建设资金使用、项目结余资金分配情况；（5）项目概（预）算执行情况及分析，竣工实际完成投资与概算差异及原因分析；（6）尾工工程情况；（7）历次审计、检查、审核、稽查意见及整改落实情况；（8）主要技术经济指标的分析、计算情况；（9）项目管理经验、主要问题和建议；（10）预备费动用情况；（11）项目建设管理制度执行情况、政府采购情况、合同履行情况；（12）征地拆迁补偿情况、移民安置情况；（13）需说明的其他事项。

4. 竣工财务决算工作关键点

（1）编制项目竣工财务决算前，项目建设单位应当完成各项账务处理及财产物资的盘点核实，做到账账、账证、账实、账表相符。项目建设单位应当逐项盘点核实、填列各种材料、设备、工具、器具等清单并妥善保管，应变价处理的库存设备、材料以及应处理的自用固定资产要公开变价处理，不得侵占、挪用。

（2）核实各项投资额，重点内容如下：

1）建筑投资

不得将不属于概算设计内容的单项工程列入竣工财务决算（包括应在生产维修费中列示的工程费用；概算外的单位工程）；按照审核确定的工程造价金额确定概算中单项工程的实际造价，确保工程投资额的完整。与概算比较，确定各单项工程重大差异的事项及原因（从数量、单价进行比较）。

2）安装投资

不得将不属于概算设计内容的单项安装工程列入竣工财务决算（包括应在生产维修费中列示的安装费用等）；按照审核确定的安装工程造价金额确定概算中单项安装工程的实际造价，确保安装工程投资额的完整。与概算比较，确定各单项工程重大差异的事项及原因。

3）设备投资

不得将不属于概算设计内容的设备采购列入竣工财务决算（包括概算中未涉及的管理用车辆）；按照招投标确定的合同金额确定设备金额（编入竣工财务决算的设备金额需要扣减可以抵扣的增值税进项税）。与概算比较，确定重要设备存在的重大差异事项及原因。

4）待摊投资

核实实际发生的各项待摊投资，确保列入竣工财务决算待摊投资的完整性。严格按照规定的内容和标准控制反映待摊投资支出，不得将非法的收费、摊派等计入待摊投资支出，不得将与概算及项目无关的费用编入财务决算。

5）其他投资

核实实际发生其他投资的各项合同，确保编入竣工财务决算其他投资的金额完整性，同时不应将概算外的投资编入竣工决算的其他投资。与概算比较，确定其他投资的存在重大差异事项及原因。

6）尾工工程

根据工程的形象进度，确定尾工工程的金额。

（3）核实各项费用，重点如下：

1）待摊投资及安装费

可以直接明确归属到一项资产的投资及费用，直接分摊到资产对象；不能直接归属的按照下列顺序进行分配：如果为多项明确资产共同发生的投资及费用，应在多项资产进行分配，如：安装几项设备发生的安装费，安装费应在需安装的几项资产进行分配；除此以外发生的公共投资和费用在房屋建筑物和需安装设备项目中进行分配，如：项目咨询费、设计费等。

具体分配如下：对不能作为资产移交的工程投资进行分摊。将建设过程中取消的项目实际发生的费用分摊到该项目所在系统的其他建筑工程中。绿化费用属于建筑小品的，按建筑物移交；属于绿化费用的，按照房屋建筑物（包括构筑物）的实际造价分摊。项目土石方工程以及临时工程包括临时水源、临时电源、临时通信、大型临时设备按照房屋、建筑物、需安装的机械设备费（含设备基座费、安装工程费）的实际建设支出分摊。以上各项分摊费用作为分摊其他费用的基数。

2）建设场地征用及清理费

建设场地征用及清理费中除确认无形资产外的其他支出按房屋、建筑物、设备基座费的实际建设支出分摊。

3）项目建设管理费

按房屋、建筑物、需安装设备（含设备基座费、安装费）的实际建设支出分配。

4）建设项目技术服务费

①研究试验费：能直接分配到有关研究对象的，可以直接分配到相关的研究对象，不能直接分配的，按房屋、建筑物、需安装设备（含设备基座费、安装费）的实际建设支出分配。

②勘察设计费、设计文件评审费、工程监理费、建设项目后评价费、审计费：按房屋、建筑物、需安装设备（含设备基座费、安装费）的实际建设支出分配。

5）生产准备费

①整体设备试运行及分系统调试费：按安装工程费的实际建设支出分配。

②生产职工培训及提前进厂费：按安装设备（含设备基座费、安装费）的实际建设支出分配。

施工安全措施费、工程质量监督检测费、预算定额编制管理费、劳动定额测定费：按房屋、建筑物、需安装设备（含设备基座费、安装费）的实际建设支出分配。

6）财务费用

按房屋、建筑物、需安装设备（含设备基座费、安装费）的实际建设支出分配。

5. 项目竣工财务决算审计

项目竣工决算完成后，一般需要委托社会中介机构进行项目竣工决算审核。审核成果为审核报告及审核表，审核报告内容应当详实，主要包括：审核说明、审核依据、审核结果、意见、建议。

（1）竣工财务决算审核表组成：

1）项目竣工财务决算审核汇总表；

2）资金情况审核明细表；

3）待摊投资审核明细表；

4）交付使用资产审核明细表；

5）转出投资审核明细表；

6）待销核基建支出审核明细表。

（2）项目竣工财务决算审核关键点

1）审核准备。一要收集与该工程造价有关的文件资料。在进行工程结算审核工作之前，必须对下列资料进行整理、归集和分析：立项文件、初步设计批复文件、招投标文件、标底、施工合同，竣工图纸，变更洽商，监理签证资料，设备、材料的招标采购合同，隐蔽工程签证单及各种材料单价的签证单等工程相关资料，施工单位工程结算书及工程结算审核报告；二是要掌握建设项目编制概算和批复概算的详细内容，做到心中有数，避免概算外项目挤进成本；三要收集编报项目竣工财务决算报表的详细数据清单，而不仅仅是就账论账，避免在财务数据的来源上浪费大量时间。

2）人员构成。竣工财务决算审核组不能只包括工程造价审核人员或财务审核人员，而必须由工程财务审核人员、工程造价审核人员和经济管理人员共同组成。审核组成员之间要通力配合，基建财务人员不能只单纯地就账审账，只关注资金的收支情况，要全面了解项目的概算构成、设计、监理、施工管理等概况。工程造价审核人员也不能只关注结算审核，不关注资金的流向。二者相辅相成才能审深、审透。要注重对工程计价项目与相关财务资料的对比分析与印证，尤其是甲供材料时，要在财务审核人员的配合下，充分关注材料价差，找出差异与疑点，必要时直接审查施工单位的原始票据，这样才能达到最佳的审计效果。经济管理人员则要从经济效益、社会效益和环境效益三个方面全面客观评价项目的投资绩效。

3）审核内容。竣工财务决算审核的内容包括项目从筹建到竣工验收、交付使用全过程发生的全部费用、完成的建设成果。从资金的角度，审核的内容要全面关注项目的资金来源、到位、使用和结余资金情况；从建设内容的角度，审核的内容要全面关注项目的建设程序执行、招投标、合同管理、材料供应管理、工程质量管理、工程造价管理、工程进度管理、尾工工程等内容；从财务核算的角度，审核的内容要全面关注建安工程投资、设备投资、待摊投资、其他投资；从效益的角度，审核的内容要全面关注项目所取得的经济效益、环境效益和社会效益。

二、档案整理与归档

项目档案验收是项目验收的重要内容，国家重大建设项目在验收前需要档案管理部门提前验收，只有通过档案验收才能开展项目验收，可见项目档案整理与归档工作十分重要。档案收集内容与整理方法见第十章第二节。项目预验收前，建设单位组织项目档案小组全面清理、整理、归档。项目档案整理与归档工作量大、专业性强，大中型项目档案少则几十卷，多则成百上千卷，档案小组成员集中时间专职整理归档。档案小组成员应由建设单位项目管理人员、项目使用单位人员和档案管理人员组成。

由于项目档案整理完成到项目验收可能有较长的时间间隔，为了在项目验收前较好地保管好项目档案，项目档案整理后要及时移交单位档案室管理，在项目验收时再整体调出。

三、项目预验收

项目预验收是项目验收前的重要环节，是建设单位在项目验收前对项目进行的一次全面体检。由建设单位组织专家和使用单位一起进行验收，专家一般为非本单位的具备高级职称人员。专家组由单数组成，一般由工程、工艺、财务等3个方面专家组成。

项目预验收会一般程序是：建设单位项目管理负责人汇报项目整体情况、专家对汇报情况进行质疑、查看资料和项目现场、专家意见汇总并与建设单位交换意见、形成预验收意见。

项目预验收通过后，形成项目预验收意见。

四、项目报告

项目报告是对项目全过程的一个总结，包括立项、建设和试运行，是项目竣工验收的一个重要依据。项目报告一般包括以下内容：

（1）项目建设总体完成情况

1）项目前期准备情况。包括项目申报、审批情况，招标投标情况以及合同签订情况等方面。

2）项目执行情况。包括施工执行情况，仪器设备采购、安装、调试等方面。

3）项目实际完成情况。包括项目实际建设地点、建设内容、建设规模、建设标准、建设质量、建设工期等方面。

（2）项目资金到位及使用情况。包括计划下达情况，资金到位情况，资金使用情况，资金管理情况，工程结算、财务决算审核情况等方面。

（3）项目变更情况。包括项目实际完成与初步设计批复对比情况（初步设计批复与实际完成情况对照表），变更原因和办理相关报批等方面。

（4）项目管理情况。包括项目法人制、招投标制、监理制和合同制等四制执行情况，规章制度建立等方面。

（5）工程竣工验收和项目预验收情况。包括土建工程和仪器设备两方面。

（6）执行法律、法规情况。包括环保、劳动安全卫生、消防、抗震等方面。

（7）档案资料情况。包括建设项目批准文件、设计文件、竣工文件、监理文件及各项技术文件等方面的归档情况。

（8）项目建设目标功能实现以及试运行效果情况。

（9）其他需要验收的内容。

第三节　项目竣工验收程序及组织

项目完成全部内容并完成验收准备工作后，建设单位向上级主管部门（单位）申请竣工验收，上级主管部门（单位）根据验收权限确定是本部门（单位）还是再向上级部门（单位）申请。在向上级部门申请竣工验收时除印发文件外，还应附项目报告、财务决算表、审核报告和其他相关附件。

有权验收的部门（单位）收到验收申请后审核验收材料，如果验收材料合格，验收部门（单位）组织相关专家对项目进行验收，专家组成、验收程序和内容同预验收。项目竣工验收关注的重点主要是项目内容是否完成、决策和建设过程是否规范、试运行效果是否良好。

项目竣工验收通过后，验收部门（部门）一般向建设单位发放项目建设合格证。

第四节　项目竣工财务决算报批

财政投资的基本建设项目，建设单位在完成项目竣工验收后，需要向上级财政部门申请项目竣工财务决算批复。上级财政部门对项目竣工财务决算实行先审核、后批复的办法，一般由其委托预算评审机构或者有专业能力的社会中介机构进行审核。

上级财政部门审核批复项目竣工财务决算时，重点审查以下内容：

（1）工程价款结算是否准确，是否按照合同约定和国家有关规定进行，有无多算和重复计算工程量、高估冒算建筑材料价格现象；

（2）待摊费用支出及其分摊是否合理、正确；

（3）项目是否按照批准的概算（预）算内容实施，有无超标准、超规模、超概（预）算建设现象；

（4）项目资金是否全部到位，核算是否规范，资金使用是否合理，有无挤占、挪用现象；

（5）项目形成资产是否全面反映，计价是否准确，资产接收单位是否落实；

（6）项目在建设过程中历次检查和审计所提的重大问题是否已经整改落实；

（7）待核销基建支出和转出投资有无依据，是否合理；

（8）竣工财务决算报表所填列的数据是否完整，表间勾稽关系是否清晰、正确；

（9）尾工工程及预留费用是否控制在概算确定的范围内，预留的金额和比例是否合理；

（10）项目建设是否履行基本建设程序，是否符合国家有关建设管理制度要求等；

（11）决算的内容和格式是否符合国家有关规定；

（12）决算资料报送是否完整、决算数据间是否存在错误；

（13）相关主管部门或者第三方专业机构是否出具审核意见。

第五节　资产交付

项目竣工后应当及时办理资金清算和资产交付手续，并依据项目竣工财务决算批复意见办理产权登记和有关资产入账或调账。

资产交付是指建设单位将通过建设形成的资产，交付或结转给生产、使用单位的过程。交付的资产包括固定资产、为生产准备的不够固定资产标准的工具、器具、家具等流动资产、无形资产和递延资产。在完成项目后应及时办理资产交付，只有完成资产交付后项目建设才能真正画上句号，由在建项目变成交付项目，资产管理登记固定资产。

一、资产内容

（1）固定资产：是指已经完成购置建造过程，并交付生产、使用单位的符合固定资产标准的各种房屋、建筑物和设备。

（2）流动资产：是指由建设单位购置并交付生产使用单位低于固定资产标准的各种工具、器具、家具等。

（3）无形资产：是指由建设单位购置并单独交付生产单位的土地使用权、专利权和专有技术等。

（4）递延资产：是指在基本建设过程中发生的，并单独交付生产单位的各种递延费用。包括生产职工培训费、样品样机购置费、农业开荒费用等。

二、资产成本计算

（1）房屋、建筑物、管道、线路等固定资产的成本：包括建筑工程成本、应分摊的待摊投资。

（2）动力设备和生产设备等固定资产的成本：包括需要安装设备的采购成本、安装工程成本，设备基础、支柱等建筑工程成本或砌筑锅炉及各种特殊炉的建筑工程成本，应分摊的待摊投资。

（3）运输设备及其他不需要安装的设备、工具、器具、家具等固定资产和流动资产的成本：一般仅计算采购成本，不分摊"待摊投资"。

（4）项目建设单位经批准使用项目资金购买的车辆、办公设备等自用固定资产，项目完工时按下列情况进行财务处理：

资产直接交付使用单位的，按设备投资支出转入交付使用。其中，计提折旧的自用固定资产，按固定资产购置成本扣除累计折旧后的金额转入交付使用，项目建设期间计提的折旧费用作为待摊投资支出分摊到相关资产价值；不计提折旧的自用固定资产，按固定资产购置成本转入交付使用。

资产在交付使用单位前公开变价处置的，项目建设期间计提的折旧费用和固定资产清理净损益（即公开变价金额与扣除所提折旧后设备净值之间的差额）计入待摊投资，不计提自用固定资产折旧的项目，按公开变价金额与购置成本之间的差额作为待摊投资支出分摊到相关资产价值。

（5）无形资产和递延资产的成本：一般按取得或发生时的实际成本计算，不分摊"待摊投资"。

（6）畜禽、林木等资产的成本：包括畜禽、林木等的实际购置成本。饲养、培育费用，应分摊的待摊投资。

Chapter 10

第十章 专题

由于工程造价管理、项目档案管理以及项目信息管理费贯穿于项目全过程，且系统性较强，为此将以下三个部分作为专题整体阐述。

第一节　工程造价管理

工程造价管理是项目投资管理重要组成部分,贯穿于工程建设整个过程,从项目立项到项目施工逐渐细化和深化,是逐步受控的过程。所以工程造价管理不是单一的招标采购管理和施工造价管理,是一个系统的管理过程。

一、决策阶段

项目决策是选择和决定投资行动方案的过程,是对拟建项目的必要性和可行性进行技术经济论证,对不同建设方案进行技术经济比较选择及作出判断和决定的过程。项目投资决策正确与否,直接关系到项目建设的成败,关系到工程造价的高低及投资效果的好坏。正确决策是合理确定与控制工程造价的前提。项目决策最重要的环节是项目可行性研究阶段,可行性研究报告估算的投资要求误差控制在10%范围以内,如果可行性研究报告出现较大偏差,将对项目投资控制和工程造价管理造成困难。为此,在可行性研究阶段必须深入研究以下几个部分:

1. 建设规模

对于生产性建设项目合理确定建设规模,就是要合理选择拟建项目的生产规模,生产规模小,其成本高,经济效益低;生产规模大,可能供大于求,造成产品积压,经济效益低。对于非生产性建设项目而言,建设规模小,不能满足需求,影响项目功能发挥和目标实现,规模过大,不仅造成投资浪费,效益低下。只有合理确定建设项目的规模,才能保证工程投资的合理性,保证拟建项目建设的可行性。同时,建设规模决定项目投资规模和工程造价大小。

2. 建设内容

建设项目是由若干内容构成,都是保障项目运行不可或缺的,在项目可行性期间要逐一研究，在可行性研究报告要全部体现，否则在项目实行过程中需要增加建设内容，造成项目投资紧缺，工程造价失控，对工程造价影响大的建设内容缺失，极有可能影响项目资金筹措，造成投资失败。

3. 建设标准

建设标准直接影响工程造价，合理确定项目建设标准对项目投资和工程造价控制非常关键。标准定得太高，会脱离实际情况和财力、物力的承受能力，增加造价，浪费投资；建设标准定得过低，从项目层面影响项目功能发挥，从国家层面将会妨碍技术进步，影响国民经济的发展和人民生活的改善。

4. 建设地点

建设地点的选择合理与否，在很大程度上决定着拟建项目的命运，影响着项目投资的高低，影响到项目建成后的经营状况。因为项目选址与工程地质情况、市政基础设施配套情况、交通运输成本直接相关，对工程造价影响巨大。

5. 技术方案

拟建项目技术方案包括工艺流程的选择与主要设备的选用。工艺流程在必须确保产品符合国家要求的同时，力求技术先进、经济合理，最大限度提高劳动生产率和设备利用率，最大限度地保护环境卫生、生态平衡，节约投资和降低生产成本，以谋求最大的经济和社会效益。如果在可行性研究时选用的技术方案不合理，实施时势必调整，工程造价将发生巨大变化，造成造价控制困难。

6. 投资估算

投资估算包括项目投资总额和资金使用计划。准确全面地估算建设项目的工程造价，是项目投资决策阶段造价管理的重要任务。估算时，不仅要使用好造价指标准确估算单位工程的投资，对设备要进行市场调研，落实规格型号和市场价格，而且还需充分调研项目建设地点当地配套费用，如拆迁补偿费、地区的行政事业收费等。决策阶段投资估算力求全面，涵盖全部建设内容和全部费用，不要遗漏；力求准确，尽可能细化建设内容，套用恰当指标。

建设项目投资决策阶段的造价管理对于整个项目造价控制的作用至关重要，由于投资决策阶段影响造价的因素较多，额度较大，如果发生较大偏差，对项目资金筹措和后续的造价控制造成重大影响。为此，本项投资决策阶段造价管理极为重要。

二、设计阶段

设计阶段的造价管理能动性极强。一个优秀的方案性价比较高，即项目功能完善，投资不高，且造价确定，工程造价容易控制；一个有缺陷的设计不仅性价比低，且造价不确定，工程造价难以控制。设计阶段对项目投资和工程造价控制影响较大。

1. 优化设计方案

在设计单位完成设计方案后，建设单位组织设计单位、使用单位及有关专家进行充分研讨，对项目功能实现、景观协调、技术经济进行全面评估，特别是技术经济评估，要做多方案比选，选出技术先进、经济合理的最优方案。

2. 深化初步设计

概算是工程造价控制的依据，初步设计是概算的基础，只有依据完善的初步设计才能编制出完美的概算。要使初步设计尽量完善，只有深化初步设计，使初步设计深度完全达到编制概算的要求。在初步设计完成之后，建设单位一方面检查初步设计是否达到国家规定的深度，另一方面要求概算编制人员按照初步设计进行测算，不得无依据估算。概算要全面，要反映项目建设过程全部费用，不仅仅反映设计的全部内容，而且还要真实反映项目实施需要发生除设计内容以外的费用，如：措施性费用、行政事业性收费等等；概算要精确，准确测算工程量，价格真实反映市场行情。一个完整准确的概算将为工程造价管理打下坚实的基础。

3. 细化施工图设计

施工图不仅是项目施工的依据，也是招投标的依据，一份质量差的施工图不仅不能保障顺利施工，还会出现大量设计变更和工程洽商，造成施工期间工程造价无法控制，同时，质量差的施工图还会造成招标期间的理解偏差，不仅影响招标活动，还会影响结算工作。施工图设计时要强调细节，分部分项做法、材料选用要描述清楚，选用行业成熟做法，市场主流材料，各专业图纸要交圈、配套。施工图完成后除了设计单位自身校核外，建设单位一方面请专业人员进行审查，另一方面让编制预算或清单的单位对施工图进行校核，进一步完善施工图设计。

4. 推行限额设计

限额设计就是按照立项的投资估算额进行初步设计，按照批复的概算额进行施工图设计。首先要求咨询单位必须维护投资估算的严肃性，坚持正确的咨询指导思想，编制投资估算时要尊重科学、实事求是，树立全局观念，反对高估冒算等不切实际的做法；其次，要使设计与概算编制形成有机的整体，避免相互脱节，严格执行国家有关概算的编制规定和费用标准，防止漏项少算，为施工图设计提供依据。

在具体组织过程中，要求设计单位按照设计程序分阶段层层控制总投资，使其贯穿于初步设计、技术设计直到施工图设计的各个阶段，形成纵向控制；在各设计阶段，应按各专业进行投资分解，分块限额，形成横向控制。应坚持横向控制和纵向控制相结合，责任落实到人，使设计人员由"画了算"转变为"算了画"，以保证限额设计真正有效。

三、采购阶段

1. 施工承包采购

施工承包价是项目总投资重要组成部分，特别是以建筑工程为主的项目，控制好施工承包价，基本上就实现了项目造价控制。施工承包采购是施工承包价形成的关键性基础工作，招标是施工承包采购的主要方式。招标时注意以下几点：

（1）编制工程量清单

工程量清单是造价管理的基础数据，清单不准确一方面造成施工阶段造价的不确定性，另一方面容易造成不平衡报价，抬高实际标价。为最大限度保证工程量清单的准确性，一方面要给足清单编制时间，让造价咨询单位熟悉图纸。另一方面，建设单位组织设计单位向造价咨询单位图纸交底，不仅能够让造价咨询人员尽快熟悉图纸，了解设计意图减少或避免清单漏项、项目特征描述不准确、工程量计算有误等问题；而且，通过交底，造价咨询人员与设计人员进行充分交流，能够进一步完善施工图，特别在一些设计细节上，如细部做法，材料设备规格型号描述，一定程度上会减少之后发生变更的数量，有利于建设单位控制工程造价。

为确保工程量清单的准确性，建设单位可以同时委托两家造价咨询单位独立编制工程量清单，完成后进行校核，对有较大出入的清单项，双方再进行测算。

（2）编制招标控制价

建设单位委托造价咨询公司编制招标控制价时，要根据拟建项目特点，充分考虑施工场地、施工环境、技术难度、建筑规模和工期要求等因素，客观合理地确定招标控制价，招标控制价格一定要反映真实的市场价格和社会平均水平，偏高造成投资增加，偏低可能造成招标失败。

（3）签订施工合同

1）选择合同类型。根据项目规模和工期长短、竞争情况、复杂程度、项目单项工程的明确程度、项目准备时间的长短以及项目的外部环境等因素综合分析，选择施工合同类型。对于工程量不大且能精确计算、工期较短、技术不复杂、风险不大的项目多选择固定总价合同形式；其他情况下一般采用固定单价合同，特殊情况下，如非常紧急的项目如抢险工程，给予发包人和承包人的准备时间非常短，只能采用成本加酬金合同。

2）明确重点内容。对价款调整的范围、程序、计算依据和设计变更、工程洽商现场签证、材料价格的确认等内容，合同专用条款中要有明确的规定。例如：约定钢材、水泥价格涨幅超过投标报价的5%，其他材料超过投标报价的6%时，允许调价；明确工程量调整原则，清单项特征描述与图纸冲突处理原则；明确清单外组价原则，工程结算程序以及索赔范围及计价原则。合同签订应遵循公平公正和符合国家法律法规原则。

2. 监理服务采购

工程造价管理是监理单位一项重要工作，在监理服务采购时要明确监理单位对工程造价控制应负的责任，要将其责任落实到合同条款中，例如：根据施工投标文件及进场调整后的施工组织设计，做出投资测算报告，根据工程进度实时进行纠正和调偏；对工程变更预算的审核，要有现场工程师的签证、影像资料、造价工程师签字等；关于工程结算，若监理单位审核结算金额高于审计单位审核结算金额的一定比例，则监理单位承担违约责任，建设单位从监理费中扣除违约金，具体金额根据拟建项目的具体情况而定。

3. 材料设备采购

材料设备是工程造价的组成部分，工程造价管理必须将材料设备纳入其中，做好材料设备采购工作。在采购前建设单位可通过网上、市场、造价信息、实地考察等手段进行询价，经过多方比较之后才能掌握比较准确的材料设备规格型号、参数和价格，以便编制招标文件技术参数和控制价。材料设备采购要早准备、有计划，避免因马上要使用仓促采购，影响材料设备价格和质量。

四、施工阶段

施工阶段造价管理的主要内容就是合同管理，建设单位依据合同，严格控制工程变更和现场签证，严把设备材料认价关。

1. 编制投资动态分析表

按照初步设计和概算批复的内容编制投资动态分析表。例如：某项目概算总投资分为建安工程费用、工程建设其他费用、预备费三大部分，其中工程建设其他费用中包括可研编制费、工程勘察费、设计费、监理费、招标代理服务费、施工图审查费、建设单位管理费等，建安工程费用中包括建筑工程、装饰工程、给水排水工程、采暖工程、空调工程、电气工程、弱电工程、室外工程等等。在动态分析表中，按"行"列明各分项的名称，按"列"列明各分项的批复概算金额、合同金额、变更费用、累计支付金额、预计支付总金额和结算审计金额等。随着施工进度情况，统计实际完成工程量和实际支出，更新数据并定期对工程造价进行分析预测与控制。

2. 控制工程变更

施工阶段工程变更是不可避免的，如发生变更，应严格按照合同约定的程序进行。对于重要变更建设单位现场代表、监理工程师、施工单位技术负责人、设计人现场研究确定方案，变更单由施工单位、监理单位签字后送交建设单位，由建设单位送设计单位签认，最后建设单位签认。同时，变更必须附有预算，做到先算账、后决策、再实施。在变更过程中，要留有影像资料，作为变更资料的一部分，以便于结算审计工作的顺利进行。

实施过程中，编制变更情况统计表，按"行"列明变更名称，按"列"列明变更编号、变更内容、施工单位申报预算、监理单位审核预算、变更发生的原因等。根据变更原因，要逐一明确建设、设计、造价咨询、施工等各方责任，分类整理，及时处理。

3．现场签证管理

现场签证管理是项目施工阶段控制工程造价的关键。在施工过程中，要加强对施工现场的监督，对现场材料代用、额外用工、材料价格、索赔、各种预算外费用的签证，一方面要实事求是，核实细节，另一方面要先算账后签证，随时掌握项目费用变化额度。各专业工程师要与造价工程师加强沟通，对工程造价做到心中有数。同时要促使监理单位做好各种记录，特别是隐蔽工程记录和签证工作。各种签证尽可能量化，避免仅作定性或含糊不清的签证，减少竣工结算时产生一些不必要的纠纷。

4．设备材料价格管理

暂估价材料的采购价格往往高于招投标阶段的暂估价格，因此其消耗量和价格的高低对工程造价影响很大。建设单位要联合监理单位、施工单位，三方共同询价、考察、比选，通过公开招标或者竞争性谈判等方式，确定性价比较高的供应商。公开招标要在国家或行业主管部门规定的媒介上发布招标公告，例如：中国政府采购网、中国采购与招标网、中国日报、中国建设报、中国经济导报等；竞争性谈判选择供货方，要通过网络查询、市场调研、咨询行业专家的方式，三方共同邀请尽可能多的单位参加谈判，避免施工单位一家邀请。

五、结算阶段

结算阶段是工程造价管理最后一个环节，也是关键性环节，其方法和措施见第八章。

第二节　项目档案管理

根据国家档案局、国家发改委联合发布的《重大建设项目档案验收办法》（档发〔2006〕2号），项目档案验收是项目竣工验收的重要组成部分，未经项目档案验收或项目档案验收不合格的建设项目，不得进行或通过整个建设项目的竣工验收。可见，项目档案验收对整个工程项目的竣工验收具有一票否决权，充分体现了项目档案在项目建设中的重要性；同时，档案对建设项目日后的管理、使用、维护、改建、扩建、技改有着十分重要的作用，项目档案收集不齐全、整理不规范、保管不安全等，都会直接影响建设项目发挥最大效益。

一、项目档案管理方法

1. 建立项目档案管理机构

工程项目从立项开始，成立建设项目档案工作小组，成员不仅包括建设项目管理人员，还应包括建设单位档案管理人员，在施工阶段，还要包括参建单位人员；建立项目档案工作规章制度，通过规章制落实档案管理责任和工作程序，要将档案管理落实到人，专人负责文件、图纸、计算数据、声像记录等资料的收集、整理、归档工作，要进行考核并与奖惩挂钩。

2. 制定档案收集、整理和归档规划

根据国家相关规定和项目具体情况，在项目立项后就制订项目档案收集、整理和归档规划，明确收集什么，在项目什么阶段收集，收集后资料如何整理和归档，如何使用，在规划中要逐一明确。

3. 定期检查建设项目档案工作

建设单位对建设项目档案工作实行统一管理，对本单位各部门和设计、施工、监理等参建单位进行有效的监督、指导，确保项目档案工作与项目建设同步进行。定期召集有关参建单位及档案管理人员参加项目档案工作会议，检查资料收集、整理、归档情况交流项目档案工作体验与问题，安排部署下一步工作。

4. 纳入档案部门集中统一管理

根据《重大建设项目档案验收办法》，建设项目档案的验收内容包括三个方面：一是项目档案的基础管理工作；二是项目档案的完整、准确、系统情况；三是项目档案的安全状况。可见，项目档案的安全保管也是项目档案验收的一个重要内容，通常一个单位的项目筹建部门一般没有条件实现对项目档案的安全保管，把项目档案及时纳入单位档案部门管理，一方面有利于项目档案的验收，另一方面也有利于对档案的集中统一管理，切实保证项目档案的完整和安全。为解决查阅方便，项目档案要电子化，实现原始资料存档，电子资料查阅。

二、项目档案整理与归档要求

1. 归档工程文件的一般要求

归档的工程文件应为原件。工程文件的内容必须真实、准确，与工程实际相符。工程文件应采用耐久性强的书写材料，如碳素墨水、纯蓝墨水等。工程文件应字迹清楚，图样清晰，图表整洁，签字盖章手续完备。

工程文件中文字材料幅面尺寸规格宜为A4幅面（297mm×210mm）。图纸宜采用国家标准图幅。工程文件的纸张应采用能够长期保存的韧力大、耐久性强的纸张。图纸一般采用蓝晒图，竣工图应是新蓝图。计算机出图必须清晰，不得使用计算机出图的复印件。所有竣工图均应加盖竣工图章。竣工图章的基本内容应包括："竣工图"字样、施工单位、编制人、审核人、技术负责人、编制日期、监理单位、现场监理、总监。竣工图章示例如图10-1所示。

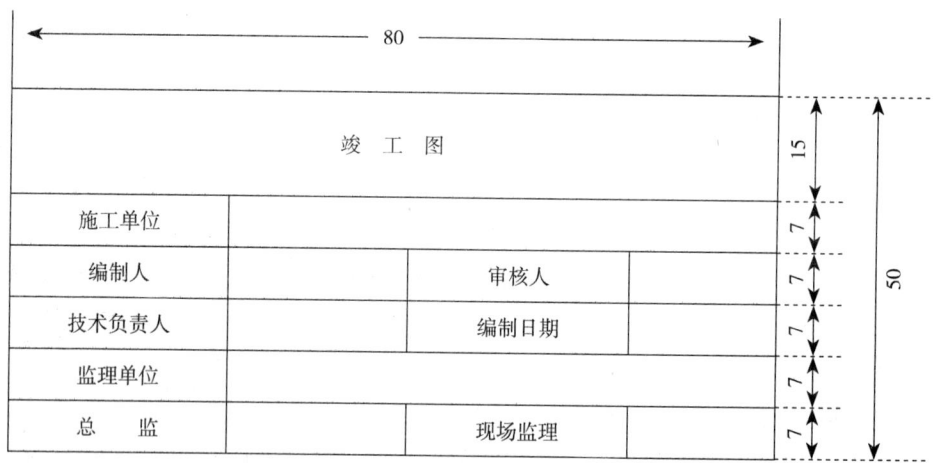

图10-1 竣工图章示例

竣工图章尺寸为：50mm×80mm。竣工图章应使用不易褪色的红印泥，应盖在图标栏上方空白处。利用施工图改绘竣工图，必须标明变更修改依据；凡施工图中结构、工艺、平面布置等有重大改变，或变更部分超过图面1/3的，应当重新绘制竣工图。不同幅面的工程图纸应按《技术制图 复制图的折叠方法》GB/T 10609.3—2009）统一折叠成A4幅面（297mm×210mm），图标栏露在外面。

档案立卷应遵循工程文件的自然形成规律，保持卷内文件的有机联系，一般是结果在前，成因在后，便于档案的保管和利用。

一个建设工程由多个单位工程组成时，工程文件应按单位工程组卷。案卷不宜过厚，一般不超过40mm，案卷内不应有重份文件，不同载体的文件一般应分别组卷。立卷可采用如下方法：

（1）工程文件可按建设程序划分为工程准备阶段的文件、监理文件、施工文件、竣工图、竣工验收文件5部分；

（2）工程准备阶段文件可按建设程序、专业、形成单位等组卷；

（3）监理文件可按单位工程、分部工程、专业、阶段等组卷；

（4）施工文件可按单位工程、分部工程、专业、阶段等组卷；

（5）竣工图可按单位工程、专业等组卷；

（6）竣工验收文件按单位工程、专业等组卷。

文字材料按事项、专业顺序排列。同一事项的请示与批复，同一文件的印本与定稿、主件与附件不能分开，并按批复在前、请示在后，印本在前、定稿在后，主件在前、附件在后的顺序排列。图纸按专业排列，同专业图纸按图号顺序排列。既有文字材料又有图纸的案卷，文字材料排前，图纸排后。

编制卷内文件页号应符合下列规定：

（1）卷内文件均按有书写内容的页面编号。每卷单独编号，页号从"1"开始。

（2）页号编写位置：单面书写的文件在右下角；双面书写的文件，正面在右下角，背面在左下角。折叠后的图纸一律在右下角。

（3）成套图纸或印刷成册的科技文件材料，自成一卷的，原目录可代替卷内目录，不必重新编定页码。

（4）案卷封面、卷内目录、卷内备考表不编定页号。

卷内目录的编制应符合下列规定：

（1）卷内目录表头一般有卷号、共*页等信息，表列一般有序号，文件编号，责任者，文件题名，日期，页次，备注等。

（2）序号：以一份文件为单位，用阿拉伯数字从1依次标注。

（3）责任者：填写文件的直接形式单位和个人。有多个责任者时，选择两个主要责任者，其余用"等"代替。

（4）文件编号：填写工程文件原有的文号或图号。

（5）文件题名：填写文件标题的全称。

（6）日期：填写文件形式的日期。

（7）页次：填写文件在卷内所排的起始页号。

（8）卷内目录排列在卷内文件首页之前。

卷内备考表的编制应符合下列规定：

（1）卷内备考表的式样宜符合规范要求。

（2）卷内备考表主要标明卷内文件的总页数、各类文件页数（照片张数），以及立卷单位对案卷情况的说明。

（3）卷内备考表排列在卷内文件的尾页之后。

案卷封面的编制应符合下列规定：

（1）案卷封面印刷在卷盒、卷夹的正表面，也可采用内封面形式。案卷封面的式样宜符合规范要求。

（2）案卷封面的内容应包括：档号、档案馆代号、案卷题名、编制单位、起止日期、密级、保管期限、共几卷、第几卷。

（3）档号应由分类号、项目号和案卷号组成。档号由档案保管单位填写。

（4）档案馆代号应填写国家给定的本档案馆的编号。档案馆代号由档案馆填写。

（5）案卷题名应简明、准确地提示卷内文件的内容。案卷题名应简明反映工程名称、专业名称、卷内文件的内容。

（6）编制单位应填写案卷内文件的形成单位或主要责任者。

（7）起止日期应填写案卷内全部文件形成的起止日期。

（8）保管期限分为永久、长期、短期三种期限。各类文件的保管期限详见附录10、11。

永久是指工程档案需永久保存。

长期是指工程档案的保存期限等于该工程的使用寿命。

短期是指工程档案保存20年以下。

同一案卷内有不同保管期限的文件，该案卷保管期限应从长。

（9）密级分为绝密、机密、秘密三种。同一案卷内有不同密级的文件，应以高密级为本卷密级。

卷内目录、卷内备考表、案卷内封面应采用70g以上白色书写纸制作，幅面统一采用A4幅面。

案卷采用装订与不装订两种形式。文字材料必须装订，既有文字材料，又有图纸的案卷应装订。装订应采用线绳三孔左侧装订法，要整齐、牢固，便于保管和利用。装订时必须剔除金属物。

案卷装具一般采用卷盒、卷夹两种形式：

（1）卷盒的外表尺寸为310mm×220mm，厚度分别为20mm、30mm、40mm、50mm。

（2）卷夹的外表尺寸为310mm×220mm，厚度一般为20～30mm。

（3）卷盒、卷夹应采用无酸纸制作。

案卷脊背的内容包括档号、案卷题名。

2. 档案归档具体内容和要求

国家重大建设项目归档内容和要求见《国家重大建设项目档案目录及保存时限》，见附录10。

一般建设项目归档内容和要求见《建设工程文件归档范围和保管期限表》，见附录11。

第三节 项目管理信息化

建设单位在组织项目建设中居于核心地位，项目高效决策和实施很大程度上取决于建设单位的项目组织和控制能力，而项目组织和控制能力在今天的信息爆炸时代，需要依赖项目管理信息化。非常遗憾的是，针对施工单位的项目管理信息化研究起步较早，也得到了重视和推广，为施工单位的项目管理发挥了积极作用，但针对建设单位项目管理信息化研究极少，应用也很有限，急需加强研究、开发和推广应用，为我国的工程项目管理能力全面提升提供支撑。

要实现建设单位项目管理信息化，就需要建立一套建设项目信息管理系统，其系统指的是在投资建设项目决策和实施的全过程中，对工程建设信息的获取、存储、存档、处理和交流进行合理的组织和控制。建设项目信息管理系统是通过对各个系统、各项工作和各种数据的管理，使建设项目的信息能方便和有效地获取、存储、存档、处理和交流。建设项目信息管理系统目的是通过有效的信息组织，提高项目建设管理能力和水平，从而提高建设项目的投资效益。建设单位项目管理信息系统是指建设单位根据自身的管理目标和任务，在项目决策和实施过程中获取、存储、存档、处理和交流相关信息。

一、信息内容

1. 计划信息

建设单位项目管理主要任务和方法是通过项目计划，组织项目决策和实施，通过过程监测，组织项目纠偏和控制。建设单位项目管理主要是对投资、进度、质量和安全等四个方面进行计划和控制。

（1）投资计划。投资计划分三个层级，第一层是总投资计划，项目决策时，按照建设内容、规模、标准测算项目总投资，总投资通过上级部门审定后即成为项目的总投资计划，也就是项目管理的总投资控制目标。总投资计划分两个阶段，一是项目可行性研究报告阶段，总投资计划为匡算投资；二是项目初步设计阶段，总投资计划为概算投资，当初步设计概算确定后，总投资计划以概算投资为准。第二层是年度投资计划，年度投资计划的作用是筹措资金，也就是将总投资计划按照总进度计划分摊到每个年度。第三层是合同签订价款，即合同签订时约定的合同价款，在合同执行过程当中，可能会发生调整，所以合同签订价款是该合同的投资计划。

（2）进度计划。进度计划分总进度计划、专项进度计划和合同进度计划。总进度计划是对项目建设进度进行总体安排，包括决策阶段。总进度计划任务分解以完整的工作或完整的合同任务为原则；专项进度计划是指对某一项工作或某一段时间进行详细安排，如招标工作；合同进度计划是针对某一合同履行进度进行系统安排，对于总承包单位来说，其合同进度计划是一个复杂、系统的计划。合同进度计划中也有专项进度计划，只不过是对合同进度计划中某一项工作或某一段时间进一步细化安排。

（3）质量与安全计划。建设单位并不直接参与建设项目的生产活动，而是通过合同约束和激励生产单位，产出高质量的产品，所以质量计划以合同为单位，每一份合同根据合同标的物的具体情况，编制质量计划。质量计划信息有质量分项名称、权重，质量分项名称即为该合同质量管理重点项目，如设计合同质量分项名称是设计深度、技术先进成熟、技术经济合理、专业相互配套、施工服务等质量管理重点项目，权重是表示该质量分项在整个合同质量管理中重要程度。安全计划信息也分安全分项名称和权重，与质量计划类似。鉴于当前劳务纠纷带来局部不稳定因素已引起政府、建设单位的高度重视，为此，劳务安全必须纳入安全生产统一管理。

2. 控制信息

（1）投资控制。总投资控制是通过对项目建设过程中产生的合同性支出和非合同性支出来控制，合同性支出控制由合同价款控制来实施。合同价款控制主要任务是控制合同价款调整，合同价款调整主要因素有合同中约定的调整因素以及政策调整因素，合同性支出占总投资份额较大，不确定因素多，是投资控制的重点，因此合同价款控制是总投资计划控制的基础。非合同性支出主要是项目建设需要交纳的规定费用以及日常小额开支，所占总投资份额较小。投资控制信息主要是合同价款以及调整信息、非合同性支出信息。年度投资一般不控制，需要控制是累计投资计划到位情况，以及累计支出情况。

（2）进度控制。进度控制以合同进度控制为基础，以关键节点进度控制为重点，动态采集节点进度信息，对照进度计划，如果影响最终进度，必须优化或压缩下一步工作任务时间，形成进度控制方案。如果通过优化或压缩工作任务时间还不能按照原进度计划目标完成任务，需要修编进度计划，专项进度计划和合同进度计划修编后，必须对照总进度计划，如果修编的专项进度计划和合同进度计划是总进度计划中的关键任务，还需要修编总进度计划。施工进度控制还可以通过现场劳务量变化预测未来进度，通过劳务调整实施进度控制。

（3）质量与安全控制。质量控制以质量计划中管理重点项目为对象，以采集的数据为依据分项进行评价，分值为60～100分，按照不同的批次进行评价，同一质量分项累计平均，再按照不同质量分项权重进行加权平均，即为该合同质量控制得分。质量计划项目出现60分以下的，即为质量不合格，只要有一个质量计划项目不合格，整个项目质量为不合格。所以，质量计划项目不允许出现不合格，如果出现，必须整改至合格后再进行评价。安全控制与质量控制类似。

二、信息采集、传输和存储

1. 信息采集

信息采集以合同履约单位提供原始数据，由建设单位整理确认为主要方法。在项目建议和可行性研究阶段，由咨询单位填报投资估算，项目立项后由建设单位根据批复情况调整投资估算，在项目初步设计阶段，由设计单位填报投资概算，初步设计批复后由建设单位根据批复调整投资概算，如表10-1所示；年度投资计划由建设单位根据总投资计划和总进度计划按年编制，如表10-2所示；合同投资由建设单位根据合同签订价款及调整约定情况录入，如表10-3所示。

总投资计划信息采集表   表10-1

工程或费用名称	费用类别	金额（万元）	备注
1号科研楼	建安工程费	4000	
建设单位管理费	其他工程建设费	110	
总计		4110	

合同投资信息采集表   表10-2

合同名称	1号科研楼施工总承包
合约人	××××××工程公司
合同标的	主体建安工程、场区工程
价款（万元）	8700
合同价款调整因素	工程量调整、人工费调整、材料调整、变更洽商

年度投资计划信息采集表   表10-3

工程或费用名称	费用类别	金额（万元）	2012年	2013年	2014年
1号科研楼	建安工程费	4000	0	2000	2000
建设单位管理费	其他工程建设费	110	50	40	20
总计（万元）		4110	50	2040	2020

总进度计划由建设单位编制，主要采集的信息有任务编号、工作任务名称、前置工作编号、开始时间、结束时间、工作时间（日历天）；合同进度计划由合同履约单位编制，主要采集的信息类型同总进度计划，合同进度计划编制完成后由建设单位确认；专项进度计划如果是合同进度计划分解，由合同履约单位编制，否则由建设单位编制，采集的信息类型同总进度计划。质量计划由合同履约单位编制，主要采集的信息有质量分项名称和评价标准简述；安全计划由合同履约单位编制，主要采集的信息有安全分项名称和评价标准简述。

总投资控制信息采集分为合同性支出信息和非合同性支出信息。合同性支出信息由合同履约单位采集，由监理单位审核和建设单位核定，主要信息是合同价款调整金额和调整因素类别，调整因素类别是合同投资信息中的合同价款调整因素；非合同性支出信息由建设单位经费支出模块采集。年度投资控制信息由建设单位资金收入和经费支出采集。

总进度计划和由建设单位编制的专项进度计划的控制信息，由建设单位根据合同进度控制情况和重要节点完成情况采集，采集时间可以定期如每周或每月一次，也可以是某一节点完成时间，采集主要信息是某一节点实际完成时间；合同进度控制信息由合同履约单位定期采集，采集频率一般根据合同工期或者工期紧迫程度确定，一般以月或周为采集周期。劳务信息采集由二代身份证信息采集系统完成，由监理单位负责。

质量控制信息由监理单位或建设单位（没有实施监理的项目）按照质量计划和国家相关规范实时采集，采集的信息分两大类：一是生产类，主要信息有采集时间、分部分项、分值、评估说明或附件；二是材料设备类，主要信息有采集时间、规格型号、数量、价值、生产单位、供应单位、分值、评估说明或附件。安全控制信息采集单位同质量控制信息采集，采集周期根据合同性质确定，如果是施工合同，需要每天采集；如果是非施工合同，根据安全计划确定采集周期。

2. 信息传输与存储

采用虚拟专用网络（Virtual Private Network，简称VPN），一方面充分利用公用网络（广域网）传输条件；另一方面实现数据安全传输和保存。管理信息系统在VPN服务器上运行，所有用户包括建设单位用户和合同履约单位用户均通过公用网络登录专用网络服务器，进入管理信息系统，所有数据均在专用网络服务器中保存。传输与存储构架如图10-2所示。

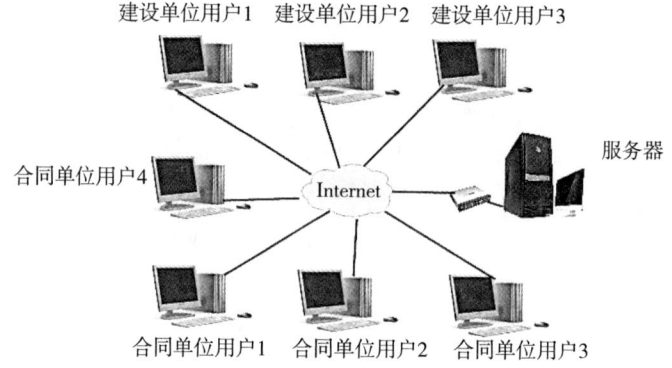

图10-2　网络拓扑示意图

三、信息处理与发布（应用）

一个建设单位可能同时有若干项目，不同级别项目管理人员需要不同信息支撑管理决策。建设单位负责人需要掌握所有项目的投资、进度、质量和安全等管理情况，项目负责人只需要掌握某个项目的投资、进度、质量和安全等管理情况的方面，同时，项目管理组织形式在不同的建设单位也存在差异，有职能式、矩阵式和指挥部式等，职能式组织形式还存在部门对整体项目的某一方面信息处理需求，所以信息处理需要分级、分类处理。分级处理是从合同分部分项、合同、项目、单位进行统计汇总，分类处理是从分级处理数据中按照类别进行统汇总。信息处理构架如图10-3所示。

四、信息系统开发几个关键问题

1. 系统授权

由于系统用户多，不仅有建设单位用户，还有参建单位即合同履约单位用户；建设单位用户还涉及各种管理层，每个管理层有不同分工，参建单位用户也存在分工问题。为此，系统必须考虑每个用户管理权限。系统设两级管理员：一级管理员即为总管理员，可以使用系统所有功能；二级管理员是

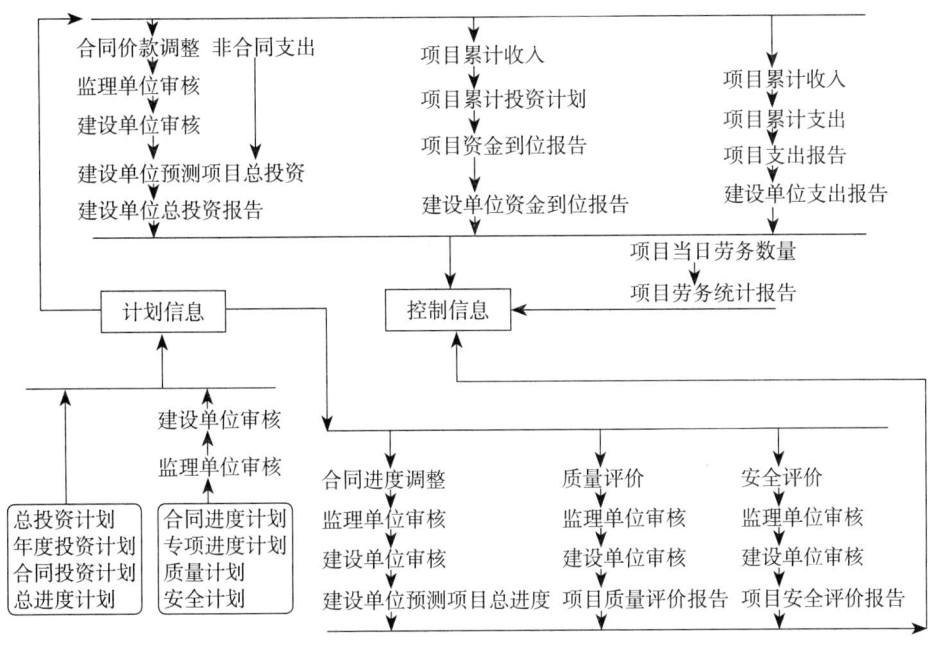

图10-3　管理系统数据流示意图

根据一级管理员授权使用功能。一级管理员有增加和删除二级管理员的功能模块，该功能模块可以根据二级管理员的业务，授予不同的权限。为了使授权功能能够顺利实现，系统设计时功能模块尽可能细化，通过功能模块授权来体现系统操作授权，即没有授权的模块在该管理员操作界面不出现，但数据流仍然存在。建设单位用户权限如图10-4所示。

建设单位负责人为一级管理员，不仅可以操作所有功能，而且能授予不同管理人员的系统操作权限；项目负责人和管理人员均为二级管理员。一级管理员授权项目负责人一个或多个项目所有操作权限，根据业务授权项目管理人员一个或多个项目中的一个或多个合同，且是合同管理中投资、进度、质量和安全等方面的一个或多个方面的操作权限。

合同单位用户权限比较简单，如图10-5所示。

项目经理为一级管理员，可以操作合同管理所有功能，能授予不同项目管理人员的系统操作权限；项目管理人员均为二级管理员，一级管理员授权二级管理员一个或多个方面的操作权限。

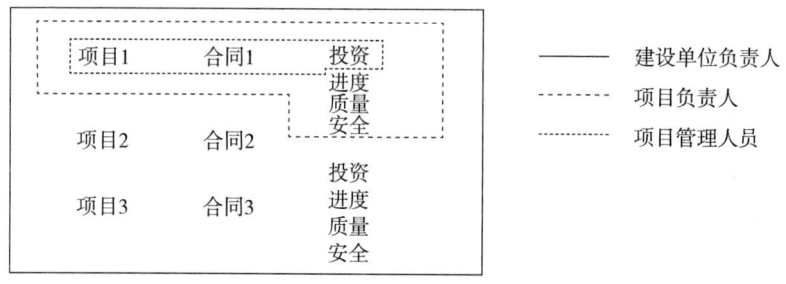

图10-4　建设单位用户权限示意图

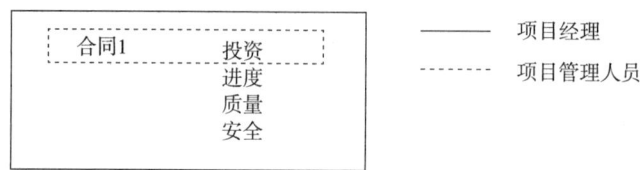

图10-5　合同单位用户权限示意图

2. 业务支持系统

为给系统操作提供业务支持，建设单位管理信息系统需要提供一个业务支持系统，主要有五个方面：一是建设项目管理任务系统，包括任务名称、流程、一般工作时间等；二是工程项目分部分项及主要工艺目录；三是工程项目常用材料设备目录；四是工程项目质量控制通用目录；五是工程项目安全控制通用目录。业务支持系统需要不断积累更新。

3. 身份证信息采集

通过身份证阅读器读取劳务人员二代身份证信息，实时掌握项目劳动力状况，一方面动态监测进度，另一方面监测劳务工资发放。身份证阅读器通过内嵌的专用身份证安全控制模块，以无线传输方式与第二代居民身份证内的专用芯片进行安全认证后，将芯片内的个人信息资料读出，再通过计算机通信接口，将此信息上传至监理单位计算机。安装在计算机中的阅读软件，将这些信息解码成文字，选择姓名、出生日期、身份证号码和住址等信息存储至NPV服务器，每日原始信息有：采集日期、姓名、出生日期、身份证号码和住址，系统统计信息，即现场劳务情况统计信息有：姓名、身份证号码、累计工作日。

工程咨询资质标准*

一、甲级工程咨询单位应当具备以下资格标准

（一）基本条件

1．从事工程咨询业务不少于5年，申请专业的服务范围相应咨询成果均不少于5项，无不良记录；

2．注册资金不低于500万元（事业单位除外）；

3．有固定的办公场所，人均使用面积不少于6平方米；

4．主持或参与制定过相关行业标准和技术规范的从优。

（二）技术力量

1．专职从事工程咨询业务的技术人员不得少于60人，其中具有高级专业技术、经济职称的人员不得少于30%，注册咨询工程师（投资）不得低于技术人员总数的15%，聘用专职离退休专业技术人员不得高于技术人员总数的10%，以上人员不得同时在两个及以上工程咨询单位执业；

2．每个专业领域配备相应的专业技术人员不少于5人和至少2名注册咨询工程师（投资）；

3．主要技术负责人应具有注册咨询工程师（投资）执业资格，从事工程咨询及相关业务不少于10年。

（三）技术水平和技术装备

1．掌握现代工程技术和项目管理方法，技术装备先进，具有较完整的专业技术资料积累，以及处理国内外相关业务信息的手段；

2．具有独立或与国内外工程咨询单位合作承接国外工程咨询业务的能力；

3．直接从事业务的专业技术人员人均配备计算机不少于1台，通信及信息处理手段完备，能应用工程技术和经济评价系统软件开展业务，全部运用

---

* 节选自《工程咨询单位资格认定办法》（国家发展和改革委员会第29号令）。

计算机和系统软件完成工程咨询成果文件编制和经济评价。

（四）管理水平

1. 有完善的组织结构，健全的管理制度；

2. 有严格的质量管理体系和制度，已通过ISO9000族质量管理体系认证的从优。

二、乙级工程咨询单位应当具备以下资格标准：

（一）基本条件

1. 从事工程咨询业务不少于3年，申请专业的服务范围相应咨询成果均不少于5项，无不良记录；

2. 注册资金不低于200万元（事业单位除外）；

3. 有固定的办公场所，人均使用面积不少于6平方米。

（二）技术力量

1. 专职从事工程咨询业务的技术人员不得少于30人，其中具有高级专业技术、经济职称的人员不得少于30%，注册咨询工程师（投资）不得低于技术人员总数的15%，聘用专职离退休专业技术人员不得高于技术人员总数的10%，以上人员不得同时在两个及以上工程咨询单位执业；

2. 每个专业领域配备相应的专业技术人员不少于5人和至少2名注册咨询工程师（投资）；

3. 主要技术负责人应具有注册咨询工程师（投资）执业资格，从事工程咨询及相关业务不少于8年。

（三）技术水平和技术装备

1. 掌握现代工程技术和项目管理方法，拥有较先进的技术装备，具有开展业务的专业技术资料积累和及时查询相关专业信息的手段；

2. 直接从事业务的专业技术人员人均配备计算机不少于1台，全部运用计算机完成工程咨询成果文件编制，经济评价系统软件的应用达到80%以上。

（四）管理水平

1. 有完善的组织结构，健全的管理制度；

2. 有严格的质量管理体系和制度。

三、丙级工程咨询单位应当具备以下资格标准：

（一）注册资金不低于50万元（事业单位除外）；

（二）专业技术人员不得少于15人，其中具有高级专业技术、经济职称的人员不得少于30%，注册咨询工程师（投资）不得低于技术人员总数的15%，聘用专职离退休专业技术人员不得高于技术人员总数的10%；

（三）每个专业领域配备相应的专业技术人员不少于5人和至少1名注册咨询工程师（投资）；

（四）主要技术负责人应具有中级以上专业技术职称或具有注册咨询工程师（投资）执业资格，从事工程咨询及相关业务不少于5年；

（五）有固定的办公场所，人均使用面积不少于6平方米；

（六）有严格的质量管理制度。

凡新申请工程咨询资格的单位，一般应从丙级资格做起。申请综合经济专业需要同时具备以下条件：

（一）应具有单项专业资格不少于8个；

（二）工程技术经济专业的注册咨询工程师（投资）4名以上。

综合经济专业资格，除已取得资质的专业外，仅限于评估咨询和工程项目管理等服务范围。

四、工程咨询资质专业分类明细：

（一）公路（道路、桥隧、交通工程）；

（二）铁路（轨道、枢纽、桥隧、通信信号）；

（三）城市轨道交通（轨道、枢纽、桥隧、通信信号）；

（四）民航（场道、通信、导航、航管、供油工程）；

（五）水电（发送变电）；

（六）核电、核工业（核电站常规岛；反应堆、核燃料等）；

（七）火电（发送变电、供配电）；

（八）煤炭（矿井、洗选煤、煤化工）；

（九）石油天然气（油气地面、海洋石油、管道输送、油气库）；

（十）石化；

（十一）化工、医药（化工工程、产品储运、矿山；化学原料药、中成药、药物制剂）；

（十二）建筑材料（水泥工程、玻璃、陶瓷、耐火材料、新型建材、非金属矿）；

（十三）机械（含航天、航空、船舶、兵器、汽车）；

（十四）电子（电子系统、基础件、微电子工程）；

（十五）轻工（造纸、食品、烟草、制糖、制盐、日用化工、家电、皮革、包装工业等）；

（十六）纺织、化纤（纺织、印染、服装；化纤原料、化纤工程）；

（十七）钢铁（冶炼、轧钢、金属材料、焦化和耐火材料、矿山）；

（十八）有色冶金（有色、黄金、冶炼、金属材料、焦化和耐火材料、矿山）；

（十九）农业（种植业、畜牧业、渔业、设施农业）；

（二十）林业（营造林、林产工业、林产化学、生态环境、森林工程）；

（二十一）通信信息（有线通信、无线通信、通信铁塔、邮政工程、信息化）；

（二十二）广播电影电视（广播电视发射、传输、电影工程）；

（二十三）水文地质、工程测量、岩土工程；

（二十四）水利工程（水库枢纽、引调水、灌溉排涝、河道整治、水土保持、城市防洪、围垦工程）；

（二十五）港口河海工程（港口、航道、通航建筑、水上交通）；

（二十六）生态建设和环境工程（生态建设；水污染防治、大气污染防治、固体废物处置、噪声防治、污染修复工程）；

（二十七）市政公用工程（市政交通、给排水、燃气热力、风景园林、环境卫生）；

（二十八）建筑（含人防工程）；

（二十九）城市规划；

（三十）综合经济；

（三十一）其他（按具体专业申请，比如：旅游工程、商物粮、气象工程、国土资源、土地整理、减贫工程、移民工程、海洋工程、新能源等）。

以上各专业均涵盖了本专业相应的节能减排和环境治理内容。凡取得编制项目建议书、编制项目可行性研究报告和项目申请报告、评估咨询资格的单位，均相应具备编制项目建议书、编制项目可行性究报告和项目申请报告中的节能减排、环境治理篇章和相应的评估咨询资格。

五、工程咨询资质等级承担业务范围：

甲级工程咨询单位可承担行业或地区的经济建设咨询，以及大、中、小型基本建设项目或技术改造项目的工程咨询业务。

乙级工程咨询单位可在本专业或所在地区内承担专业或城镇规划咨询，以及中、小型基本建设项目或技术改造项目的工程咨询业务。

丙级工程咨询单位可在批准的范围内承担小型基本建设项目或技术改造项目的工程咨询业务。

工程咨询收费标准*

一、按建设项目估算投资额分档收费标准

见附表1。

按建设项目估算投资额分档收费标准（单位：万元） 附表1

估算投资额 咨询评估项目	3000万元～ 1亿元	1亿元～ 5亿元	5亿元～ 10亿元	10亿元～ 50亿元	50亿元以上
一、编制项目建议书	6～14	14～37	37～55	55～100	100～125
二、编制可行性研究报告	12～28	28～75	75～110	110～200	200～250
三、评估项目建议书	4～8	8～12	12～15	15～17	17～20
四、评估可行性研究报告	5～10	10～15	15～20	20～25	25～35

注：1. 建设项目估算投资是指项目建议书或者可行性研究报告的估算投资额。

2. 建设项目的具体收费标准，根据估算投资额在相对应的区间内用插法计算。

3. 根据行业特点和各行业内部不同类别工程的复杂程度，计算咨询费用时可分别乘以行业调整系数和工程复杂程度调整系数。

二、按建设项目估算投资额分档收费的调整系数

见附表2。

按建设项目估算投资额分档收费的调整系数 附表2

行业	调整系数（以表一所列收费标准为1）
一、行业调整系数	
1. 石化、化工、钢铁	1.3
2. 石油、天然气、水利、水电、交通（水运）、化纤	1.2

---

* 节选自《关于印发建设项目前期工作咨询收费暂行规定的通知》（计价格［1999］1283号）。

续表

行业	调整系数（以表一所列收费标准为1）
3. 有色、黄金、纺织、轻工、邮电、广播、电视、医药、煤炭、火电（含核电）、机械（含船舶、航空、航天、兵器）	1.0
4. 林业、商业、粮食、建筑	0.8
5. 建材、交通（公路）、铁道、市政公用工程	0.7
二、工程复杂程度调整系数	0.8~1.2

注：工程复杂程度具体调整系数由工程咨询机构与委托单位根据各类工程情况协商确定。

三、工程咨询人员工日费用标准

见附表3。

工程咨询人员工日费用标准　　　　　　　附表3

咨询人员职级	工日费用标准
一、高级专家	1000~1200
二、高级专业技术职称的咨询人员	800~1000 600~800

工程设计资质标准[*]

一、标准

（一）工程设计综合资质

1. 资历和信誉

（1）具有独立企业法人资格。

（2）注册资本不少于6000万元人民币。

（3）近3年年平均工程勘察设计营业收入不少于10000万元人民币，且近5年内2次工程勘察设计营业收入在全国勘察设计企业排名列前50名以内；或近5年内2次企业营业税金及附加在全国勘察设计企业排名列前50名以内。

（4）具有2个工程设计行业甲级资质，且近10年内独立承担大型建设项目工程设计每行业不少于3项，并已建成投产。

或同时具有某1个工程设计行业甲级资质和其他3个不同行业甲级工程设计的专业资质，且近10年内独立承担大型建设项目工程设计不少于4项。其中，工程设计行业甲级相应业绩不少于1项，工程设计专业甲级相应业绩各不少于1项，并已建成投产。

2. 技术条件

（1）技术力量雄厚，专业配备合理。

企业具有初级以上专业技术职称且从事工程勘察设计的人员不少于500人，其中具备注册执业资格或高级专业技术职称的不少于200人，且注册专业不少于5个，5个专业的注册人员总数不低于40人。

企业从事工程项目管理且具备建造师或监理工程师注册执业资格的人员不少于10人。

---

[*] 节选自《工程设计资质标准》（建市［2007］86号）。

（2）企业主要技术负责人或总工程师应当具有大学本科以上学历、15年以上设计经历，主持过大型项目工程设计不少于2项，具备注册执业资格或高级专业技术职称。

（3）拥有与工程设计有关的专利、专有技术、工艺包（软件包）不少于3项。

（4）近10年获得过全国优秀工程设计奖、全国优秀工程勘察奖、国家级科技进步奖的奖项不少于5项，或省部级（行业）优秀工程设计一等奖（金奖）、省部级（行业）科技进步一等奖的奖项不少于5项。

（5）近10年主编2项或参编过5项以上国家、行业工程建设标准、规范。

3．技术装备及管理水平

（1）有完善的技术装备及固定工作场所，且主要固定工作场所建筑面积不少于10000平方米。

（2）有完善的企业技术、质量、安全和档案管理，通过ISO9000族标准质量体系认证。

（3）具有与承担建设项目工程总承包或工程项目管理相适应的组织机构或管理体系。

（二）工程设计行业资质

1．甲级

（1）资历和信誉

1）具有独立企业法人资格。

2）社会信誉良好，注册资本不少于600万元人民币。

3）企业完成过的工程设计项目应满足所申请行业主要专业技术人员配备表中对工程设计类型业绩考核的要求，且要求考核业绩的每个设计类型的大型项目工程设计不少于1项或中型项目工程设计不少于2项，并已建成投产。

（2）技术条件

1）专业配备齐全、合理，主要专业技术人员数量不少于所申请行业资质标准中主要专业技术人员配备表规定的人数。

2）企业主要技术负责人或总工程师应当具有大学本科以上学历、10年以上设计经历，主持过所申请行业大型项目工程设计不少于2项，具备注册执业资格或高级专业技术职称。

3）在主要专业技术人员配备表规定的人员中，主导专业的非注册人员应当作为专业技术负责人主持过所申请行业中型以上项目不少于3项，其中大型项目不少于1项。

（3）技术装备及管理水平

1）有必要的技术装备及固定的工作场所。

2）企业管理组织结构、标准体系、质量体系、档案管理体系健全。

具有施工总承包特级资质的企业，可以取得相应行业的设计甲级资质。

2．乙级

（1）资历和信誉

1）具有独立企业法人资格。

2）社会信誉良好，注册资本不少于300万元人民币。

（2）技术条件

1）专业配备齐全、合理，主要专业技术人员数量不少于所申请行业资质标准中主要专业技术人员配备表规定的人数。

2）企业的主要技术负责人或总工程师应当具有大学本科以上学历、10年以上设计经历，主持过所申请行业大型项目工程设计不少于1项，或中型项目工程设计不少于3项，具备注册执业资格或高级专业技术职称。

3）在主要专业技术人员配备表规定的人员中，主导专业的非注册人员应当作为专业技术负责人主持过所申请行业中型项目不少于2项，或大型项目不少于1项。

（3）技术装备及管理水平

1）有必要的技术装备及固定的工作场所。

2）有完善的质量体系和技术、经营、人事、财务、档案管理制度。

3．丙级

（1）资历和信誉

1）具有独立企业法人资格。

2）社会信誉良好，注册资本不少于100万元人民币。

（2）技术条件

1）专业配备齐全、合理，主要专业技术人员数量不少于所申请行业资质标准中主要专业技术人员配备表规定的人数。

2）企业的主要技术负责人或总工程师应当具有大专以上学历、10年以上设计经历，且主持过所申请行业项目工程设计不少于2项，具有中级以上专业技术职称。

3）在主要专业技术人员配备表规定的人员中，主导专业的非注册人员应当作为专业技术负责人主持过所申请行业项目工程设计不少于2项。

（3）技术装备及管理水平

1）有必要的技术装备及固定的工作场所。

2）有较完善的质量体系和技术、经营、人事、财务、档案管理制度。

（三）工程设计专业资质

1．甲级

（1）资历和信誉

1）具有独立企业法人资格。

2）社会信誉良好，注册资本不少于300万元人民币

3）企业完成过所申请行业相应专业设计类型大型项目工程设计不少于1项，或中型项目工程设计不少于2项，并已建成投产。

（2）技术条件

1）专业配备齐全、合理，主要专业技术人员数量不少于所申请专业资质标准中主要专业技术人员配备表规定的人数。

2）企业主要技术负责人或总工程师应当具有大学本科以上学历、10年以上设计经历，且主持过所申请行业相应专业设计类型的大型项目工程设计不少于2项，具备注册执业资格或高级专业技术职称。

3）在主要专业技术人员配备表规定的人员中，主导专业的非注册人员应当作为专业技术负责人主持过所申请行业相应专业设计类型的中型以上项目工程设计不少于3项，其中大型项目不少于1项。

（3）技术装备及管理水平

1）有必要的技术装备及固定的工程场所。

2）企业管理组织结构、标准体系、质量、档案体系健全。

2．乙级

（1）资历和信誉

1）具有独立企业法人资格。

2）社会信誉良好，注册资本不少于100万元人民币。

（2）技术条件

1）专业配备齐全、合理，主要专业技术人员数量不少于所申请专业资质标准中主要专业技术人员配备表规定的人数。

2）企业的主要技术负责人或总工程师应当具有大学本科以上学历、10年以上设计经历，且主持过所申请行业相应专业设计类型的中型项目工程设计不少于3项，或大型项目工程设计不少于1项，具备注册执业资格或高级专业技术职称。

3）在主要专业技术人员配备表规定的人员中，主导专业的非注册人员应当作为专业技术负责人主持过所申请行业相应专业设计类型的中型项目工程设计不少于2项，或大型项目工程设计不少于1项。

（3）技术装备及管理水平

1）有必要的技术装备及固定的工作场所。

2）有较完善的质量体系和技术、经营、人事、财务、档案等管理制度。

3．丙级

（1）资历和信誉

1）具有独立企业法人资格。

2）社会信誉良好，注册资本不少于50万元人民币。

（2）技术条件

1）专业配备齐全、合理，主要专业技术人员数量不少于所申请专业资质标准中主要专业技术人员配备表规定的人数。

2）企业的主要技术负责人或总工程师应当具有大专以上学历、10年以上设计经历，且主持过所申请行业相应专业设计类型的工程设计不少于2项，具有中级及以上专业技术职称。

3）在主要专业技术人员配备表规定的人员中，主导专业的非注册人员应当作为专业技术负责人主持过所申请行业相应专业设计类型的项目工程设计不少于2项。

（3）技术装备及管理水平

1）有必要的技术装备及固定的工作场所。

2）有较完善的质量体系和技术、经营、人事、财务、档案等管理制度。

4.丁级（限建筑工程设计）

（1）资历和信誉

1）具有独立企业法人资格。

2）社会信誉良好，注册资本不少于5万元人民币。

（2）技术条件

企业专业技术人员总数不少于5人。其中，二级以上注册建筑师或注册结构工程师不少于1人；具有建筑工程类专业学历、2年以上设计经历的专业技术人员不少于2人；具有3年以上设计经历，参与过至少2项工程设计的专业技术人员不少于2人。

（3）技术装备及管理水平

1）有必要的技术装备及固定的工作场所。

2）有较完善的技术、财务、档案等管理制度。

（四）工程设计专项资质

1.资历和信誉

1）具有独立企业法人资格。

2）社会信誉良好，注册资本符合相应工程设计专项资质标准的规定。

2.技术条件

专业配备齐全、合理，企业的主要技术负责人或总工程师、主要专业技术人员配备符合相应工程设计专项资质标准的规定。

3.技术装备及管理水平

1）有必要的技术装备及固定的工作场所。

2）企业管理的组织结构、标准体系、质量体系、档案管理体系运行有效。

二、承担业务范围

承担资质证书许可范围内的工程设计业务，承担与资质证书许可范围相应的建设工程总承包、工程项目管理和相关的技术、咨询与管理服务业务。承担业务的地区不受限制。

（一）工程设计综合甲级资质

承担各行业建设工程项目的设计业务，其规模不受限制；但在承接工程项目设计时，须满足本标准中与该工程项目对应的设计类型对人员配置的要求。

承担其取得的施工总承包（施工专业承包）一级资质证书许可范围内的工程施工总承包（施工专业承包）业务。

（二）工程设计行业资质

1. 甲级

承担本行业建设工程项目主体工程及其配套工程的设计业务，其规模不受限制。

2. 乙级

承担本行业中、小型建设工程项目的主体工程及其配套工程的设计业务。

3. 丙级

承担本行业小型建设项目的工程设计业务。

（三）工程设计专业资质

1. 甲级

承担本专业建设工程项目主体工程及其配套工程的设计业务，其规模不受限制。

2. 乙级

承担本专业中、小型建设工程项目的主体工程及其配套工程的设计业务。

3. 丙级

承担本专业小型建设项目的设计业务。

4. 丁级（限建筑工程设计）

（1）一般公共建筑工程

1）单体建筑面积2000平方米及以下。

2）建筑高度12米及以下。

（2）一般住宅工程

1）单体建筑面积2000平方米及以下。

2）建筑层数4层及以下的砖混结构。

（3）厂房和仓库

1）跨度不超过12米，单梁式吊车吨位不超过5吨的单层厂房和仓库。

2）跨度不超过7.5米，楼盖无动荷载的二层厂房和仓库。

（4）构筑物

1）套用标准通用图高度不超过20米的烟囱。

2）容量小于50立方米的水塔。

3）容量小于300立方米的水池。

4）直径小于6米的料仓。

（四）工程设计专项资质

承担规定的专项工程的设计业务，具体规定见有关专项设计资质标准。

工程设计收费标准*

1 总则

1.0.1 工程设计收费是指设计人根据发包人的委托，提供编制建设项目初步设计文件、施工图设计文件、非标准设备设计文件、施工图预算文件、竣工图文件等服务所收取的费用。

1.0.2 工程设计收费采取按照建设项目单项工程概算投资额分档定额计费方法计算收费。

铁道工程设计收费计算方法，在交通运输工程一章中规定。

1.0.3 工程设计收费按照下列公式计算

1．工程设计收费＝工程设计收费基准价×（1±浮动幅度值）

2．工程设计收费基准价＝基本设计收费＋其他设计收费

3．基本设计收费＝工程设计收费基价×专业调整系数×工程复杂程度调整系数×附加调整系数

1.0.4 工程设计收费基准价

工程设计收费基准价是按照本收费标准计算出的工程设计基准收费额，发包人和设计人根据实际情况，在规定的浮动幅度内协商确定工程设计收费合同额。

1.0.5 基本设计收费

基本设计收费是指在工程设计中提供编制初步设计文件、施工图设计文件收取的费用，并相应提供设计技术交底、解决施工中的设计技术问题、参加试车考核和竣工验收等服务。

1.0.6 其他设计收费

其他设计收费是指根据工程设计实际需要或者发包人要求提供相关服务

---

* 节选自《工程勘察设计收费管理规定》（计价格［2002］10号）。

收取的费用，包括总体设计费、主体设计协调费、采用标准设计和复用设计费、非标准设备设计文件编制费、施工图预算编制费、竣工图编制费等。

1.0.7　工程设计收费基价

工程设计收费基价是完成基本服务的价格。工程设计收费基价在《工程设计收费基价表》(附表一)中查找确定，计费额处于两个数值区间的，采用直线内插法确定工程设计收费基价。

1.0.8　工程设计收费计费额

工程设计收费计费额，为经过批准的建设项目初步设计概算中的建筑安装工程费、设备与工器具购置费和联合试运转费之和。

工程中有利用原有设备的，以签订工程设计合同时同类设备的当期价格作为工程设计收费的计费额；工程中有缓配设备，但按照合同要求以既配设备进行工程设计并达到设备安装和工艺条件的，以既配设备的当期价格作为工程设计收费的计费额；工程中有引进设备的，按照购进设备的离岸价折换成人民币作为工程设计收费的计费额。

1.0.9　工程设计收费调整系数

工程设计收费标准的调整系数包括：专业调整系数、工程复杂程度调整系数和附加调整系数。

1. 专业调整系数是对不同专业建设项目的工程设计复杂程度和工作量差异进行调整的系数。计算工程设计收费时，专业调整系数在《工程设计收费专业调整系数表》(附表二)中查找确定。

2. 工程复杂程度调整系数是对同一专业不同建设项目的工程设计复杂程度和工作量差异进行调整的系数。工程复杂程度分为一般、较复杂和复杂三个等级，其调整系数分别为：一般(Ⅰ级)0.85；较复杂(Ⅱ级)1.0；复杂(Ⅲ级)1.15。计算工程设计收费时，工程复杂程度在相应章节的《工程复杂程度表》中查找确定。

3. 附加调整系数是对专业调整系数和工程复杂程度调整系数尚不能调整的因素进行补充调整的系数。附加调整系数分别列于总则和有关章节中。附加调整系数为两个或两个以上的，附加调整系数不能连乘。将各附加调整系数相加，减去附加调整系数的个数，加上定值1，作为附加调整系数值。

1.0.10 非标准设备设计收费按照下列公式计算

非标准设备设计费＝非标准设备计费额×非标准设备设计费率

非标准设备计费额为非标准设备的初步设计概算。非标准设备设计费率在《非标准设备设计费率表》（附表三）中查找确定。

1.0.11 单独委托工艺设计、土建以及公用工程设计、初步设计、施工图设计的，按照其占基本服务设计工作量的比例计算工程设计收费。

1.0.12 改扩建和技术改造建设项目，附加调整系数为1.1～1.4。根据工程设计复杂程度确定适当的附加调整系数，计算工程设计收费。

1.0.13 初步设计之前，根据技术标准的规定或者发包人的要求，需要编制总体设计的，按照该建设项目基本设计收费的5%加收总体设计费。

1.0.14 建设项目工程设计由两个或者两个以上设计人承担的，其中对建设项目工程设计合理性和整体性负责的设计人，按照该建设项目基本设计收费的5%加收工程设计协调费。

1.0.15 工程设计中采用标准设计或者复用设计的，按照同类新建项目基本设计收费的30%计算收费；需要重新进行基础设计的，按照同类新建项目基本设计收费的40%计算收费；需要对原设计做局部修改的，由发包人和设计人根据设计工作量协商确定工程设计收费。

1.0.16 编制工程施工图预算的，按照该建设项目基本设计收费的10%收取施工图预算编制费；编制工程竣工图的，按照该建设项目基本设计收费的8%收取竣工图编制费。

1.0.17 工程设计中采用设计人自有专利或者专有技术的，其专利和专有技术收费由发包人与设计人协商确定。

1.0.18 工程设计中的引进技术需要境内设计人配合设计的，或者需要按照境外设计程序和技术质量要求由境内设计人进行设计的，工程设计收费由发包人与设计人根据实际发生的设计工作量，参照本标准协商确定。

1.0.19 由境外设计人提供设计文件，需要境内设计人按照国家标准规范审核并签署确认意见的，按照国际对等原则或者实际发生的工作量，协商确定审核确认费。

1.0.20 设计人提供设计文件的标准份数，初步设计、总体设计分别为10份，施工图设计、非标准设备设计、施工图预算、竣工图分别为8份。发包人要求增加设计文件份数的，由发包人另行支付印制设计文件工本费。工程设计中需要购买标准设计图的，由发包人支付购图费。

1.0.21 本收费标准不包括本总则1.0.1以外的其他服务收费。其他服务收费，国家有收费规定的，按照规定执行；国家没有收费规定的，由发包人与设计人协商确定。

2 矿山采选工程设计

2.1 矿山采选工程范围

适用于有色金属、黑色冶金、化学、非金属、黄金、铀、煤炭以及其他矿种采选工程。

2.2 矿山采选工程各阶段工作量比例

矿山采选工程各阶段工作量比例表 表2.2

工程类型	设计阶段（%） 初步设计（%）	施工图设计（%）
有色金属、黄金、铀矿、其他矿种采选工程 化学矿新技术采选工程、黑色冶金露天采矿工程	40	60
黑色冶金坑内采矿工程、煤炭矿山采选、水煤浆制备与燃烧应用、煤层气抽放工程	35	65
化学矿常规技术采选工程 非金属矿采选工程、黑色冶金选矿工程	30	70

2.3 矿山采选工程复杂程度

2.3.1 坑内采矿工程

坑内采矿工程复杂程度表 表2.3-1

等级	工程设计条件
Ⅰ级	1. 地形、地质、水文条件简单； 2. 开拓运输系统单一，斜井串车，平硐溜井，主、副、风井条数≤3条； 3. 矿石品种单一，不分采的采矿工程
Ⅱ级	1. 地形、地质、水文条件较复杂； 2. 缓倾斜薄矿体或埋藏深度>500m的矿体； 3. 开拓运输系统较复杂，斜井箕斗，主、副、风井条数≥4条，有系统的顶板管理设施； 4. 两种矿石品种，有分采、分贮、分运设施的采矿工程

续表

等级	工程设计条件
Ⅲ级	1. 地形、地质、水文条件复杂； 2. 缓倾斜中厚矿体或大水矿床； 3. 开拓运输系统复杂，斜井胶带，联合开拓运输系统，有复杂的疏干、排水系统及设施； 4. 两种以上矿石品种，有分采、分贮、分运设施，采用充填采矿法或特殊采矿法的各类采矿工程； 5. 铀矿采矿工程

2.3.2 露天采矿工程

露天采矿工程复杂程度表　　　　　　　　　　表2.3-2

等级	工程设计条件
Ⅰ级	1. 地形、地质、水文条件简单； 2. 矿体埋藏垂深<120m的山坡与深凹露天矿； 3. 单一采场的一般露天矿，开拓运输系统单一； 4. 矿石品种单一，不分采的采矿工程； 5. 水深<6m采金船采金工程
Ⅱ级	1. 地形、地质、水文条件较复杂； 2. 矿体埋藏垂深≥120m的深凹露天矿； 3. 多采场的露天矿，两种以上开拓运输方式； 4. 两种矿石品种，有分采、分贮、分运设施的采矿工程； 5. 水深6~9m采金船采金工程
Ⅲ级	1. 地形、地质、水文条件复杂； 2. 缓倾斜中厚矿体、海拔标高>3000m的高山矿床、含流砂矿床； 3. 有防寒保温或治理流沙设施，有露天转坑内措施； 4. 两种以上矿石品种或含有用元素，有矿石倒装及分采、分贮、分运设施的采矿工程； 5. 水深>9m采金船或阶地采金工程

2.3.3 选矿工程

选矿工程复杂程度表　　　　　　　　　　表2.3-3

等级	工程设计条件
Ⅰ级	1. 处理易选矿石； 2. 一段磨矿； 3. 单一选矿方法，单一产品的选矿工程

续表

等级	工程设计条件
Ⅱ级	1. 处理两种矿石； 2. 两段磨矿； 3. 两种选矿方法，两种产品的选矿工程
Ⅲ级	1. 处理两种以上矿石； 2. 两段以上磨矿； 3. 两种以上选矿方法，两种以上产品； 4. 采用重介质、反浮选冷结晶等方法的选矿工程

2.3.4　煤炭矿井工程

煤炭矿井工程复杂程度表　　　　　　　　表2.3-4

等级	工程设计条件
Ⅰ级	1. 地形较平坦，地质构造简单，褶曲宽缓，断层稀少，工程地质条件简单； 2. 煤层、煤质稳定，全区可采，无岩浆岩侵入，无自然发火； 3. 矿床充水条件简单； 4. 地压、地温正常，煤层及瓦斯无突出的采矿工程
Ⅱ级	1. 地形起伏不大，地质构造较复杂，褶曲、断层不影响采区划分，无不良工程地质现象； 2. 煤层在可采范围内厚度变化不大，全区大部分可采，偶见少量岩浆岩，自然发火倾向小； 3. 矿床充水条件较复杂，沙漠地区有溃水溃沙； 4. 地压呈现强烈，地温正常，瓦斯含量低的采矿工程
Ⅲ级	1. 地形复杂，地质构造复杂，褶曲、断层较密集，第四系地层稳定性差； 2. 煤层倾角、厚度、煤质变化大，局部不可采，且结构复杂，有岩浆岩侵入，有自然发火危险； 3. 矿床充水条件复杂，水患严重； 4. 地压大，地温局部偏高，高瓦斯需抽放，煤层及瓦斯突出的采矿工程

2.3.5　煤炭露天矿工程

煤炭露天矿工程复杂程度表　　　　　　　　表2.3-5

等级	工程设计条件
Ⅰ级	1. 地质构造简单，矿田地形为Ⅰ类； 2. 煤层赋存条件属Ⅰ类，煤层单一，煤层埋藏深度≤50m； 3. 采用单一开采工艺，设计技术一般的采矿工程

续表

等级	工程设计条件
Ⅱ级	1. 地质构造较复杂，矿田地形为Ⅱ类； 2. 煤层赋存条件属Ⅱ类，煤层结构较复杂，煤质变化较大，可采煤层2层，煤层埋藏深度50～100m； 3. 采用单一开采工艺，设计技术较复杂的采矿工程
Ⅲ级	1. 地质构造复杂，矿田地形为Ⅲ类及以上； 2. 煤层赋存条件属Ⅲ类，煤层结构复杂，煤质变化大，可采煤层多于2层，煤层埋藏深度≥100m； 3. 采用综合开采工艺，设计技术复杂的采矿工程

2.3.6 选煤厂及其他煤炭工程

选煤厂及其他煤炭工程复杂程度表 表2.3-6

等级	工程设计条件
Ⅰ级	1. 新建筛选厂（车间）工程； 2. 只有井下开采的煤层气工程
Ⅱ级	1. 新建入洗下限＞25mm选煤厂工程； 2. 钻井1～4层、2种井下抽放工艺、2～3个抽放系统的煤层气工程
Ⅲ级	1. 新建入洗下限≤25mm选煤厂工程； 2. 钻井＞5层、3种井下抽放工艺、＞4个抽放系统的煤层气工程； 3. 水煤浆制备及燃烧应用工程

注：Ⅲ级选煤厂、水煤浆制备及燃烧应用工程，附加调整系数为1.4。

3 加工冶炼工程设计

3.1 加工冶炼工程范围

适用于机械、船舶、兵器、航空、航天、电子、核加工、轻工、纺织、林产、农业（粮食）、内贸、建材、钢铁、有色等各类加工工程，钢铁、有色等冶炼工程。

加工冶炼工程示例

加工冶炼工程示例表　　　　　　　　表3.1

工程类别	工程示例
机械	矿山、交通、铁道、港口、工程、石油、化工、电力、纺织、医疗、农业、环保、通用、食品及包装等机械，汽车、电机、电器、电材、仪器仪表，机床工具、磨料磨具、机械基础件，社会公共安全产品及衡器等
船舶	船舶制造，船坞、船台、滑道等
兵器	枪炮、坦克、步兵战车，光学、光电、电子兵器，弹、引信、靶厂、防化器材、民爆器材等
航空	航空主机、辅机、零部件、航空维修、试验室等
航天	航天产品总装、部装、零部件、试验、测试等
电子	微电子、通信设备、电子器件、电子终端产品等
核加工	核燃料元（组）件、铀浓缩、核技术及同位素应用等
轻工	制浆造纸、日用机械、日用硅酸盐、日用化学制品、制盐、食品、皮革毛皮及制品、塑料原料及制品、家用电器、烟草等
纺织	纺织、印染、服装加工等
林产	木材加工、人造板、林产化工等
农业（粮食）内贸	粮油饲料、果蔬、畜牧水产、种子加工，农、副、水产品等仓储、保鲜、冷藏、制冰厂、屠宰厂等
建材	水泥及水泥制品、玻璃、陶瓷、耐火材料、建筑材料等
钢铁	烧结球团、炼铁、炼钢、铁合金、轧钢、钢铁加工、焦化耐火材料等
有色	重金属、轻金属、稀有稀土、半导体材料、粉末冶金及硬质合金等冶炼与加工工程

3.2　加工冶炼工程各阶段工作量比例

加工冶炼工程各阶段工作量比例表　　　　　　表3.2

设计阶段（%） 工程类型	初步设计（%）	施工图设计（%）
加工冶炼工程	35	65
核加工工程	40	60

3.3 加工冶炼工程复杂程度

加工冶炼工程复杂程度表 表3.3

等级	工程设计条件
Ⅰ级	技术简单、工艺成熟、生产流程较短的一般加工及冶炼工程，主要有： 1. 一般机械辅机及配套厂工程； 2. 船舶辅机及配套厂，船舶普航仪器厂，<3000t的坞修车间、船台滑道、吊车道工程； 3. 电子终端产品装配厂工程； 4. 文体用品、玩具、工艺美术品、日用杂品、金属制品厂工程； 5. 针织、服装厂工程； 6. 小型林产加工工程； 7. 小型冷库、屠宰厂、制冰厂，一般农业（粮食）与内贸加工工程； 8. 普通水泥、平板玻璃深加工、砖瓦水泥制品厂工程； 9. 小型、技术简单的焦化、耐火材料、烧结球团、钢铁加工及配套工程； 10. 小型、技术简单的建筑铝材、铜材加工及配套工程
Ⅱ级	工艺技术及产品结构较复杂，生产流程较长，技术含量较高的加工及冶炼工程，主要有： 1. 一般机械零部件加工及配套厂工程； 2. 造船厂、修船厂，船体加工装配、管子加工车间，3000～10000t坞修车间、船台滑道工程； 3. 常规兵器、光学兵器、靶厂、防化器材、民用爆破器材厂工程； 4. 航空辅机厂、航空零部件厂工程； 5. 航天零部件厂工程； 6. 电子元件、材料厂工程； 7. 简单核技术及同位素应用工程； 8. 食品、制盐、酿酒、烟草、皮革毛皮、家电、塑料制品、日用硅酸盐制品工程； 9. 棉、毛、丝、麻、纤维纺织厂工程； 10. 中型或者技术较复杂的林产加工工程； 11. 中型冷库、屠宰厂、制冰厂，技术较复杂的农业（粮食）与内贸加工工程； 12. <2000t的水泥生产线，格法、压延玻璃生产线，组合炉拉丝玻璃纤维，非金属材料，空心砖、玻璃钢、耐火材料、建筑及卫生陶瓷厂工程； 13. 常规技术的焦化、耐火材料、烧结球团、钢铁冶炼、加工及配套工程； 14. 常规技术的有色冶炼、加工及配套工程
Ⅲ级	工艺技术及产品结构复杂，自动化程度高，技术含量高的加工及冶炼工程，主要有： 1. 机械主机制造厂，试验站（室）、试车台、动力站房、计量检测站、空分站，自动化立体和多层仓库工程； 2. 船舶主机厂、特机厂，船舶工业特种涂装车间，>10000t坞修车间、船台滑道、干船坞，船模试验水池，海洋开发工程设备厂、水声设备及水中兵器、精密航海仪器厂工程；

续表

等级	工程设计条件
Ⅲ级	3. 兵器的弹及装药、火工品、引信工程，光电、电子器件及兵器工程，坦克、装甲车、自行火炮系统的主机厂及大型装配厂工程； 4. 航空主机厂、装配厂、维修厂，航空试验测试工程； 5. 航天产品总装厂、部装厂、航天试验测试工程； 6. 微电子器件、显示器件、电子玻璃、电子终端产品生产厂，洁净度高于1000级的洁净厂房工程； 7. 铀冶炼、铀浓缩、核燃料元（组）件厂等核加工工程； 8. 制浆造纸、日用化学制品、日用陶瓷、塑料原料、电池、感光材料、制糖、盐化工工程； 9. 印染、非织造布工程； 10. 大型林产加工厂、技术复杂或者采用新技术的林产加工工程； 11. 大型冷库、屠宰厂、制冰厂，技术复杂的农业（粮食）与内贸加工工程； 12. ≥2000t的水泥生产线，浮法玻璃生产线，池窑拉丝玻璃纤维、特种纤维、新型建材，特种陶瓷生产线工程； 13. 技术复杂的焦化、耐火材料、烧结球团、钢铁冶炼、加工及配套工程； 14. 技术复杂的有色冶炼、加工及配套工程，稀有金属、稀土、半导体材料冶炼及加工工程

注：1. 编制钢结构施工详图，按照钢结构出厂价格的2.5%计算收费；
　　2. 单独委托设备的基础设计，按照设备总价的2.5%计算收费。

4　石油化工工程设计

4.1　石油化工工程范围

适用于石油、天然气、石油化工、化工、火化工、核化工、化学纤维和医药工程。

4.2　石油化工工程各阶段工作量比例

石油化工工程各阶段工作量比例表　　　　表4.2

工程类型＼设计阶段（％）	初步设计（％）	施工图设计（％）	基础设计（％）	详细设计（％）
一般石油、石化、化工工程	35	65	50	50
新技术石油、石化、化工工程	50	50	60	40
火化工、核化工、化纤、医药工程	40	60	50	50
核设施退役工程	60	40	65	35

注：1. 新技术工程指主要工艺、设备采用新工艺、新设备、新材料、新技术的工程；
　　2. 基础设计是指设计内容和深度达到国际惯例或者行业规定要求，并可替代初步设计的设计。

4.3   石油化工工程复杂程度

石油化工工程复杂程度表   表4.3

等级	工程设计条件
Ⅰ级	技术一般的工程，主要包括： 1. 油气田井口装置和内部集输管线，油气计量站、接转站等场站、总容积＜50000m³ 或品种＜5种的独立油库工程； 2. 平原微丘陵地区长距离油、气、水煤浆等各种介质的输送管道和中间场站工程； 3. 工艺过程比较简单的石化、药品、无机盐生产装置工程； 4. 石油化工工程的辅助生产设施和公用工程
Ⅱ级	技术较复杂的工程，主要包括： 1. 油气田原油脱水转油站、油气水联合处理站、总容积≥50000m³或品种≥5种的独立油库、天然气处理和轻烃回收厂站、三次采油回注水处理工程； 2. 山区沼泽地带长距离油、气、水煤浆等各种介质的输送管道和首站、末站、压气站、调度中心工程； 3. 常压蒸馏、减压蒸馏、叠合、脱硫、脱硫醇、凝淅油回收、电精制、化学精制、氧化沥青、石蜡成型、丁烯氧化脱氢、MDPE、丁二烯抽提、乙腈、塑料薄膜、塑料地毯、塑料编织袋生产装置工程； 4. 磷肥、农药制剂、混配肥、工艺复杂的无机盐、普通橡胶制品工程； 5. 涤纶、丙纶常规切片纺丝等一般化纤工程； 6. 医药制剂、中药、药用材料、药品包装（外包装除外）、医疗器械生产装置，医药科研、药品检测设施工程； 7. 冷冻、脱盐、联合控制室、中高压热力站、环境监测、工业监视、三级污水处理工程
Ⅲ级	技术复杂的工程，主要包括： 1. 油气田天然气液化及提氦、硫磺回收及下游装置、稠油及三次采油联合处理站、地下储气库、滩海或浅海油气田工程、石油滚动开发工程； 2. 复杂的油、气、水煤浆等各种介质的长输管道穿跨越工程； 3. 催化裂化、催化重整、加氢、制氢、常减压联合蒸馏、芳烃、MTBE、气体分馏、分子筛、脱蜡、烷基化、脱磺制硫及尾气处理、乙烯、对苯二甲酸等单体原料、合成塑料、合成橡胶、合成纤维生产装置，LPG、LNG低温储存运输设施，重油（氧化沥青除外）、润滑油加工工程； 4. 合成氨、制酸、制碱、复合肥生产装置，火化工，子午线轮胎、胶片、精细化工、生物化学品、复杂化纤工程； 5. 放射性药品、化学合成药品、抗生素药品生产装置工程； 6. 铀转换化工、乏燃料后处理、核三废治理、核设施退役处理工程

注：增加管段图设计的，附加调整系数为1.1。

5　水利电力工程设计

5.1　水利电力工程范围

适用于水利、发电、送电、变电，核能工程。

5.2　水利电力工程各阶段工作量比例

水利电力工程各阶段工作量比例表　　　　　表5.2

工程类型 设计阶段（%）		初步设计（%）	招标设计（%）	施工图设计（%）
核能、送电、变电工程		40		60
火电工程		30		70
水库、水电、潮汐工程		25	20	55
风电工程		45		55
引调水工程	建构筑物	25	20	55
	渠道管线	45	20	35
河道治理工程	建构筑物	25	20	55
	河道堤防	55	10	35
灌区田间工程		60		40
水土保持工程		70	10	20

5.3　水利电力工程复杂程度

5.3.1　电力、核能、水库工程

电力、核能、水库工程复杂程度表　　　　　表5.3-1

等级	工程设计条件
Ⅰ级	1. 新建4台以上同容量凝汽式机组发电工程，燃气轮机发电工程； 2. 电压等级110kV及以下的送电、变电工程； 3. 设计复杂程度赋分值之和≤−20的水库和水电工程
Ⅱ级	1. 新建或扩建2~4台单机容量50MW以上凝汽式机组及50MW及以下供热机组发电工程； 2. 电压等级220kV、330kV的送电、变电工程； 3. 设计复杂程度赋分值之和为−20~20的水库和水电工程

续表

等级	工程设计条件
Ⅲ级	1. 新建一台机组的发电工程，一次建设两种不同容量机组的发电工程，新建2~4台单机容量50MW 　以上供热机组发电工程，新能源发电工程（风电、潮汐等）； 2. 电压等级500kV送电、变电、换流站工程； 3. 核电工程、核反应堆工程； 4. 设计复杂程度赋分值之和≥20的水库和水电工程

注：1. 水电工程可行性研究与初步设计阶段合并的，设计总工作量附加调整系数为1.1；
　　2. 水库和水电工程计费额包括水库淹没区处理补偿费和施工辅助工程费。

5.3.2　其他水利工程

其他水利工程复杂程度表　　　　　　　　　表5.3-2

等级	工程设计条件
Ⅰ级	1. 丘陵、山区、沙漠地区的建筑物投资之和与建设项目中所有建筑物投资之和的比例<30%的引调水建筑物工程； 2. 丘陵、山区、沙漠地区渠道管线长度之和与建设项目中所有渠道管线长度之和的比例<30%的引调水渠道管线工程； 3. 堤防等级Ⅴ级的河道治理建（构）筑物及河道堤防工程； 4. 灌区田间工程； 5. 水土保持工程
Ⅱ级	1. 丘陵、山区、沙漠地区的建筑物投资之和与建设项目中所有建筑物投资之和的比例在30%~60%的引调水建筑物工程； 2. 丘陵、山区、沙漠地区渠道管线长度之和与建设项目中所有渠道管线长度之和的比例在30%~60%的引调水渠道管线工程； 3. 堤防等级Ⅲ、Ⅳ级的河道治理建（构）筑物及河道堤防工程
Ⅲ级	1. 丘陵、山区、沙漠地区的建筑物投资之和与建设项目中所有建筑物投资之和的比例>60%的引调水建筑物工程； 2. 丘陵、山区、沙漠地区管线长度之和与建设项目中所有渠道管线长度之和的比例>60%的引调水渠道管线工程； 3. 堤防等级Ⅰ、Ⅱ级的河道治理建（构）筑物及河道堤防工程； 4. 护岸、防波堤、围堰、人工岛、围垦工程，城镇防洪、河口整治工程

注：引调水渠道或管线、河道堤防工程附加调整系数为0.85；灌区田间工程附加调整系数为0.25；水土保持工程附加调整系数为0.7；河道治理及引调水工程建筑物、构筑物工程附加调整系数为1.3。

5.4 水库和水电工程复杂程度赋分

水库和水电工程复杂程度赋分表 表5.4

项目	工程设计条件	赋分值
枢纽布置方案比较	一个坝址或一条坝线方案	-10
	两个坝址或两条坝线方案	5
	三个坝址或三条坝线方案	10
建筑物	有副坝	-1
	土石坝、常规重力坝	2
	有地下洞室	6
	两种坝型或两种厂型	7
	新坝型，拱坝、混凝土面板堆石坝、碾压混凝土坝	7
综合利用	防洪、发电、灌溉、供水、航运、减淤、养殖具备一项	-6
	防洪、发电、灌溉、供水、航运、减淤、养殖具备两项	1
	防洪、发电、灌溉、供水、航运、减淤、养殖具备三项	2
	防洪、发电、灌溉、供水、航运、减淤、养殖具备四项	4
	防洪、发电、灌溉、供水、航运、减淤、养殖具备五项及以上	6
环保	环保要求简单	-3
	环保要求一般	1
	环保有特殊要求	3
泥沙	少泥沙河流	-4
	多泥沙河流	5
冰凌	有冰凌问题	5
主坝坝高	坝高<30m	-4
	坝高30~50m	1
	坝高51~70m	2
	坝高71~150m	4
	坝高>150m	6

续表

项目	工程设计条件	赋分值
地震设防	地震设防烈度≥7度	4
基础处理	简单：地质条件好或不需进行地基处理	-4
	中等：按常规进行地基处理	1
	复杂：地质条件复杂，需进行特殊地基处理	4
下泄流量	窄河谷坝高在70m以上、下泄流量25000m³/s以上	4
地理位置	地处深山峡谷，交通困难、远离居民点、生活物资供应困难	3

6 交通运输工程设计

6.1 交通运输工程范围

适用于铁路、公路、水运、城市交通、民用机场、索道工程。

6.2 交通运输工程各阶段工作量比例

交通运输工程各阶段工作量比例表 表6.2

工程类型	设计阶段（%）	初步设计（%）	施工图设计（%）
公路工程		45	55
水运、索道工程		40	60
城市交通工程	城市道路	45	55
	地铁、轻轨	45	55
民用机场工程		45	55

6.3 交通运输工程复杂程度

6.3.1 公路、城市道路、轨道交通、索道工程

公路、城市道路、轨道交通、索道工程复杂程度表 表6.3-1

等级	工程设计条件
I级	三级、四级公路及交通安全设施、道班房工程
II级	1. 二级公路及交通安全设施、收费系统及管理养护服务设施工程； 2. 城市街区道路、次干路工程

续表

等级	工程设计条件
Ⅲ级	1. 高速公路、一级公路工程; 2. 高速公路、一级公路的交通安全设施、监控系统、通信系统、收费系统及管理养护、服务设施工程; 3. 城市主干路、快速路、城市地铁、轻轨、广场、停车场工程; 4. 客(货)运索道工程

注: Ⅰ级工程附加调整系数为1.89; Ⅲ级工程中"序号1"高速公路、一级公路工程附加调整系数为0.61。

6.3.2 公路和城市桥梁、隧道工程

公路和城市桥梁、隧道工程复杂程度表 表6.3-2

等级	工程设计条件
Ⅰ级	1. 总长<1000m,水深<15m,单孔跨径为30~50m的预应力混凝土简支梁、30~50m的预应力混凝土连续箱梁等大桥工程; 2. 地质构造简单,长度<500m的隧道工程
Ⅱ级	1. 总长>1000m,水深>15m,单孔跨径为30~50m的预应力混凝土简支梁、30~100m的预应力混凝土连续箱梁等大桥工程; 2. 地质构造简单,长度在500~1000m的隧道工程; 3. 城市立交桥、人行天桥、地下通道、涵洞工程
Ⅲ级	1. 总长>1000m,水深>15m,单孔跨径为>250m的预应力混凝土连续结构和钢筋混凝土拱桥,跨度400~1000m的斜拉桥、800~1500m的悬索桥等大桥工程; 2. 地质构造复杂,长度>1000m的隧道工程; 3. 全苜蓿叶型、双喇叭型、枢纽型等各类独立的互通式立体交叉工程

注: 1. 公路桥梁、隧道工程附加调整系数,Ⅰ级工程为2.0,Ⅲ级工程为0.7;
    2. 城市道路、桥梁、隧道通过地下管网密集区的,附加调整系数为1.1。

6.3.3 水运工程

水运工程复杂程度表 表6.3-3

等级	工程设计条件
Ⅰ级	1. <1000t级的码头工程; 2. <300t级的船闸工程,<100t级的升船机工程; 3. 内河<300t级和沿海<5000t级的航道工程; 4. 各类疏浚、吹填、造陆工程

续表

等级	工程设计条件
Ⅱ级	1. 1000～10000t级的码头工程； 2. ＜1000t级的渔业、油、汽、危险品码头工程； 3. 300～1000t级的船闸工程，100～500t级的升船机工程； 4. 内河300～1000t和沿海5000～30000t级航道工程
Ⅲ级	1. ＞10000t级的码头工程； 2. ≥1000t级的渔业、油、气、危险品码头工程； 3. 离岸孤立建筑物、单点（多点）系泊工程与开敞式码头工程； 4. ＞1000t级的船闸工程，＞500t级的升船机工程； 5. 内河＞1000t级和沿海＞30000t级航道工程； 6. 各类水上交通管制工程

6.3.4　民用机场工程

民用机场工程复杂程度表　　　　　　　表6.3-4

等级	工程设计条件	
	场道及空中交通管制工程	助航灯光工程
Ⅰ级	3C及以下	Ⅰ类及以下
Ⅱ级	4D、4C	Ⅱ类
Ⅲ级	4E及以上	Ⅲ类

注：1. 工程项目设计技术条件划分标准见《民用机场飞行区技术标准》；
　　2. 民用机场总体规划设计费，根据工程规模和复杂程度在15～150万元区间内计算收费。

6.4　铁路工程设计收费

铁路的线路、电气化和通信信号工程采取实物工作量定额计费方法计算收费，铁路的枢纽、特大桥、长隧道工程采取按照投资额百分比计费方法计算收费。

6.4.1　铁路工程设计收费基价

铁路工程设计收费基价表　　　　　　　表6.4-1

工程类型	复杂程度	计费单位	初步设计（万元）	施工图设计（万元）
新建单线非电气化铁路工程	Ⅰ	正线公里	1.86	2.34
	Ⅱ		1.95	2.44
	Ⅲ		2.58	3.23

续表

工程类型	复杂程度	计费单位	初步设计（万元）	施工图设计（万元）
新建单线非电气化铁路工程	IV	正线公里	3.26	4.07
	V		4.05	5.08
单线铁路电气化工程		电气化公里	0.52	0.64
单线铁路通信信号工程		电务公里	0.45	0.54

注：1. 工程设计复杂程度与工程勘察复杂程度相同；

2. 新建非电气化双线铁路，按照新建单线非电气化铁路工程设计收费基价乘以1.2的系数计算收费，非电气化铁路增建第二线，按照新建单线非电气化铁路工程设计收费基价乘以1.1的系数计算收费；

3. 非电气化铁路技术改造，根据设计内容和工作量，按照新建单线非电气化铁路工程设计收费基价乘以0.6～1.0的系数计算收费；

4. 新建双线铁路电气化及增建二线电气化，按照单线铁路电气化工程设计收费基价乘以1.5的系数计算收费，防干扰设计（初步设计和施工图设计）按每电气化公里1040元计算收费；

5. 新建单线、双线、增建二线、既有线改造，同时进行电气化设计且由一个设计人设计的，设计收费＝相应的线路设计收费＋相应的电气化设计收费×0.8；

6. 既有铁路现状电气化设计（包括电气化设计及引起的土建改造）且由一个设计人设计的，设计收费＝相应的线路设计收费×0.6＋相应的电气化设计收费×0.8；

7. 时速160～200km的客运专线（双线）设计，按照新建单线电气化铁路设计收费乘以1.3的系数计算收费，电气化部分单独委托设计的，按照双线铁路电气化工程设计收费基价乘以1.1的系数计算收费；

8. 新建、改建铁路引起支线、专用线改建部分，按照相应线路设计收费乘以0.6的系数计算收费；

9. 线路设计长度＜30km，碴场专用线设计＜5km的，按照相应线路设计收费乘以1.5的系数计算收费；

10. 单独委托新建双线及增建二线铁路通信信号设计的，按照单线铁路通信信号工程设计收费基价乘以1.5的系数计算收费；

11. 单独委托线路通信信号设计的，其线路设计收费乘以0.92的系数计算收费；

12. 铁路工程简化设计阶段的，大中型建设项目乘以0.85的系数计算设计收费，小型建设项目按照总则1.0.8规定的计费额，乘以2.5%的收费率计算收费；

13. 青海、新疆地区铁路设计，乘以1.1的系数计算收费。自然条件特别恶劣地区的设计，由发包人和设计人协商确定收费；

14. 铁路大中型建设项目提供设计文件的份数，按照规定执行。

6.4.2　铁路枢纽、特大桥、长隧道工程设计收费率

铁路枢纽、特大桥、长隧道工程设计收费率表　　表6.4-2

设计阶段	初步设计	施工设计
费率（%）	0.58	0.72

注：1. 铁路枢纽、单独委托特大桥或者长隧道设计的，按照本表计算收费，其中双线特大桥、长隧道按照本表乘以0.8的系数计算收费；

2. 本表设计收费的计费额，按照总则1.0.8的规定执行；

3. 枢纽中线路（包括有中间站的环线）长度＞10km的，按照本章6.4.1"铁路工程设计收费基价"的规定计算收费；

4. 按照本表收费的枢纽、特大桥、长隧道，线路工程设计收费应当扣除其相应的长度。

7 建筑市政工程设计

7.1 建筑市政工程范围

适用于建筑、人防、市政公用、园林绿化、电信、广播电视、邮政工程。

7.2 建筑市政工程各阶段工作量比例

建筑市政工程各阶段工作量比例表　　　　　表7.2

工程类型	设计阶段（%）	方案设计（%）	初步设计（%）	施工图设计（%）
建筑与室外工程	Ⅰ级	10	30	60
	Ⅱ级	15	30	55
	Ⅲ级	20	30	50
住宅小区（组团）工程		25	30	45
住宅工程		25		75
古建筑保护性建筑工程		30	20	50
智能建筑弱电系统工程			40	60
室内装修工程		50		50
园林绿化工程	Ⅰ、Ⅱ级	30		70
	Ⅲ级	30	20	50
人防工程		10	40	50
市政公用工程	Ⅰ、Ⅱ级		40	60
	Ⅲ级		50	50
广播电视、邮政工程工艺部分			40	60
电信工程			60	40
建筑工程专业	建筑	35~43		
	结构	24~30		
	设备	28~38		

注: 提供两个以上建筑设计方案，且达到规定内容和深度要求的，从第二个设计方案起，每个方案按照方案设计费的50%另收方案设计费。

7.3　建筑市政工程复杂程度

7.3.1　建筑、人防工程

建筑、人防工程复杂程度表　　　　　表7.3-1

等级	工程设计条件
Ⅰ级	1. 功能单一、技术要求简单的小型公共建筑工程； 2. 高度<24m的一般公共建筑工程； 3. 小型仓储建筑工程； 4. 简单的设备用房及其他配套用房工程； 5. 简单的建筑环境设计及室外工程； 6. 相当于一星级饭店及以下标准的室内装修工程； 7. 人防疏散干道、支干道及人防连接通道等人防配套工程
Ⅱ级	1. 大中型公共建筑工程； 2. 技术要求较复杂或有地区性意义的小型公共建筑工程； 3. 高度24~50m的一般公共建筑工程； 4. 20层及以下一般标准的居住建筑工程； 5. 仿古建筑、一般标准的古建筑、保护性建筑以及地下建筑工程； 6. 大中型仓储建筑工程； 7. 一般标准的建筑环境设计和室外工程； 8. 相当于二、三星级饭店标准的室内装修工程； 9. 防护级别为四级及以下同时建筑面积<10000m²的人防工程
Ⅲ级	1. 高级大型公共建筑工程； 2. 技术要求复杂或具有经济、文化、历史等意义的省（市）级中小型公共建筑工程； 3. 高度>50m的公共建筑工程； 4. 20层以上居住建筑和20层及以下高标准居住建筑工程； 5. 高标准的古建筑、保护性建筑和地下建筑工程； 6. 高标准的建筑环境设计和室外工程； 7. 相当于四、五星级饭店标准的室内装修，特殊声学装修工程； 8. 防护级别为三级以上或者建筑面积≥10000m²的人防工程

注：1. 大型建筑工程指20001m²以上的建筑，中型指5001~20000m²的建筑，小型指5000m²以下的建筑；

　　2. 古建筑、仿古建筑、保护性建筑等，根据具体情况，附加调整系数为1.3~1.6；

　　3. 智能建筑弱电系统设计，以弱电系统的设计概算为计费额，附加调整系数为1.3；

　　4. 室内装修设计，以室内装修的设计概算为计费额，附加调整系数为1.5；

　　5. 特殊声学装修设计，以声学装修的设计概算为计费额，附加调整系数为2.0；

　　6. 建筑总平面布置或者小区规划设计，根据工程的复杂程度，按照每10000~20000元/ha计算收费。

7.3.2 园林绿化工程

园林绿化工程复杂程度表   表7.3-2

等级	工程设计条件
I 级	1. 一般标准的道路绿化工程; 2. 片林、风景林等工程
II 级	1. 标准较高的道路绿化工程; 2. 一般标准的风景区、公共建筑环境、企事业单位与居住区的绿化工程
III 级	1. 高标准的城市重点道路绿化工程; 2. 高标准的风景区、公共建筑环境、企事业单位与居住区的绿化工程; 3. 公园、度假村、高尔夫球场、广场、街心花园、园林小品、屋顶花园、室内花园等绿化工程

7.3.3 市政公用工程

市政公用工程复杂程度表   表7.3-3

等级	工程设计条件
I 级	1. 庭院户内燃气管道工程; 2. 一般给排水地下管线（$DN<1.0m$，无管线交叉）工程; 3. 小型垃圾中转站，简易堆肥工程; 4. 供热小区管网（二级网）工程
II 级	1. 城市调压站，瓶组站，<5000户气化站、混气站，<500m³储配站工程; 2. 城区给排水管线，一般地下管线（$DN<1.0m$，有管线交叉），<1m³/s加压泵站，简单构筑物工程; 3. >100t/天的大型垃圾中转站，垃圾填埋场、机械化快速堆肥工程; 4. ≤2MW的小型换热站工程
III 级	1. 城市超高压调压站，市内管线及加压站，穿、跨越管网，≥5000户气化站、混气站，≥500m³储配站、门站、气源厂、加气站工程; 2. 大型复杂给排水管线，市政管网，大型泵站、水闸等构筑物，净水厂，污水处理厂工程; 3. 垃圾系统工程及综合处理与利用、焚烧工程; 4. 锅炉房，穿、跨越供热管网，>2MW换热站工程; 5. 海底排污管线，海水取排水、淡化及水处理工程

7.3.4　广播电视、邮政、电信工程

广播电视、邮政、电信工程复杂程度　　　　表7.3-4

等级	工程设计条件
Ⅰ级	1. 广播电视中心设备（广播1套，电视1~2套）工程； 2. 中波发射台设备（单机功率$P \leqslant 1kW$）工程； 3. 短波发射台设备（单机功率$P \leqslant 50kW$）工程； 4. 电视、调频发射塔（台）设备（单机功率$P \leqslant 1kW$）工程； 5. 广播电视收测台设备工程； 6. 三级邮件处理中心工艺工程； 7. 简单的电信工程
Ⅱ级	1. 广播电视中心设备（广播2~3套，电视3~5套）工程； 2. 中波发射台设备（单机功率$1kW < P \leqslant 20kW$）工程； 3. 短波发射台设备（单机功率$50kW < P \leqslant 150kW$）工程； 4. 电视、调频发射塔（台）设备（单机功率$1kW < P \leqslant 10kW$，塔高$<200m$）工程； 5. 广播电视传输网络工程； 6. 二级邮件处理中心及各类转运站工艺工程； 7. 较复杂的电信工程
Ⅲ级	1. 广播电视中心设备（广播4套以上，电视6套以上）工程； 2. 中波发射台设备（单机功率$P > 20kW$）工程； 3. 短波发射台设备（单机功率$P > 150kW$）工程； 4. 电视、调频发射塔（台）设备（单机功率$P > 10kW$，塔高$\geqslant 200m$）工程； 5. 电声设备、演播厅、录（播）音馆、摄影棚设备工程； 6. 广播电视卫星地球站、微波站设备工程； 7. 广播电视光缆、电缆节目传输工程； 8. 一级邮件处理中心工艺工程； 9. 复杂的电信工程

8　农业林业工程设计

8.1　农业林业工程范围

适用于农业、林业工程。

8.2 农业林业工程各阶段工作量比例

工程类型	设计阶段	初步设计（%）	施工图设计（%）
农业	综合开发、畜牧养殖、水产养殖、设施农业工程	40	60
	生态工程	100	
林业	林木种子园、森林防火、病虫害防治工程	80	20
	造林、营林工程	70	30
	标准化苗圃、花卉基地、植物园、自然保护区、森林公园、生态观光区、林业局（场）总体设计、野生动物园、濒危野生动植物保护工程	60	40
	综合开发与科技园区工程	50	50
	木材运输、贮木场工程	30	70

农业林业工程各阶段工作量比例表 　　　　表8.2

8.3 农业林业工程复杂程度

农业林业工程复杂程度表 　　　　表8.3

等级	工程设计条件
Ⅰ级	1. 平原区高差＜5m或坡降＜1/500、土壤水文地质条件一般的农业综合开发工程； 2. 机械化程度较低、环境控制简单的畜牧场工程； 3. 地形与水文条件简单、给排水系统简易的水产养殖工程； 4. 生态农业工程、旱作农业工程，草原三化治理工程； 5. 高差＜500m的丘陵地区、林区边缘距公路或铁路＜20km，总面积＜150000ha、设计年产量＜100000m³的林场的林业局（场）总体设计、木材运输和贮木场工程； 6. 规模较小、技术难度小的其他林业工程
Ⅱ级	1. 丘陵地区高差5～50m或坡降1/500～1/100、土壤水文地质条件较差的农业综合开发工程； 2. 饲养管理、环境控制半自动化的畜牧场工程； 3. 地形与水文条件及给排水系统复杂、有人工孵化、温室育苗等设施的水产养殖工程； 4. 一般生产型温室及农业设施工程； 5. 高差在500～1000m的山区、林区边缘距公路或铁路20～30km、总面积为150000～350000ha、设计年产量为100000～300000m³的林业局（场）总体设计、木材运输和贮木场工程； 6. 规模较中等、技术难度较大、工作环境较差的其他林业工程

续表

等级	工程设计条件
Ⅲ级	1. 山区高差＞50m或坡降＞1/100、土壤水文地质条件差的农业综合开发工程； 2. 饲养管理、环境控制全自动化或采用新工艺新技术的畜牧场工程； 3. 采用工厂化养殖、水循环回用、自动化程度高的水产养殖工程； 4. 较复杂的科研或观光型温室及农业设施工程； 5. 差高＞1000m的高山地区、林区边缘距公路或铁路＞30km，总面积＞350000ha、年产量＞300000m³的林业局（场）总体设计、木材运输和贮木场工程； 6. 规模较大、技术复杂、工作环境差或有特殊工艺要求的其他林业工程

工程设计收费基价表（万元）　　　　　　附表1

序号	计费额	收费基价
1	200	9.0
2	500	20.9
3	1000	38.8
4	3000	103.8
5	5000	163.9
6	8000	249.6
7	10000	304.8
8	20000	566.8
9	40000	1054.0
10	60000	1515.2
11	80000	1960.1
12	100000	2393.4
13	200000	4450.8
14	400000	8276.7
15	600000	11897.5
16	800000	15391.4
17	1000000	18793.8
18	2000000	34948.9

注：计费额＞2000000万元的，以计费额乘以1.6%的收费率计算收费基价

工程设计收费专业调整系数表　　　　　　附表2

工程类型	专业调整系数
1. 矿山采选工程	
黑色、黄金、化学、非金属及其他矿采选工程	1.1
采煤工程，有色、铀矿采选工程	1.2
选煤及其他煤炭工程	1.3
2. 加工冶炼工程	
各类冷加工工程	1.0
船舶水工工程	1.1
各类冶炼、热加工、压力加工工程	1.2
核加工工程	1.3
3. 石油化工工程	
石油、化工、石化、化纤、医药工程	1.2
核化工工程	1.6
4. 水利电力工程	
风力发电、其他水利工程	0.8
火电工程	1.0
核电常规岛、水电、水库、送变电工程	1.2
核能工程	1.6
5. 交通运输工程	
机场场道工程	0.8
公路、城市道路工程	0.9
机场空管和助航灯光、轻轨工程	1.0
水运、地铁、桥梁、隧道工程	1.1
索道工程	1.3
6. 建筑市政工程	
邮政工艺工程	0.8
建筑、市政、电信工程	1.0
人防、园林绿化、广电工艺工程	1.1
7. 农业林业工程	
农业工程	0.9
林业工程	0.8

非标准设备设计费率表　　附表3

类别	非标准设备分类	费率（%）
一般	技术一般的非标准设备，主要包括： 1. 单体设备类：槽、罐、池、箱、斗、架、台，常压容器、换热器、铅烟除尘、恒温油浴及无传动的简单装置； 2. 室类：红外线干燥室、热风循环干燥室、浸漆干燥室、套管干燥室、极板干燥室、隧道式干燥室、蒸汽硬化室、油漆干燥室、木材干燥室	10~13
较复杂	技术较复杂的非标准设备，主要包括： 1. 室类：喷砂室、静电喷漆室； 2. 窑类：隧道窑、倒焰窑、抽屉窑、蒸笼窑、辊道窑； 3. 炉类：冷、热风冲天炉、加热炉、反射炉、退火炉、淬火炉、煅烧炉、坩埚炉、氢气炉、石墨化炉、室式加热炉、砂芯烘干炉、干燥炉、亚胺化炉、还氧铅炉、真空热处理炉、气氛炉、空气循环炉、电炉； 4. 塔器类：Ⅰ、Ⅱ类压力容器、换热器、通信铁塔； 5. 自动控制类：屏、柜、台、箱等电控、仪控设备，电力拖动、热工调节设备； 6. 通用类：余热利用、精铸、热工、除渣、喷煤、喷粉设备、压力加工、钣材、型材加工设备，喷丸强化机、清洗机； 7. 水工类：浮船坞、坞门、闸门、船舶下水设备、升船机设备； 8. 试验类：航空发动机试车台、中小型模拟试验设备	13~16
复杂	技术复杂的非标准设备，主要包括： 1. 室类：屏蔽室、屏蔽暗室； 2. 窑类：熔窑、成型窑、退火窑、回转窑； 3. 炉类：闪速炉、专用电炉、单晶炉、多晶炉、沸腾炉、反应炉、裂解炉、大型复杂的热处理炉、炉外真空精炼设备； 4. 塔器类：Ⅲ类压力容器、反应釜、真空罐、发酵罐、喷雾干燥塔、低温冷冻、高温高压设备、核承压设备及容器、广播电视塔桅杆、天馈线设备； 5. 通用类：组合机床、数控机床、精密机床、专用机床、特种起重机、特种升降机、高货位立体仓贮设备、胶接固化装置、电镀设备，自动、半自动生产线； 6. 环保类：环境污染防治、消烟除尘、回收装置； 7. 试验类：大型模拟试验设备、风洞高空台、模拟环境试验设备	16~20

注：1. 新研制并首次投入工业化生产的非标设备，乘以1.3的调整系数计算收费；
　　2. 多台（套）相同的非标准设备，自第二台（套）起乘以0.3的调整系数计算收费。

工程勘察资质等级及业务范围*

一、工程勘察综合甲级资质

承担各类建设工程项目的岩土工程、水文地质勘察、工程测量业务（海洋工程勘察除外），其规模不受限制（岩土工程勘察丙级项目除外）。

二、工程勘察专业资质

1. 甲级

承担本专业资质范围内各类建设工程项目的工程勘察业务，其规模不受限制。

2. 乙级

承担本专业资质范围内各类建设工程项目乙级及以下规模的工程勘察业务。

3. 丙级

承担本专业资质范围内各类建设工程项目丙级规模的工程勘察业务。

三、工程勘察劳务资质

承担相应的工程钻探、凿井等工程勘察劳务业务。

工程勘察项目规模划分表

序号	项目名称		项目规模		
			甲级	乙级	丙级
1	岩石工程	岩土工程勘察	1. 国家重点项目的岩土工程勘察。 2. 按《岩土工程勘察规范》GB50021—2001岩土工程勘察等级为甲级的工程。 3. 下列工程项目的岩土工程勘察；	1. 按《岩土工程勘察规范》GB50021—2001岩土工程勘察等级为乙级的工程项目； 2. 下列工程项目的岩土工程勘察；	1. 按《岩土工程勘察规范》GB50021—2001岩土工程勘察等级为丙级的工程项目； 2. 下列工程项目的岩土工程勘察：

---

* 节选自《工程勘察资质标准》（建市〔2013〕9号）。

续表

序号	项目名称		项目规模		
			甲级	乙级	丙级
1	岩石工程	岩土工程勘察	（1）按《建筑地基基础设计规范》GB 50007—2011地基基础设计等级为甲级的工程项目； （2）需要采取特别处理措施的极软弱的或非均质地层，极不稳定的地基；建于严重不良的特殊性岩土上的大、中型项目； （3）有强烈地下水运动干扰、有特殊要求或安全等级为一级的深基坑开挖工程，有特殊工艺要求的超精密设备基础工程，大型深埋过江(河)地下管线、涵洞等深埋处理工程，核废料深埋处理工程，高度≥100m的高耸构筑物基础，房屋建筑市政工程中边坡高度≥15m的岩质边坡工程和高度≥10m的土质边坡工程、其他工程中高度≥30m的岩质边坡工程和高度≥15m的土质边坡工程，特大桥、大桥、大型立交桥（含跨海大桥），大型竖井、巷道、平洞、隧道，地铁、城市轻轨和城市隧道，大型地下洞室、地下储库工程，超重型设备，大型基础托换、基础补强工程，Ⅰ级垃圾填埋场，一、二级工业废渣堆场； （4）大深沉井、沉箱，安全等级一级的桩基、墩基，特大型、大型桥梁基础，架空索道基础； （5）其他工程设计规模为特大型、大型的建设项目	（1）按《建筑地基基础设计规范》GB 50007—2011地基基础设计等级为乙级的工程项目； （2）中型深埋过江（河）地下管线、涵洞等深埋处理工程，高度＜100m的高耸构筑物基础，房屋建筑和市政工程中边坡高度＜15m的岩质边坡工程和高度＜10m的土质边坡工程、其他工程中边坡高度＜30m岩质边坡工程和高度＜15m的土质边坡工程，中桥、中型立交桥，中型竖井、巷道、平洞隧道，中型地下洞室、地下储库工程，中型基础托换、基础补强工程，Ⅱ级垃圾填埋场，三级工业废渣堆场； （3）中型沉井、沉箱，安全等级为二级的桩基、墩基，中型桥梁基础； （4）其他工程设计规模为中型的建设项目	（1）按《建筑地基基础设计规范》GB 50007—2011地基基础设计等级为丙级的工程项目； （2）小桥、涵洞，安全等级为三级的桩基、墩基、Ⅲ级垃圾填埋场，四、五级工业废渣堆场； （3）其他工程设计规模为小型的建设项目。

续表

序号	项目名称		项目规模		
			甲级	乙级	丙级
2	岩石工程	岩土工程设计	1. 国家重点项目的岩土工程设计。 2. 安全等级为一级、二级的基坑工程，安全等级为一级 3. 一般土层处理后地基承载力达到300kPa及以上的地基处理设计，特殊性岩土作为中型及以上建筑的地基持力层的地基处理设计。 4. 不良地质作用和地质灾害的治理设计。 5. 复杂程度按有关规范规程划分为中等以上或复杂工程项目的岩土工程设计。 6. 建（构）筑物纠偏设计及基础托换设计，建（构）筑物沉降控制设计。 7. 填海工程的岩土工程设计。 8. 其他勘察等级为甲、乙级工程的工程设计	1. 安全等级为三级的基坑工程，安全等级为三级的边坡工程。 2. 一般土层处理后地基承载力300kPa以下的地基处理设计，特殊性岩土作为小型建筑物地基承载力层的地基处理设计。 3. 复杂程度按有关规范规程划分为简单工程项目的岩土工程设计。 其他勘察等级为丙级工程的岩土工程设计	
3	岩石工程	岩土工程物探测试检测监测	1. 国家重点项目和有特殊要求的岩土工程物探、测试、检测、监测。 2. 大型跨江、跨海桥梁桥址的工程物探，桥桩基测试、检测，岩溶地区、水域工程物探，复杂地质和地形条件下探意地下目的物的深度和精度要求较高的工程物探。 3. 地铁、轻轨、隧道工程、水利水电工程和高速公路工程的岩土工程物探、测试、检测、检测。	1. 安全等级为二、三级的基坑工程、边坡工程的监测。 2. 一般土层处理后，地基承载力达到300kPa以下的地基处理监测，单桩最大加载在10000kN以下的桩基检测。 3. 独立的岩土工程物探、测试、检测项目，无特殊要求的岩土工程监测项目。	

续表

序号	项目名称		项目规模		
			甲级	乙级	丙级
3	岩石工程	岩土工程物探测试检测监测	4. 安全等级为一级的基坑工程、边坡工程的监测。 5. 建筑物纠偏、加固工程中的岩土工程监测，重特大抢险工程的岩土工程监测。 6. 一般土层处理后，地基承载力达到300kPa及以上的地基处理监测，单桩最大加载在10000kN及以上的桩基检测。 7. 按《岩土工程勘察规范》GB 50021—2001岩土工程勘察等级为甲级的工程项目涉及的波速测试、地脉动测试。 8. 块体基础振动测试	4. 按《岩土工程勘察规范》GB 50021—2001岩土工程勘察等级为乙级的工程项目涉及的波速测试、地脉动测试	
4	水文地质勘察		1. 国家重点项目、国外投资或中外合资项目的水资源勘察和评价。 2. 大、中城市规划和大型企业选址的供水水源可行性研究及水资源评价。 3. 供水量10000m²/d及以上的水源工程勘察和评价。 4. 水文地质条件复杂的水资源勘察和评价。 5. 干旱地区、贫水地区、为开发地区水资源评价。 6. 设计规模为大型的建设项目水文地质勘察。 7. 按照《建筑与市政工程地下水控制技术规范》JGJ/T 111—2016复杂程度为复杂的降水工程或同等复杂的止水工程	1. 小城市规划和中、小型企业选址的供水水源可行性研究及水资源评价。 2. 供水量2000～10000m²/d的水源勘察及评价。 3. 水文地质条件中等复杂的水资源勘察和评价。 4. 设计规模为中型的建设项目水文地质勘察。 5. 按照《建筑与市政工程地下水控制技术规范》JGJ/T 111—2016复杂程度为中等及以下的降水工程或同等复杂的止水工程	1. 水文地质条件简单，供水量2000m²/d及以下的水资源勘察和评价。 2. 设计规模为小型的建设项目的水文地质勘察

序号	项目名称	项目规模		
		甲级	乙级	丙级
5	工程测量	1. 国家重点项目的首级控制测量、变形与形变及监测。 2. 三等及以上GRSS控制测量，四等及以上导线测量；二等及以上水准测量。 3. 大、中城市规划定测量线、拨地。 4. 20km²及以上的大比例尺地形图地形测量。 5. 国家大型、重点、特殊项目精密工程测量。 6. 20km及以上的线路工程测量。 7. 总长度20km及以上综合地下管线测量。 8. 以下工程的变形与形变测量：地基基础设计等级为甲级的建筑变形，重要古建筑变形，大型市政桥梁变形，重要管线变形，场地滑坡变形。 9. 大中型、重点、特殊水利水电工程测量。 10. 地铁、轻轨隧道工程测量	1. 四等GNSS控制测量，一、二级导线测量，三、四等水准测量。 2. 小城镇规划测量线、拨地。 3. $10\sim20km^2$的大比例尺地形图地形测量。 4. 一般工程的精密工程测量。 5. $5\sim20km$的线路工程测量。 6. 总长度20km以下综合地下管线测量。 7. 以下工程的变形与形变测量：地基基础设计等级为乙、丙级的建筑变形，地表、道路沉降，中小型市政桥梁变形，一般管线变形。 8. 小型水利水电工程测量	1. 一级、二级、GNSS控制测量，三级导线测量，五等水准测量。 2. $10km^2$及以下大比例尺地形图地形测量。 3. 5km及以下线路工程测量。 4. 长度不超过5km的单一地下管线测量。 5. 水域测量或水利、水电局部工程测量。 6. 其他小型工程或面积较小的施工放样等

工程勘察收费总则*

1.0.1 工程勘察收费是指勘察人根据发包人的委托，收集已有资料、现场踏勘、制订勘察纲要，进行测绘、勘探、取样、试验、测试、检测、监测等勘察作业，以及编制工程勘察文件和岩土工程设计文件等收取的费用。

1.0.2 工程勘察收费标准分为通用工程勘察收费标准和专业工程勘察收费标准。

1. 通用工程勘察收费标准适用于工程测量、岩土工程勘察、岩土工程设计与检测监测、水文地质勘察、工程水文气象勘察、工程物探、室内试验等工程勘察的收费。

2. 专业工程勘察收费标准分别适用于煤炭、水利水电、电力、长输管道、铁路、公路、通信、海洋工程等工程勘察的收费。专业工程勘察中的一些项目可以执行通用工程勘察收费标准。

1.0.3 通用工程勘察收费采取实物工作量定额计费方法计算，由实物工作收费和技术工作收费两部分组成。

专业工程勘察收费方法和标准，分别在煤炭、水利水电、电力、长输管道、铁路、公路、通信、海洋工程等章节中规定

1.0.4 通用工程勘察收费按照下列公式计算

1. 工程勘察收费＝工程勘察收费基准价×（1±浮动幅度值）

2. 工程勘察收费基准价＝工程勘察实物工作收费＋工程勘察技术工作收费

3. 工程勘察实物工作收费＝工程勘察实物工作收费基价×实物工作量×附加调整系数

4. 工程勘察技术工作收费＝工程勘察实物工作收费×技术工作收费比例

---

* 节选自《工程勘察设计收费管理规定》（计价格［2002］10号）。

1.0.5　工程勘察收费基准价

工程勘察收费基准价是按照本收费标准计算出的工程勘察基准收费额，发包人和勘察人可以根据实际情况在规定浮动的幅度内协商确定工程勘察收费合同额。

1.0.6　工程勘察实物工作收费基价

工程勘察实物工作收费基价是完成每单位工程勘察实物工作内容的基本价格。工程勘察实物工作收费基价在相关章节的《实物工作收费基价表》中查找确定。

1.0.7　实物工作量

实物工作量由勘察人按照工程勘察规范、规程的规定和勘察作业实际情况在勘察纲要中提出，经发包人同意后，在工程勘察合同中约定。

1.0.8　附加调整系数

附加调整系数是对工程勘察的自然条件、作业内容和复杂程度差异进行调整的系数。附加调整系数分别列于总则和各章节中。附加调整系数为两个或者两个以上的，附加调整系数不能连乘。将各附加调整系数相加，减去附加调整系数的个数，加上定值1，作为附加调整系数值。

1.0.9　在气温（以当地气象台、站的气象报告为准）≥35℃或者≤-10℃条件下进行勘察作业时，气温附加调整系数为1.2。

1.0.10　在海拔高程超过2000m地区进行工程勘察作业时，高程附加调整系数如下：

海拔高程2000～3000m为1.1

海拔高程3001～3500m为1.2

海拔高程3501～4000m为1.3

海拔高程4001m以上的，高程附加调整系数由发包人与勘察人协商确定。

1.0.11　建设项目工程勘察由两个或者两个以上勘察人承担的，其中对建设项目工程勘察合理性和整体性负责的勘察人，按照该建设项目工程勘察收费基准价的5%加收主体勘察协调费。

1.0.12　工程勘察收费基准价不包括以下费用：办理工程勘察相关许可，以及购买有关资料费；拆除障碍物，开挖以及修复地下管线费；修通至作业现场道路，接通电源、水源以及平整场地费；勘察材料以及加工费；水上作业用船、排、平台以及水监费；勘察作业大型机具搬运费；青苗、树木以及水域养殖物赔偿费等。

发生以上费用的，由发包人另行支付。

1.0.13　工程勘察组日、台班收费基价如下：

工程测量、岩土工程验槽、检测监测、工程物探　1000元/组日

岩土工程勘察　　　1360元/台班

水文地质勘察　　　1680元/台班

1.0.14　勘察人提供工程勘察文件的标准份数为4份。发包人要求增加勘察文件份数的，由发包人另行支付印制勘察文件工本费。

1.0.15　本收费标准不包括本总则1.0.1以外的其他服务收费。其他服务收费，国家有收费规定的，按照规定执行；国家没有收费规定的，由发包人与勘察人协商确定。

工程监理资质标准*

一、资质等级

工程监理企业资质分为综合资质、专业资质和事务所资质。其中，专业资质按照工程性质和技术特点划分为若干工程类别。

综合资质、事务所资质不分级别。专业资质分为甲级、乙级；其中，房屋建筑、水利水电、公路和市政公用专业资质可设立丙级。

工程监理企业的资质等级标准如下：

（一）综合资质标准

1. 具有独立法人资格且注册资本不少于600万元。

2. 企业技术负责人应为注册监理工程师，并具有15年以上从事工程建设工作的经历或者具有工程类高级职称。

3. 具有5个以上工程类别的专业甲级工程监理资质。

4. 注册监理工程师不少于60人，注册造价工程师不少于5人，一级注册建造师、一级注册建筑师、一级注册结构工程师或者其他勘察设计注册工程师合计不少于15人次。

5. 企业具有完善的组织结构和质量管理体系，有健全的技术、档案等管理制度。

6. 企业具有必要的工程试验检测设备。

7. 申请工程监理资质之日前一年内没有本规定第十六条禁止的行为。

8. 申请工程监理资质之日前一年内没有因本企业监理责任造成重大质量事故。

9. 申请工程监理资质之日前一年内没有因本企业监理责任发生三级以上工程建设重大安全事故或者发生两起以上四级工程建设安全事故。

---

* 节选自《工程监理企业资质管理规定》（建设部第158号令）。

（二）专业资质标准

1．甲级

（1）具有独立法人资格且注册资本不少于300万元。

（2）企业技术负责人应为注册监理工程师，并具有15年以上从事工程建设工作的经历或者具有工程类高级职称。

（3）注册监理工程师、注册造价工程师、一级注册建造师、一级注册建筑师、一级注册结构工程师或者其他勘察设计注册工程师合计不少于25人次；其中，相应专业注册监理工程师不少于《专业资质注册监理工程师人数配备表》（附表1）中要求配备的人数，注册造价工程师不少于2人。

（4）企业近2年内独立监理过3个以上相应专业的二级工程项目，但是，具有甲级设计资质或一级及以上施工总承包资质的企业申请本专业工程类别甲级资质的除外。

（5）企业具有完善的组织结构和质量管理体系，有健全的技术、档案等管理制度。

（6）企业具有必要的工程试验检测设备。

（7）申请工程监理资质之日前一年内没有本规定第十六条禁止的行为。

（8）申请工程监理资质之日前一年内没有因本企业监理责任造成重大质量事故。

（9）申请工程监理资质之日前一年内没有因本企业监理责任发生三级以上工程建设重大安全事故或者发生两起以上四级工程建设安全事故。

2．乙级

（1）具有独立法人资格且注册资本不少于100万元。

（2）企业技术负责人应为注册监理工程师，并具有10年以上从事工程建设工作的经历。

（3）注册监理工程师、注册造价工程师、一级注册建造师、一级注册建筑师、一级注册结构工程师或者其他勘察设计注册工程师合计不少于15人次。其中，相应专业注册监理工程师不少于《专业资质注册监理工程师人数配备表》（附表1）中要求配备的人数，注册造价工程师不少于1人。

（4）有较完善的组织结构和质量管理体系，有技术、档案等管理制度。

（5）有必要的工程试验检测设备。

（6）申请工程监理资质之日前一年内没有本规定第十六条禁止的行为。

（7）申请工程监理资质之日前一年内没有因本企业监理责任造成重大质量事故。

（8）申请工程监理资质之日前一年内没有因本企业监理责任发生三级以上工程建设重大安全事故或者发生两起以上四级工程建设安全事故。

3．丙级

（1）具有独立法人资格且注册资本不少于50万元。

（2）企业技术负责人应为注册监理工程师，并具有8年以上从事工程建设工作的经历。

（3）相应专业的注册监理工程师不少于《专业资质注册监理工程师人数配备表》（附表1）中要求配备的人数。

（4）有必要的质量管理体系和规章制度。

（5）有必要的工程试验检测设备。

（三）事务所资质标准

1．取得合伙企业营业执照，具有书面合作协议书。

2．合伙人中有3名以上注册监理工程师，合伙人均有5年以上从事建设工程监理的工作经历。

3．有固定的工作场所。

4．有必要的质量管理体系和规章制度。

5．有必要的工程试验检测设备。

二、业务范围

（一）综合资质

可以承担所有专业工程类别建设工程项目的工程监理业务。

（二）专业资质

1．专业甲级资质

可承担相应专业工程类别建设工程项目的工程监理业务（见附表2）。

2．专业乙级资质：

可承担相应专业工程类别二级以下（含二级）建设工程项目的工程监理业务（见附表2）。

3．专业丙级资质：

可承担相应专业工程类别三级建设工程项目的工程监理业务（见附表2）。

（三）事务所资质

可承担三级建设工程项目的工程监理业务（见附表2），但是，国家规定必须实行强制监理的工程除外。

工程监理企业可以开展相应类别建设工程的项目管理、技术咨询等业务。

专业资质注册监理工程师人数配备表（单位：人） 附表1

序号	工程类别	甲级	乙级	丙级
1	房屋建筑工程	15	10	5
2	冶炼工程	15	10	
3	矿山工程	20	12	
4	化工石油工程	15	10	
5	水利水电工程	20	12	5
6	电力工程	15	10	
7	农林工程	15	10	
8	铁路工程	23	14	
9	公路工程	20	12	5
10	港口与航道工程	20	12	
11	航天航空工程	20	12	
12	通信工程	20	12	
13	市政公用工程	15	10	5
14	机电安装工程	15	10	

注：表中各专业资质注册监理工程师人数配备是指企业取得本专业工程类别注册的注册监理工程师人数。

专业工程类别和等级表 附表2

序号	工程类别		一级	二级	三级
一	房屋建筑工程	一般公共建筑	28层以上；36米跨度以上（轻钢结构除外）；单项工程建筑面积3万平方米以上	14～28层；24～36米跨度（轻钢结构除外）；单项工程建筑面积1万～3万平方米	14层以下；24米跨度以下（轻钢结构除外）；单项工程建筑面积1万平方米以下

续表

序号	工程类别		一级	二级	三级
一	房屋建筑工程	高耸构筑工程	高度120米以上	高度70~120米	高度70米以下
		住宅工程	小区建筑面积12万平方米以上；单项工程28层以上	建筑面积6万~12万平方米；单项工程14~28层	建筑面积6万平方米以下；单项工程14层以下
二	冶炼工程	钢铁冶炼、连铸工程	年产100万吨以上；单座高炉炉容1250立方米以上；单座公称容量转炉100吨以上；电炉50吨以上；连铸年产100万吨以上或板坯连铸单机1450毫米以上	年产100万吨以下；单座高炉炉容1250立方米以下；单座公称容量转炉100吨以下；电炉50吨以下；连铸年产100万吨以下或板坯连铸单机1450毫米以下	
		轧钢工程	热轧年产100万吨以上，装备连续、半连续轧机；冷轧带板年产100万吨以上，冷轧线材年产30万吨以上或装备连续、半连续轧机	热轧年产100万吨以下，装备连续、半连续轧机；冷轧带板年产100万吨以下，冷轧线材年产30万吨以下或装备连续、半连续轧机	
		冶炼辅助工程	炼焦工程年产50万吨以上或炭化室高度4.3米以上；单台烧结机100平方米以上；小时制氧300立方米以上	炼焦工程年产50万吨以下或炭化室高度4.3米以下；单台烧结机100平方米以下；小时制氧300立方米以下	
		有色冶炼工程	有色冶炼年产10万吨以上；有色金属加工年产5万吨以上；氧化铝工程40万吨以上	有色冶炼年产10万吨以下；有色金属加工年产5万吨以下；氧化铝工程40万吨以下	
		建材工程	水泥日产2000吨以上；浮化玻璃日熔量400吨以上；池窑拉丝玻璃纤维、特种纤维；特种陶瓷生产线工程	水泥日产2000吨以下；浮化玻璃日熔量400吨以下；普通玻璃生产线；组合炉拉丝玻璃纤维；非金属材料、玻璃钢、耐火材料、建筑及卫生陶瓷厂工程	

序号	工程类别		一级	二级	三级
三	矿山工程	煤矿工程	年产120万吨以上的井工矿工程；年产120万吨以上的洗选煤工程；深度800米以上的立井井筒工程；年产400万吨以上的露天矿山工程	年产120万吨以下的井工矿工程；年产120万吨以下的洗选煤工程；深度800米以下的立井井筒工程；年产400万吨以下的露天矿山工程	
		冶金矿山工程	年产100万吨以上的黑色矿山采选工程；年产100万吨以上的有色砂矿采、选工程；年产60万吨以上的有色脉矿采、选工程	年产100万吨以下的黑色矿山采选工程；年产100万吨以下的有色砂矿采、选工程；年产60万吨以下的有色脉矿采、选工程	
		化工矿山工程	年产60万吨以上的磷矿、硫铁矿工程	年产60万吨以下的磷矿、硫铁矿工程	
		铀矿工程	年产10万吨以上的铀矿；年产200吨以上的铀选冶	年产10万吨以下的铀矿；年产200吨以下的铀选冶	
		建材类非金属矿工程	年产70万吨以上的石灰石矿；年产30万吨以上的石膏矿、石英砂岩矿	年产70万吨以下的石灰石矿；年产30万吨以下的石膏矿、石英砂岩矿	
四	化工石油工程	油田工程	原油处理能力150万吨/年以上、天然气处理能力150万方/天以上、产能50万吨以上及配套设施	原油处理能力150万吨/年以下、天然气处理能力150万方/天以下、产能50万吨以下及配套设施	
		油气储运工程	压力容器8MPa以上；油气储罐10万立方米/台以上；长输管道120千米以上	压力容器8MPa以下；油气储罐10万立方米/台以下；长输管道120千米以下	
		炼油化工工程	原油处理能力在500万吨/年以上的一次加工及相应二次加工装置和后加工装置	原油处理能力在500万吨/年以下的一次加工及相应二次加工装置和后加工装置	

续表

序号	工程类别		一级	二级	三级
四	化工石油工程	基本原材料工程	年产30万吨以上的乙烯工程；年产4万吨以上的合成橡胶、合成树脂及塑料和化纤工程	年产30万吨以下的乙烯工程；年产4万吨以下的合成橡胶、合成树脂及塑料和化纤工程	
		化肥工程	年产20万吨以上合成氨及相应后加工装置；年产24万吨以上磷氨工程	年产20万吨以下合成氨及相应后加工装置；年产24万吨以下磷氨工程	
		酸碱工程	年产硫酸16万吨以上；年产烧碱8万吨以上；年产纯碱40万吨以上	年产硫酸16万吨以下；年产烧碱8万吨以下；年产纯碱40万吨以下	
		轮胎工程	年产30万套以上	年产30万套以下	
		核化工及加工工程	年产1000吨以上的铀转换化工工程；年产100吨以上的铀浓缩工程；总投资10亿元以上的乏燃料后处理工程；年产200吨以上的燃料元件加工工程；总投资5000万元以上的核技术及同位素应用工程	年产1000吨以下的铀转换化工工程；年产100吨以下的铀浓缩工程；总投资10亿元以下的乏燃料后处理工程；年产200吨以下的燃料元件加工工程；总投资5000万元以下的核技术及同位素应用工程	
		医药及其他化工工程	总投资1亿元以上	总投资1亿元以下	
五	水利水电工程	水库工程	总库容1亿立方米以上	总库容1千万～1亿立方米	总库容1千万立方米以下
		水力发电站工程	总装机容量300MW以上	总装机容量50～300MW	总装机容量50MW以下
		其他水利工程	引调水堤防等级1级；灌溉排涝流量5立方米/秒以上；河道整治面积30万亩以上；城市防洪城市人口50万人以上；围垦面积5万亩以上；水土保持综合治理面积1000平方公里以上	引调水堤防等级2、3级；灌溉排涝流量0.5～5立方米/秒；河道整治面积3万～30万亩；城市防洪城市人口20万～50万人；围垦面积0.5万～5万亩；水土保持综合治理面积100～1000平方公里	引调水堤防等级4、5级；灌溉排涝流量0.5立方米/秒以下；河道整治面积3万亩以下；城市防洪城市人口20万人以下；围垦面积0.5万亩以下；水土保持综合治理面积100平方公里以下

续表

序号	工程类别		一级	二级	三级
六	电力工程	火力发电站工程	单机容量30万千瓦以上	单机容量30万千瓦以下	
		输变电工程	330千伏以上	330千伏以下	
		核电工程	核电站；核反应堆工程		
七	农林工程	林业局（场）总体工程	面积35万公顷以上	面积35万公顷以下	
		林产工业工程	总投资5000万元以上	总投资5000万元以下	
		农业综合开发工程	总投资3000万元以上	总投资3000万元以下	
		种植业工程	2万亩以上或总投资1500万元以上；	2万亩以下或总投资1500万元以下	
		兽医/畜牧工程	总投资1500万元以上	总投资1500万元以下	
		渔业工程	渔港工程总投资3000万元以上；水产养殖等其他工程总投资1500万元以上	渔港工程总投资3000万元以下；水产养殖等其他工程总投资1500万元以下	
		设施农业工程	设施园艺工程1公顷以上；农产品加工等其他工程总投资1500万元以上	设施园艺工程1公顷以下；农产品加工等其他工程总投资1500万元以下	
		核设施退役及放射性三废处理处置工程	总投资5000万元以上	总投资5000万元以下	
八	铁路工程	铁路综合工程	新建、改建一级干线；单线铁路40千米以上；双线30千米以上及枢纽	单线铁路40千米以下；双线30千米以下；二级干线及站线；专用线、专用铁路	

续表

序号	工程类别		一级	二级	三级
八	铁路工程	铁路桥梁工程	桥长500米以上	桥长500米以下	
		铁路隧道工程	单线3000米以上；双线1500米以上	单线3000米以下；双线1500米以下	
		铁路通信、信号、电力电气化工程	新建、改建铁路（含枢纽、配、变电所、分区亭）单双线200千米及以上	新建、改建铁路（不含枢纽、配、变电所、分区亭）单双线200千米及以下	
九	公路工程	公路工程	高速公路	高速公路路基工程及一级公路	一级公路路基工程及二级以下各级公路
		公路桥梁工程	独立大桥工程；特大桥总长1000米以上或单跨跨径150米以上	大桥、中桥桥梁总长30～1000米或单跨跨径20～150米	小桥总长30米以下或单跨跨径20米以下；涵洞工程
		公路隧道工程	隧道长度1000米以上	隧道长度500～1000米	隧道长度500米以下
		其他工程	通讯、监控、收费等机电工程，高速公路交通安全设施、环保工程和沿线附属设施	一级公路交通安全设施、环保工程和沿线附属设施	二级及以下公路交通安全设施、环保工程和沿线附属设施
十	港口与航道工程	港口工程	集装箱、件杂、多用途等沿海港口工程20000吨级以上；散货、原油沿海港口工程30000吨级以上；1000吨级以上内河港口工程	集装箱、件杂、多用途等沿海港口工程20000吨级以下；散货、原油沿海港口工程30000吨级以下；1000吨级以下内河港口工程	
		通航建筑与整治工程	1000吨级以上	1000吨级以下	
		航道工程	通航30000吨级以上船舶沿海复杂航道；通航1000吨级以上船舶的内河航运工程项目	通航30000吨级以下船舶沿海航道；通航1000吨级以下船舶的内河航运工程项目	

续表

序号	工程类别		一级	二级	三级
十	港口与航道工程	修造船水工工程	10000吨位以上的船坞工程；船体重量5000吨位以上的船台、滑道工程	10000吨位以下的船坞工程；船体重量5000吨位以下的船台、滑道工程	
		防波堤、导流堤等水工工程	最大水深6米以上	最大水深6米以下	
		其他水运工程项目	建安工程费6000万元以上的沿海水运工程项目；建安工程费4000万元以上的内河水运工程项目	建安工程费6000万元以下的沿海水运工程项目；建安工程费4000万元以下的内河水运工程项目	
十一	航天航空工程	民用机场工程	飞行区指标为4E及以上及其配套工程	飞行区指标为4D及以下及其配套工程	
		航空飞行器工程	航空飞行器（综合）工程总投资1亿元以上；航空飞行器（单项）工程总投资3000万元以上	航空飞行器（综合）工程总投资1亿元以下；航空飞行器（单项）工程总投资3000万元以下	
		航天空间飞行器	工程总投资3000万元以上；面积3000平方米以上；跨度18米以上	工程总投资3000万元以下；面积3000平方米以下；跨度18米以下	
十二	通信工程	有线、无线传输通信工程，卫星、综合布线	省际通信、信息网络工程	省内通信、信息网络工程	
		邮政、电信、广播枢纽及交换工程	省会城市邮政、电信枢纽	地市级城市邮政、电信枢纽	
		发射台工程	总发射功率500千瓦以上短波或600千瓦以上中波发射台；高度200米以上广播电视发射塔	总发射功率500千瓦以下短波或600千瓦以下中波发射台；高度200米以下广播电视发射塔	

续表

序号	工程类别		一级	二级	三级
十三	市政公用工程	城市道路工程	城市快速路、主干路，城市互通式立交桥及单孔跨径100米以上桥梁；长度1000米以上的隧道工程	城市次干路工程，城市分离式立交桥及单孔跨径100米以下的桥梁；长度1000米以下的隧道工程	城市支路工程、过街天桥及地下通道工程。
		给水排水工程	10万吨/日以上的给水厂；5万吨/日以上污水处理工程；3立方米/秒以上的给水、污水泵站；15立方米/秒以上的雨泵站；直径2.5米以上的给排水管道	2万～10万吨/日的给水厂；1万～5万吨/日污水处理工程；1～3立方米/秒的给水、污水泵站；5～15立方米/秒的雨泵站；直径1～2.5米的给水管道；直径1.5～2.5米的排水管道	2万吨/日以下的给水厂；1万吨/日以下污水处理工程；1立方米/秒以下的给水、污水泵站；5立方米/秒以下的雨泵站；直径1米以下的给水管道；直径1.5米以下的排水管道
		燃气热力工程	总储存容积1000立方米以上液化气贮罐场（站）；供气规模15万立方米/日以上的燃气工程；中压以上的燃气管道、调压站；供热面积150万平方米以上的热力工程	总储存容积1000立方米以下的液化气贮罐场（站）；供气规模15万立方米/日以下的燃气工程；中压以下的燃气管道、调压站；供热面积50万～150万平方米的热力工程	供热面积50万平方米以下的热力工程
		垃圾处理工程	1200吨/日以上的垃圾焚烧和填埋工程	500～1200吨/日的垃圾焚烧及填埋工程	500吨/日以下的垃圾焚烧及填埋工程
		地铁轻轨工程	各类地铁轻轨工程		
		风景园林工程	总投资3000万元以上	总投资1000万～3000万元	总投资1000万元以下
十四	机电安装工程	机械工程	总投资5000万元以上	总投资5000万以下	
		电子工程	总投资1亿元以上；含有净化级别6级以上的工程	总投资1亿元以下；含有净化级别6级以下的工程	
		轻纺工程	总投资5000万元以上	总投资5000万元以下	

续表

序号	工程类别		一级	二级	三级
十四	机电安装工程	兵器工程	建安工程费3000万元以上的坦克装甲车辆、炸药、弹箭工程；建安工程费2000万元以上的枪炮、光电工程；建安工程费1000万元以上的防化民爆工程	建安工程费3000万元以下的坦克装甲车辆、炸药、弹箭工程；建安工程费2000万元以下的枪炮、光电工程；建安工程费1000万元以下的防化民爆工程	
		船舶工程	船舶制造工程总投资1亿元以上；船舶科研、机械、修理工程总投资5000万元以上	船舶制造工程总投资1亿元以下；船舶科研、机械、修理工程总投资5000万元以下	
		其他工程	总投资5000万元以上	总投资5000万元以下	

说明

1. 表中的"以上"含本数，"以下"不含本数。

2. 未列入本表中的其他专业工程，由国务院有关部门按照有关规定在相应的工程类别中划分等级。

3. 房屋建筑工程包括结合城市建设与民用建筑修建的附建人防工程。

工程监理收费标准*

1 总则

1.0.1 建设工程监理与相关服务是指监理人接受发包人的委托，提供建设工程施工阶段的质量、进度、费用控制管理和安全生产监督管理、合同、信息等方面协调管理服务，以及勘察、设计、保修等阶段的相关服务。各阶段的工作内容见《建设工程监理与相关服务的主要工作内容》（附表1）。

1.0.2 建设工程监理与相关服务收费包括建设工程施工阶段的工程监理（以下简称"施工监理"）服务收费和勘察、设计、保修等阶段的相关服务（以下简称"其他阶段的相关服务"）收费。

1.0.3 铁路、水运、公路、水电、水库工程的施工监理服务收费按建筑安装工程费分档定额计费方式计算收费。其他工程的施工监理服务收费按照建设项目工程概算投资额分档定额计费方式计算收费。

1.0.4 其他阶段的相关服务收费一般按相关服务工作所需工日和《建设工程监理与相关服务人员人工日费用标准》（附表四）收费。

1.0.5 施工监理服务收费按照下列公式计算：

（1）施工监理服务收费＝施工监理服务收费基准价×（1±浮动幅度值）

（2）施工监理服务收费基准价＝施工监理服务收费基价×专业调整系数×工程复杂程度调整系数×高程调整系数

1.0.6 施工监理服务收费基价

施工监理服务收费基价是完成国家法律法规、规范规定的施工阶段监理基本服务内容的价格。施工监理服务收费基价按《施工监理服务收费基价表》（附表二）确定，计费额处于两个数值区间的，采用直线内插法确定施工监理服务收费基价。

---

* 节选自《建设工程监理与相关服务收费管理规定》（发改价格［2007］670号）。

1.0.7　施工监理服务收费基准价

施工监理服务收费基准价是按照本收费标准规定的基价和 1.0.5（2）计算出的施工监理服务基准收费额。发包人与监理人根据项目的实际情况，在规定的浮动幅度范围内协商确定施工监理服务收费合同额。

1.0.8　施工监理服务收费的计费额

施工监理服务收费以建设项目工程概算投资额分档定额计费方式收费的，其计费额为工程概算中的建筑安装工程费、设备购置费和联合试运转费之和，即工程概算投资额。对设备购置费和联合试运转费占工程概算投资额 40% 以上的工程项目，其建筑安装工程费全部计入计费额，设备购置费和联合试运转费按 40% 的比例计入计费额。但其计费额不应小于建筑安装工程费与其相同且设备购置费和联合试运转费等于工程概算投资额 40% 的工程项目的计费额。

工程中有利用原有设备并进行安装调试服务的，以签订工程监理合同时同类设备的当期价格作为施工监理服务收费的计费额；工程中有缓配设备的，应扣除签订工程监理合同时同类设备的当期价格作为施工监理服务收费的计费额；工程中有引进设备的，按照购进设备的离岸价格折换成人民币作为施工监理服务收费的计费额。

施工监理服务收费以建筑安装工程费分档定额计费方式收费的，其计费额为工程概算中的建筑安装工程费。

作为施工监理服务收费计费额的建设项目工程概算投资额或建筑安装工程费均指每个监理合同中约定的工程项目范围的计费额。

1.0.9　施工监理服务收费调整系数

施工监理服务收费调整系数包括：专业调整系数、工程复杂程度调整系数和高程调整系数。

（1）专业调整系数是对不同专业建设工程的施工监理工作复杂程度和工作量差异进行调整的系数。计算施工监理服务收费时，专业调整系数在《施工监理服务收费专业调整系数表》（附表三）中查找确定。

（2）工程复杂程度调整系数是对同一专业建设工程的施工监理复杂程度和工作量差异进行调整的系数。工程复杂程度分为一般、较复杂和复杂三个等级，其调整系数分别为：一般（Ⅰ级）0.85；较复杂（Ⅱ级）1.0；复杂（Ⅲ级）1.15。计算施工监理服务收费时，工程复杂程度在相应章节的《工程复杂程度表》中查找确定。

（3）高程调整系数如下：

海拔高程2001m以下为1；

海拔高程2001～3000m为1.1；

海拔高程3001～3500m为1.2；

海拔高程3501～4000m为1.3；

海拔高程4001m以上的，高程调整系数由发包人和监理人协商确定。

1.0.10　发包人将施工监理服务中的某一部分工作单独发包给监理人，按照其占施工监理服务工作量的比例计算施工监理服务收费，其中质量控制和安全生产监督管理服务收费不宜低于施工监理服务收费额的70%。

1.0.11　建设工程项目施工监理服务由两个或者两个以上监理人承担的，各监理人按照其占施工监理服务工作量的比例计算施工监理服务收费。发包人委托其中一个监理人对建设工程项目施工监理服务总负责的，该监理人按照各监理人合计监理服务收费额的4%～6%向发包人收取总体协调费。

1.0.12　本收费标准不包括本总则1.0.1以外的其他服务收费。其他服务收费，国家有规定的，从其规定；国家没有规定的，由发包人与监理人协商确定。

2　矿山采选工程

2.1　矿山采选工程范围

适用于有色金属、黑色冶金、化学、非金属、黄金、铀、煤炭以及其他矿种采选工程。

2.2　矿山采选工程复杂程度

2.2.1　采矿工程

采矿工程复杂程度表　　　　　　　　　表2.2-1

等级	工程特征
Ⅰ级	1. 地形、地质、水文条件简单； 2. 煤层、煤质稳定，全区可采，无岩浆岩侵入，无自然发火的矿井工程； 3. 立井筒垂深＜300m，斜井筒斜长＜500m； 4. 矿田地形为Ⅰ、Ⅱ类，煤层赋存条件属Ⅰ、Ⅱ类，可采煤层2层以下，煤层埋藏深度＜100m，采用单一开采工艺的煤炭露天采矿工程；

等级	工程特征
Ⅰ级	5. 两种矿石品种，有分类、分贮、分运设施的露天采矿工程； 6. 矿体埋藏垂深＜120m的山坡与深凹露天矿； 7. 矿石品种单一、斜井，平硐溜井，主、副、风井条数＜4条的矿井工程
Ⅱ级	1. 地形、地质、水文条件较复杂； 2. 低瓦斯、偶见少量岩浆岩、自然发火倾向小的矿井工程； 3. 300m≤立井筒垂深＜800m，500m≤斜井筒斜长＜1000m，表土层厚度＜300m； 4. 矿田地形为Ⅲ类及以上，煤层赋存条件属Ⅲ类，煤层结构复杂，可采煤层多于2层，煤层埋藏深度≥100m，采用综合开采工艺的煤炭露天采矿工程； 5. 有两种矿石品种，主、副、风井条数≥4条，有分采、分贮、分运设施的矿井工程； 6. 两种以上开拓运输方式，多采场的露天矿； 7. 矿体埋藏垂深≥120m的深凹露天矿； 8. 采金工程
Ⅲ级	1. 地形、地质、水文条件较复杂； 2. 水患严重、有岩浆岩侵入、有自然发火危险的矿井工程； 3. 地压大，地温局部偏高，煤尘具爆炸性，高瓦斯矿井，煤层及瓦斯突出的矿井工程； 4. 立井筒垂深≥800m，斜井筒斜长≥1000m，表土层厚度≥300m； 5. 开采运输系统复杂，斜井胶带，联合开拓运输系统，有复杂的疏干、排水系统及设施； 6. 两种以上矿石品种，又分采、分贮、分运设施，采用充填采矿法或特殊采矿法的各类采矿工程； 7. 铀采矿工程

2.2.2　选矿工程

选矿工程复杂程度表　　　　　　　　　　表2.2-2

等级	工程特征
Ⅰ级	1. 新建筛选厂（车间）工程； 2. 处理易选矿石，单一产品及选矿方法的选矿工程
Ⅱ级	1. 新建和改扩建洗下限≥25mm选煤厂工程； 2. 两种矿产品及选矿方法的选矿工程
Ⅲ级	1. 新建和改扩建洗下限≥25mm选煤厂、水煤浆制备及燃烧应用工程； 2. 两种以上矿产品及选矿方法的选矿工程

3 加工冶炼工程

3.1 加工冶炼工程范围

适用于机械、船舶、兵器、航空、航天、电子、核加工、轻工、纺织、商物粮、建材、钢铁、有色等各类加工工程，钢铁、有色等冶炼工程。

3.2 加工冶炼工程复杂程度

加工冶炼工程复杂程度表　　　　　　　　　表3.2

等级	工程特征
Ⅰ级	1. 一般机械辅机及配套厂工程； 2. 船舶辅机及配套厂，船舶普行仪器厂，吊车道工程； 3. 防化民爆工程，光电工程； 4. 文体用品、玩具、工艺美术、日用杂品、金属制品厂等工程； 5. 针织、服装厂工程； 6. 小型林产加工工程； 7. 小型冷库、屠宰厂、制冰厂，一般农业（粮食）与内贸加工工程； 8. 普通水泥、砖瓦水泥制品厂工程； 9. 一般简单加工及冶炼辅助单体工程和单体附属工程； 10. 小型、技术简单的建筑铝材、铜材加工及配套工程
Ⅱ级	1. 试验站（室），试车台，计量检测站，自动化立体和多层仓库工程，动力、空分等站房工程； 2. 造船厂，修船厂，坞修车间，船台滑道，船模试验水池，海洋开发工程设备厂，水声设备及水中兵器厂工程； 3. 坦克装甲车车辆、枪炮工程； 4. 航空装配厂、维修厂、辅机厂，航空、航天试验测试及零部件厂，航天产品部装厂工程； 5. 电子整机及基础产品项目工程，显示器件项目工程； 6. 食品发酵烟草工程，制糖工程，制盐及盐化工程，皮革毛皮及其制品工程，家电及日用机械工程，日用硅酸盐工程； 7. 纺织工程； 8. 林产加工工程； 9. 商物粮加工工程； 10. ＜2000t/d的水泥生产线，普通玻璃、陶瓷、耐火材料工程，特种陶瓷生产线工程，新型建筑材料工程； 11. 焦化、耐火材料、烧结球团及辅助、加工和配套工程，有色、钢铁冶炼等辅助、加工和配套工程
Ⅲ级	1. 机械主机制造厂工程； 2. 船舶工业特种涂装车间，干船坞工程；

续表

等级	工程特征
Ⅲ级	3. 火炸药及火工品工程，弹箭引信工程； 4. 航空主机厂，航天产品总装厂工程； 5. 微电子产品项目工程，电子特种环境工程，电子系统工程； 6. 核燃料元/组件、铀浓缩、核技术及同位素应用工程； 7. 制浆造纸工程，日用化工工程； 8. 印染工程； 9. ≥2000t/d的水泥生产线，浮法玻璃生产线； 10. 有色、钢铁冶炼（含连铸）工程，轧钢工程

4　石油化工工程

4.1　石油化工工程范围

适用于石油、天然气、石油化工、化工、火化工、核化工、化纤、医药工程。

4.2　石油化工工程复杂程度

油化工工程复杂程度表 表4.2

等级	工程特征
Ⅰ级	1. 油气田井口装置和内部集输管线，油气计量站、接转站等场站，总容积＜50000m³或品种＜5种的独立油库工程； 2. 平原微丘陵地区长距离油、气、水煤浆等各种介质的输送管道和中间场站工程； 3. 无机盐、橡胶制品、混配肥工程； 4. 石油化工工程的辅助生产设施和公用工程
Ⅱ级	1. 油气田原油脱水转油站、油气水联合处理站，总容积≥50000m³或品种＜5种的独立油库，天然气处理和轻烃回收厂站，三次采油回注水处理工程，硫磺回收及下游装置，稠油及三次采油联合处理站，油气田天然气液化及提氦、地下储气库； 2. 山区沼泽地带长距离油、气、水煤浆等各种介质的输送管道和首站、末站、压气站、调度中心工程； 3. 500万吨/年以下的常减压蒸馏及二次加工装置，丁烯氧化脱氢、MTBE、丁二烯抽提、乙腈生产装置工程； 4. 磷肥、农药、精细化工、生物化工、化纤工程； 5. 医药工程； 6. 冷冻、脱盐、联合控制室、中高压热力站、环境监测、工业监视、三级污水处理工程

续表

等级	工程特征
Ⅲ级	1. 海上油气田工程； 2. 长输管道的穿跨越工程； 3. 500万吨/年及以上的常减压蒸馏及二次加工装置，芳烃抽提、芳烃（PX）、乙烯、精对苯二甲酸等单体原料，合成材料，LPG、LNG低温储存运输设施工程； 4. 合成氨、制酸、制碱、复合肥、火化工、煤化工工程； 5. 核化工、放射性药品工程

5 水利电力工程

5.1 水利电力工程范围

适用于水利、发电、送电、变电、核能工程。

5.2 水利电力工程复杂程度

水利、发电、送电、变电、核能工程复杂程度表　　　　表5.2

等级	工程特征
Ⅰ级	1. 单机容量20MW及以下凝汽式机组发电工程，燃气轮机发电工程，50MW及以下供热机组发电工程； 2. 电压等级220kV及以下的送电、变电工程； 3. 最大坝高<70m，边坡高度<50m，基础处理深度<20m的水库水电工程； 4. 施工明渠导流建筑物与土石围堰； 5. 总装机容量<50MW的水电工程； 6. 单洞长度<1km的隧洞； 7. 无特殊环保要求
Ⅱ级	1. 单机容量300～600MW凝汽式机组发电工程，单机容量50MW以上供热机组发电工程，新能源发电工程（可再生能源、风电、潮汐等）； 2. 电压等级330kV的送电、变电工程； 3. 70m≤最大坝高<100m或1000万m³≤库容<1亿m³的水库水电工程； 4. 地下洞室的跨度<15m，50m≤边坡高度<100m，20m≤基础处理深度<40m的水电工程； 5. 施工隧洞导流建筑物（洞径<10m）或混凝土围堰（最大堰高<20m）； 6. 50MW≤总装机容量<1000MW的水电工程； 7. 1km≤单洞长度<4km的隧洞； 8. 工程位于省级重点环境（生态）保护区内，或毗邻省级重点环境（生态）保护区，有较高环保要求

续表

等级	工程特征
Ⅲ级	1. 单机容量600MW以上凝汽式机组发电工程； 2. 换流站工程，电压等级≥500kV送电、变电工程； 3. 核能工程； 4. 最大坝高≥100m或库容≥1亿m^3的水库水电工程； 5. 地下洞室的跨度≥15m，边坡高度≥100m，基础处理深度≥40m的水库水电工程； 6. 施工隧洞导流建筑物（洞径≥10m）或混凝土围堰（最大堰高≥20m）； 7. 总装机容量≥1000MW的水库水电工程； 8. 单洞长度≥4km的水工隧洞； 9. 工程位于国家级重点环境（生态）保护区内，或毗邻国家级重点环境（生态）保护区，有特殊的环保要求。

5.3　其他水利工程

其他水利工程复杂程度表　　　　　　　　表5.3

等级	工程特征
Ⅰ级	1. 流量＜15m^3／s的引调水渠道管线工程； 2. 堤防等级Ⅴ级的河道治理建（构）筑物及河道堤防工程； 3. 灌区田间工程； 4. 水土保持工程
Ⅱ级	1. 15m^3≤流量＜25m^3的引调水渠道管线工程； 2. 引调水工程中的建筑物工程； 3. 丘陵、山区、沙漠地区的引调水渠道管线工程； 4. 堤防等级Ⅲ、Ⅳ级的河道治理建（构）筑物及河道堤防工程
Ⅲ级	1. 流量≥25m^3/s的引调水渠道管线工程； 2. 丘陵、山区、沙漠地区的引调水建筑物工程； 3. 堤防等级Ⅰ、Ⅱ级的河道治理建（构）筑物及河道堤防工程； 4. 护岸、防波堤、围堰、人工岛、围垦工程，城镇防洪、河口整治工程

6　交通运输工程

6.1　交通运输工程范围

适用了于铁路、公路、水运、城市交通、民用机场、索道共程。

6.2　交通运输工程复杂程度

6.2.1　铁路工程

铁路工程复杂程度表　　　　　　　　表6.2-1

等级	工程特征
Ⅰ级	Ⅱ、Ⅲ、Ⅳ级铁路
Ⅱ级	1. 时速200kM客货共线； 2. Ⅰ级铁路； 3. 货运专线； 4. 独立特大桥； 5. 独立隧道
Ⅲ级	1. 客运专线； 2. 技术特别复杂的工程

注：1. 复杂程度调整系数Ⅰ级为0.85，Ⅱ级为Ⅰ，Ⅲ为0.95；

　　2. 复杂程度等级Ⅱ级的新建双线复杂程度调整系数为0.85。

6.2.2　公路、城市道路、轨道交通、索道工程

公路、城市道路、轨道交通、索道工程复杂程度表　　表6.2-2

等级	工程特征
Ⅰ级	1. 三级、四级公路及相应的机电工程； 2. 一级公路、二级公路的机电工程
Ⅱ级	1. 一级公路、二级公路； 2. 高速公路的机电工程； 3. 城市道路、广场、停车场工程
Ⅲ级	1. 高速公路工程； 2. 城市地铁、轻轨； 3. 客（货）运索道工程

注：穿越山岭重丘区的复杂程度Ⅱ、Ⅲ级公路工程项目的部分复杂程度调整系数分别为1.1和1.26。

6.2.3　公路桥梁、城市桥梁和隧道工程

公路桥梁、城市桥梁和隧道工程复杂程度表　　　　表6.2-3

等级	工程特征
Ⅰ级	1. 总长＜1000m或单孔跨径＜150m的公路桥梁； 2. 长度＜1000m的隧道工程； 3. 人行天桥、涵洞工程
Ⅱ级	1. 总长≥1000m或150m≤单孔跨径＜250m的公路桥梁； 2. 1000m≤长度＜3000m的隧道工程； 3. 城市桥梁、分离式立交桥，地下通道工程
Ⅲ级	1. 主跨≥250m拱桥，单跨≥250m预应力混凝土连续结构，≥400m斜拉桥，≥800m悬索桥； 2. 连拱隧道、水底隧道、长度≥3000m的隧道工程； 3. 城市互通式立交桥

6.2.4　水运工程

水运工程复杂程度表　　　　表6.2-4

等级	工程特征
Ⅰ级	1. 沿海港口、航道工程：码头＜1000t级，航道＜5000t级； 2. 内河港口、航道整治、通航建筑工程：码头、航道整治、船闸＜100t级； 3. 修造船厂水工工程：船坞、舾装码头＜3000t级，船台、滑道船体重量＜1000t； 4. 各类疏浚、吹填、造陆工程
Ⅱ级	1. 沿海港口、航道工程：1000t级≤码头＜10000t级，5000t级≤航道＜30000 t级，护岸、引堤、防波堤等建筑物； 2. 油、气等危险品码头工程＜1000t级； 3. 内河港口、航道整治、通航建筑工程：100t级≤码头＜1000t.100t级≤航道整治＜1000t级，100t级≤船闸＜500t级，升船机＜300t级； 4. 修造船厂水工工程：3000t级≤船坞、舾装码头＜10000t级，1000t≤船台、滑道船体重量＜5000t。
Ⅲ级	1. 沿海港口、航道工程：码头≥10000t级，航道≥30000 t级； 2. 油、气等危险品码头工程≥1000t级； 3. 内河港口、航道整治、通航建筑工程：码头、航道整治≥1000t级，船闸≥500t级，升船机≥300t级；

续表

等级	工程特征
Ⅲ级	4. 航运（电）枢纽工程； 5. 修造船厂水工工程：船坞、舾装码头≥l0000t级，船台、滑道船体重量>5000t； 6. 水上交通管制工程

6.2.5 民用机场工程

民用机场工程复杂程度表　　　　　　　　　表6.2-5

等级	工程特征
Ⅰ级	3C及以下场道、空中交通管制及助航灯光工程（项目单一或规模较小工程）
Ⅱ级	4C、4D场道、空中交通管制及助航灯光工程（中等规模工程）
Ⅲ级	4E及以上场道、空中交通管制及助航灯光工程（大型综合工程含配套措施）

注：工程项目规模划分标准见《民用机场飞行准》。

7　建筑市政工程

7.1　建筑市政工程范围

适用于建筑、人防、市政公用、园林绿化、广播电视、邮政、电信工程。

7.2　建筑市政工程复杂程度

7.2.1　建筑、人防工程

建筑、人防工程复杂程度表　　　　　　　　　表7.2-1

等级	工程特征
Ⅰ级	1. 高度＜24m的公共建筑和住宅工程； 2. 跨度＜24m的厂房和仓储建筑工程； 3. 室外工程及简单的配套用房； 4. 高度＜70m的高耸构筑物
Ⅱ级	1. 24m≤高度＜50m的公共建筑工程； 2. 24m≤跨度＜36m的厂房和仓储建筑工程； 3. 高度≥24m的住宅工程； 4. 仿古建筑，一般标准的古建筑、保护性建筑以及地下建筑工程； 5. 装饰、装修工程； 6. 防护级别为四级及以下的人防工程； 7. 70m≤高度＜120m的高耸构筑物

等级	工程特征
Ⅲ级	1. 高度≥50m的公共建筑工程，或跨度≥36m的厂房和仓储建筑工程； 2. 高标准的古建筑、保护性建筑； 3. 防护级别为四级以上的人防工程： 4. 高度≥120m的高耸构筑物

7.2.2　市政公用、园林绿化工程

市政公用、园林绿化工程复杂程度表　　　　　表7.2-2

等级	工程特征
Ⅰ级	1. $DN<1.0m$的给排水地下管线工程； 2. 小区内燃气管道工程； 3. 小区供热管网工程，<2MW的小型换热站工程； 4. 小型垃圾中转站，简易堆肥工程
Ⅱ级	1. $DN≥1.0m$的给排水地下管线工程；<3m³/s的给水、污水泵站；<10万吨/日给水厂工程，<5万吨/日污水处理厂工程； 2. 城市中、低压燃气管网（站），<1000m³，液化气贮罐场（站）； 3. 锅炉房，城市供热管网工程，≥2MW换热站工程； 4. ≥100t/日的垃圾中转站，垃圾填埋工程； 5. 园林绿化工程
Ⅲ级	1. ≥3m³/s的给水、污水泵站，≥10万吨/日给水厂工程，≥5万吨/日污水处理厂工程； 2. 城市高压燃气管网（站），≥1000m³液化气贮罐场（站）： 3. 垃圾焚烧工程； 4. 海底排污管线．海水取排水、淡化及处理工程

7.2.3　广播电视、邮政、电信工程

广播电视、邮政、电信工程复杂程度表　　　　　表7.2-3

等级	工程特征
Ⅰ级	1. 广播电视中心设备（广播2套及以下，电视3套及以下）工程； 2. 中短波发射台（中波单机功率P<1kW，短波单机功率P<50kW）工程； 3. 电视、调频发射塔（台）设备（单机功率P<1kW）工程； 4. 广播电视收测台设备工程；三级邮件处理中心工艺工程

续表

等级	工程特征
Ⅱ级	1. 广播电视中心设备（广播3~5套，电视4~6套）工程； 2. 中短波发射台（中波单机功率lkW≤P＜20kW，短波单机功率50kW≤P＜150kW）工程； 3. 电视、调频发射塔（台）设备（中波单机功率lkW≤P＜10kW，塔高＜200m）工程； 4. 广播电视传输网络工程：二级邮件处理中心工艺工程； 5. 电声设备、演播厅、录（播）音馆、摄影棚设备工程； 6. 广播电视卫星地球站、微波站设备工程； 7. 电信工程
Ⅲ级	1. 广播电视中心设备（广播6套以上，电视7套以上）工程； 2. 中短波发射台设备（中波单机功率$P \geq 20kW$，短波单机功率$P \geq 150kW$）工程； 3. 电视、调频发射塔（台）设备（中波单机功率$P \geq 10kW$，塔高$\geq 200m$）工程； 4. 一级邮件处理中心工艺工程。

8 农业林业工程

8.1 农业林业工程范围

适用于农业、林业工程。

8.2 农业林业工程复杂程度

农业、林业工程复杂程度为Ⅱ级。

建设工程监理与相关服务的主要工作内容　　　附表1

服务阶段	主要工作内容	备注
勘察阶段	协助发包人编制勘察要求、选择勘察单位，核查勘察方案并监督实施和进行相应的控制，参与验收勘察成果	建设工程勘察、设计、施工、保修等阶段监理与相关服务的具体工作内容执行国家、行业有关规范、规定
设计阶段	协助发包人编制设计要求、选择设计单位，组织评选设计方案，对各设计单位进行协调管理，监督合同履行，审查设计进度计划并监督实施，核查设计大纲和设计深度、使用技术规范合理性，提出设计评估报告（包括各阶段设计的核查意见和优化建议），协助审核设计概算	
施工阶段	施工过程中的质量、进度、费用控制。安全生产监督管理、合同、信息等方面的协调管理	
保修阶段	检查和记录工程质量缺陷，对缺陷原因进行调查分析并确定责任归属，审核修复方案，监督修复过程并验收，审核修复费用	

施工监理服务收费基价表　　单位：万元　　附表2

序号	计费额	收费基价
1	500	16.5
2	1000	30.1
3	3000	78.1
4	5000	120.8
5	8000	181.0
6	10000	218.6
7	20000	393.4
8	40000	708.2
9	60000	991.4
10	80000	1255.8
11	100000	1507.0
12	200000	2712.5
13	400000	4882.6
14	600000	6835.6
15	800000	8658.4
16	1000000	10390.1

注：计费额大于l000000万元的，以计费额乘以l.039%的收费率计算改费基价，其他未包含的其收费由双方协商议定。

施工监理服务收费专业调整系数表　　附表3

工程类型	专业调整系数
1. 矿山采选工程	
黑色、有色、黄金、化学、非金属及其他矿采选工程	0.9
选煤及其他煤炭工程	1.0
矿井工程、铀矿采选工程	1.1
2. 加工冶炼工程	
冶炼工程	0.9
船舶水工工程	1.0
各类加工工程	1.0
核加工工程	1.2

续表

工程类型	专业调整系数
3. 石油化工工程	
石油工程	0.9
化工、石化、化纤、医药工程	1.0
核化工工程	1.2
4. 水利电力工程	
风力发电、其他水利工程	0.9
火电工程、送变电工程	1.0
核能、水电、水库工程	1.2
5. 交通运输工程	
机场道路、助航灯光工程	0.9
铁路、公路、城市道路、轻轨及机场空管工程	1.0
水运、地铁、桥梁、隧道、索道工程	1.1
6. 建筑市政工程	
园林绿化工程	0.8
建筑、人防、市政公用工程	1.0
邮电、电信、广播电视工程	1.0
7. 农业林业工程	
农业工程	0.9
林业工程	0.9

建设工程监理与相关服务人员人工日费用标准　　　附表4

建设工程监理与相关服务人员职级	工日费用标准（元）
一、高级专家	1000~1200
二、高级专业技术职称的监理与相关服务人员	800~1000
三、中级专业技术职称的监理与相关服务人员	600~800
四、初级及以下专业技术职称监理与相关服务人员	300~600

注：本表适用于提供短期服务的人工费标准。

工程承包资质标准*

一、资质分类

建筑业企业资质分为施工总承包、专业承包和施工劳务三个序列。其中施工总承包序列设有12个类别，一般分为4个等级（特级、一级、二级、三级）；专业承包序列设有36个类别，一般分为3个等级（一级、二级、三级）；施工劳务序列不分类别和等级。本标准包括建筑业企业资质各个序列、类别和等级的资质标准。

二、业务范围

（一）施工总承包工程应由取得相应施工总承包资质的企业承担。取得施工总承包资质的企业可以对所承接的施工总承包工程内各专业工程全部自行施工，也可以将专业工程依法进行分包。对设有资质的专业工程进行分包时，应分包给具有相应专业承包资质的企业。施工总承包企业将劳务作业分包时，应分包给具有施工劳务资质的企业。

（二）设有专业承包资质的专业工程单独发包时，应由取得相应专业承包资质的企业承担。取得专业承包资质的企业可以承接具有施工总承包资质的企业依法分包的专业工程或建设单位依法发包的专业工程。取得专业承包资质的企业应对所承接的专业工程全部自行组织施工，劳务作业可以分包，但应分包给具有施工劳务资质的企业。

（三）取得施工劳务资质的企业可以承接具有施工总承包资质或专业承包资质的企业分包的劳务作业。

（四）取得施工总承包资质的企业，可以从事资质证书许可范围内的相应工程总承包、工程项目管理等业务。

---

* 节选自《建筑业企业资质标准》（建市〔2014〕159号）。

三、各资质承包范围

1 建筑工程施工总承包资质分为特级、一级、二级、三级。承包工程范围：

1.1 一级资质可承担单项合同额3000万元以上的下列建筑工程的施工：

（1）高度200米以下的工业、民用建筑工程；

（2）高度240米以下的构筑物工程。

1.4.2 二级资质可承担下列建筑工程的施工：

（1）高度100米以下的工业、民用建筑工程；

（2）高度120米以下的构筑物工程；

（3）建筑面积4万平方米以下的单体工业、民用建筑工程；

（4）单跨跨度39米以下的建筑工程。

1.4.3 三级资质可承担下列建筑工程的施工：

（1）高度50米以下的工业、民用建筑工程；

（2）高度70米以下的构筑物工程；

（3）建筑面积1.2万平方米以下的单体工业、民用建筑工程；

（4）单跨跨度27米以下的建筑工程。

注：1. 建筑工程是指各类结构形式的民用建筑工程、工业建筑工程、构筑物工程以及相配套的道路、通信、管网管线等设施工程。工程内容包括地基与基础、主体结构、建筑屋面、装修装饰、建筑幕墙、附建人防工程以及给水排水及供暖、通风与空调、电气、消防、防雷等配套工程。

2. 建筑工程相关专业职称包括结构、给排水、暖通、电气等专业职称。

3. 单项合同额3000万元以下且超出建筑工程施工总承包二级资质承包工程范围的建筑工程的施工，应由建筑工程施工总承包一级资质企业承担。

2 公路工程施工总承包资质分为特级、一级、二级、三级。承包工程范围：

2.1 一级资质可承担各级公路及其桥梁，长度3000米以下的隧道工程的施工。

2.2 二级资质可承担一级以下公路，单座桥长1000米以下、单跨跨度150米以下的桥梁，长度1000米以下的隧道工程的施工。

2.3　三级资质可承担二级以下公路，单座桥长500米以下、单跨跨度50米以下的桥梁工程的施工。

注：公路工程相关专业职称包括公路工程、桥梁工程、公路与桥梁工程、交通土建、隧道（地下结构）工程、交通工程等专业职称。

3　铁路工程施工总承包资质分为特级、一级、二级、三级。承包工程范围：

3.1　一级资质

可承担新建、改建30公里以下Ⅰ级铁路工程施工，以及Ⅱ、Ⅲ、Ⅳ级铁路工程施工（不包括钢板梁桥和单跨大于64米的桥梁、全长3000米以上的隧道，以及铁路电务、电气化和铺轨架梁工程专业承包资质范围内的工程）。

3.2　二级资质

可承担新建、改建15公里以下Ⅰ级铁路工程、30公里以下Ⅱ、Ⅲ、Ⅳ级铁路工程施工（不包括钢桁梁、钢板梁桥及单跨大于32米的桥梁、全长1200米以上的隧道，以及铁路电务、电气化和铺轨架梁工程专业承包资质范围内的工程）。

3.3　三级资质可承担新建、改建15公里以下Ⅲ、Ⅳ级铁路综合工程的施工（不包括钢桁梁、钢板梁桥及单跨大于24米的桥梁、全长200米以上的隧道，以及铁路电务、电气化和铺轨架梁工程专业承包资质范围内的工程）。

注：铁道工程相关专业职称包括铁道工程、桥梁工程、隧道工程以及铁路线路、站场、路基、轨道等专业职称。

4　港口与航道工程施工总承包资质分为特级、一级、二级、三级。承包工程范围：

4.1　一级资质可承担各类港口与航道工程的施工，包括码头、防波堤、护岸、围堰、堆场道路和陆域构筑物、筒仓、船坞、船台、滑道、船闸、升船机、水下地基及基础、土石方、海上灯塔、航标、栈桥、人工岛及平台、海上风电、海岸与近海工程、港口装卸设备机电安装、通航建筑设备机电安装、河海航道整治与渠化工程、疏浚与吹填造地、水下开挖与清障、水下炸礁清礁等工程。

4.2 二级资质可承担下列港口与航道工程的施工，包括沿海5万吨级和内河5000吨级以下码头、水深小于7米的防波堤、5万吨级以下船坞船台和滑道工程、1000吨级以下船闸和300吨级以下升船机工程、沿海5万吨级和内河1000吨级以下航道工程、600万立方米以下疏浚工程或陆域吹填工程、沿海28万平方米或内河12万平方米以下堆场工程、1200米以下围堤护岸工程、6万立方米以下水下炸礁清礁工程，以及与其相对应的道路与陆域构筑物、筒仓、水下地基及基础、土石方、航标、栈桥、海岸与近海工程、港口装卸设备机电安装、通航建筑设备机电安装、水下开挖与清障等工程。

4.3 三级资质可承担下列港口与航道工程的施工，包括沿海1万吨级和内河3000吨级以下码头、水深小于4米的防波堤、1万吨级以下船坞船台和滑道工程、300吨级以下船闸和50吨级以下升船机工程、沿海2万吨级和内河500吨级以下航道工程、300万立方米以下疏浚工程或陆域吹填工程、沿海12万平方米或内河7万平方米以下港区堆场工程、800米以下围堤护岸工程、4万立方米以下水下炸礁清礁工程，以及与其相对应的道路与陆域构筑物、筒仓、水下地基及基础、土石方、航标、栈桥、海岸与近海工程、港口装卸设备安装、通航建筑设备安装、水下开挖与清障等工程。

5 水利水电工程施工总承包资质分为特级、一级、二级、三级。承包工程范围：

5.1 一级资质

可承担各类型水利水电工程的施工。

5.2 二级资质可承担工程规模中型以下水利水电工程和建筑物级别3级以下水工建筑物的施工，但下列工程规模限制在以下范围内：坝高70米以下、水电站总装机容量150MW以下、水工隧洞洞径小于8米（或断面积相等的其他形式）且长度小于1000米、堤防级别2级以下。

5.3 三级资质可承担单项合同额6000万元以下的下列水利水电工程的施工：小型以下水利水电工程和建筑物级别4级以下水工建筑物的施工总承包，但下列工程限制在以下范围内：坝高40米以下、水电站总装机容量20MW以下、泵站总装机容量800kW以下、水工隧洞洞径小于6米（或断面积相等的其他形式）且长度小于500米、堤防级别3级以下。

注：1．水利水电工程是指以防洪、灌溉、发电、供水、治涝、水环境治理等为目的的各类工程（包括配套与附属工程），主要工程内容包括：水工建筑物（坝、堤、水闸、溢洪道、水工隧洞、涵洞与涵管、取水建筑物、河道整治建筑物、渠系建筑物、通航、过木、过鱼建筑物、地基处理）建设、水电站建设、水泵站建设、水力机械安装、水工金属结构制造及安装、电气设备安装、自动化信息系统、环境保护工程建设、水土保持工程建设、土地整治工程建设，以及与防汛抗旱有关的道路、桥梁、通讯、水文、凿井等工程建设，与上述工程相关的管理用房附属工程建设等，详见《水利水电工程技术术语标准》SL26-2012。

2．水利水电工程等级按照《水利水电工程等级划分及洪水标准》SL252-2000确定。

3．水利水电工程相关专业职称包括水利水电工程建筑、水利工程施工、农田水利工程、水电站动力设备、电力系统及自动化、水力学及河流动力学、水文与水资源、工程地质及水文地质、水利机械等水利水电类相关专业职称。

6　电力工程施工总承包资质分为特级、一级、二级、三级。承包工程范围：

6.1　一级资质可承担各类发电工程、各种电压等级送电线路和变电站工程的施工。

6.2　二级资质可承担单机容量20万千瓦以下发电工程、220千伏以下送电线路和相同电等级变电站工程的施工。

6.3　三级资质

可承担单机容量10万千瓦以下发电工程、110千伏以下送电线路和相同电压等级变电站工程的施工。

注：1．电力工程是指与电能的生产、输送及分配有关的工程。包括火力发电、水力发电、核能发电、风电、太阳能及其他能源发电、输配电等工程及其配套工程。

2．电力工程相关专业职称包括热能动力工程、水能动力工程、核电工程、风电、太阳能其他能源工程、输配电及用电工程、电力系统及其自动化等专业职称。

7　矿山工程施工总承包资质分为特级、一级、二级、三级。承包工程范围：

7.1　一级资质可承担各类矿山工程的施工。

7.2　二级资质可承担下列矿山工程（不含矿山特殊法施工工程）的施工：

（1）120万吨/年以下铁矿采、选工程；

（2）120万吨/年以下有色砂矿或70万吨/年以下有色脉矿采、选工程；

（3）150万吨/年以下煤矿矿井工程（不含高瓦斯及（煤）岩与瓦斯（二氧化碳）突出矿井、水文地质条件复杂以上的矿井、立井井深大于600米的工程项目）或360万吨/年以下洗煤工程；

（4）70万吨/年以下磷矿、硫铁矿或36万吨/年以下铀矿工程；

（5）24万吨/年以下石膏矿、石英矿或80万吨/年以下石灰石矿等建材矿山工程。

7.3　三级资质可承担下列矿山工程（不含矿山特殊法施工工程）的施工：

（1）70万吨/年以下铁矿采、选工程；

（2）70万吨/年以下有色砂矿或36万吨/年以下有色脉矿采、选工程；

（3）60万吨/年以下煤矿矿井工程（不含高瓦斯及（煤）岩与瓦斯（二氧化碳）突出矿井、水文地质条件复杂以上的矿井、立井井深大于600米）或180万吨/年以下洗煤工程；

（4）36万吨/年以下磷矿、硫铁矿或24万吨/年以下铀矿工程；

（5）12万吨/年以下石膏矿、石英矿或48万吨/年以下石灰石矿等建材矿山工程。

注：1. 矿山工程包括矿井工程（井工开采）、露天矿工程、洗（选）矿工程、尾矿工程、井下机电设备安装及其他地面生产系统和矿区配套工程。其他地面生产系统是指转载点、原料仓（产品仓）、装车仓（站）以及相互连接的皮带输送机栈桥的土建及相对应的设备安装工程。矿区配套工程是指矿区内专用铁路工程、公路工程、送变电工程、通信工程、环保工程、绿化工程等。

2. 矿山工程相关专业职称包括矿建、结构、机电、地质、测量、通风安全等专业职称。

8 冶金工程施工总承包资质分为特级、一级、二级、三级。承包工程范围：

8.1 一级资质可承担各类冶金工程的施工。

8.2 二级资质可承担下列冶金工程的施工：

（1）年产120万吨以下炼钢或连铸工程；

（2）年产100万吨以下的轧钢工程；

（3）年产120万吨以下炼铁工程或烧结机使用面积240平方米以下烧结工程；

（4）年产120万吨以下炼焦工程；

（5）小时制氧12000立方米以下制氧工程；

（6）年产35万吨以下氧化铝加工工程；

（7）年产20万吨以下铝或12万吨以下铜、铅、锌或2.2万吨以下镍等有色金属冶炼、电解工程；

（8）年产6万吨以下有色金属加工工程或生产6000吨以下金属箔材工程；

（9）日产4000吨以下新型干法水泥生产线工程；

（10）日产6000吨以下新型干法水泥生产线预热器系统或水泥烧成系统工程；

（11）日熔量550吨以下浮法玻璃工程或年产150万吨以下水泥粉磨工程。

8.3 三级资质可承担下列冶金工程的施工：

（1）年产100万吨以下炼钢或连铸工程；

（2）年产80万吨以下轧钢工程；

（3）年产100万吨以下炼铁工程；

（4）年产100万吨以下炼焦工程；

（5）年产20万吨以下氧化铝加工工程；

（6）年产15万吨以下铝或8万吨以下铜、铅、锌或1.5万吨以下镍等有色金属冶炼、电解工程；

（7）年产4万吨以下有色金属加工工程或生产4000吨以下金属箔材工程；

（8）日产2500吨以下新型干法水泥生产线工程；

（9）日产3000吨以下新型干法水泥生产线预热器系统或水泥烧成系统工程；

（10）日熔量450吨以下浮法玻璃工程或年产80万吨以下水泥粉磨工程。

注：1．冶金工程包括冶金、有色、建材工业的主体工程、配套工程及生产辅助附属工程。

2．冶金工程相关专业职称包括冶金工程、金属冶炼、金属材料、焦化、耐火材料、采矿、选矿、机械、建筑材料、结构、电气、暖通、给排水、动力、测量等专业职称。

9　石油化工工程施工总承包资质分为特级、一级、二级、三级。承包工程范围：

9.1　一级资质可承担各类型石油化工工程的施工和检维修。

9.2　二级资质可承担大型以外的石油化工工程的施工，各类型石油化工工程的检维修。

9.3　三级资质可承担单项合同额3500万元以下、大中型以外的石油化工工程的施工，以及大型以外的石油化工工程的检维修。

注：1．石油化工工程是指油气田地面、油气储运（管道、储库等）、石油化工、化工、煤化工等主体工程，配套工程及生产辅助附属工程。

2．石油化工工程大、中型项目划分标准：大型石油化工工程是指：

（1）30万吨/年以上生产能力的油（气）田主体配套建设工程；

（2）50万立方米/日以上的气体处理工程；

（3）300万吨/年以上原油、成品油，80亿立方米/年以上输气等管道输送工程及配套建设工程；

（4）单罐10万立方米以上、总库容30万立方米以上的原油储库，单罐2万立方米以上、总库容8万立方米以上的成品油库，单罐5000立方米以上、总库容1.5万立方米以上的天然气储库，单罐400立方米以上、总库容2000立方米以上的液化气及轻烃储库，单罐3万立方米以上、总库容12万立方米以上的液化天然气储库，单罐5亿立方米以上的地下储气库，以及以上储库的配套建设工程；

（5）800万吨/年以上的炼油工程，或者与其配套的常减压、脱硫、催化、重整、制氢、加氢、气分、焦化等生产装置和相关公用工程、辅助设施；

（6）60万吨/年以上的乙烯工程，或者与其配套的对二甲苯（PX）、甲醇、精对苯二甲酸（PTA）、丁二烯、己内酰胺、乙二醇、苯乙烯、醋酸、醋酸乙烯、环氧乙烷/乙二醇（EO/EG）、丁辛醇、聚酯、聚乙烯、聚丙烯、ABS等生产装置和相关公用工程、辅助设施；

（7）30万吨/年以上的合成氨工程或相应的主生产装置；

（8）24万吨/年以上磷铵工程或相应的主生产装置；

（9）32万吨/年以上硫酸工程或相应的主生产装

（10）50万吨/年以上纯碱工程、10万吨/年以上置；烧碱工程或相应的主生产装置；

（11）4万吨/年以上合成橡胶、合成树脂及塑料和化纤工程或相应的主生产装置；

（12）项目投资额6亿元以上的有机原料、染料、中间体、农药、助剂、试剂等工程或相应的主生产装置；

（13）30万套/年以上的轮胎工程或相应的主生产装置；

（14）10亿标立方米/年以上煤气化、20亿立方米/年以上煤制天然气、60万吨/年以上煤制甲醇、100万吨/年以上煤制油、20万吨/年以上煤基烯烃等煤化工工程或相应的主生产装置。中型石油化工工程是指：大型石油化工工程规模以下的下列工程：

（1）10万吨/年以上生产能力的油（气）田主体配套建设工程；

（2）20万立方米/日以上气体处理工程；

（3）100万吨/年以上原油、成品油，20亿立方米/年及以上输气等管道输送工程及配套建设工程；

（4）单罐5万立方米以上、总库容10万立方米以上的原油储库，单罐5000立方米以上、总库容3万立方米以上的成品油库，单罐2000立方米以上、总库容1万立方米以上的天然气储库，单罐200立方米以上、总库容1000立方米以上的液化气及轻烃储库，单罐2万立方米以上、总库容6万立方米以上的液化天然气储库，单罐1亿立方米以上的地下储气库，以及以上储库的配套建设工程；

（5）500万吨/年以上的炼油工程，或者与其配套的常减压、脱硫、催化、重整、制氢、加氢、气分、焦化等生产装置和相关公用工程、辅助设施；

（6）30万吨/年以上的乙烯工程，或者与其配套的对二甲苯（PX）、甲醇、精对苯二酸（PTA）、丁二烯、己内酰胺、乙二醇、苯乙烯、醋酸、醋酸乙烯、环氧乙烷/乙二醇（EO/EG）、丁辛醇、聚酯、聚乙烯、聚丙烯、ABS等生产装置和相关公用工程、辅助设施；

（7）15万吨/年以上的合成氨工程或相应的主生产装置；

（8）12万吨/年以上磷铵工程或相应的主生产装置；

（9）16万吨/年以上硫酸工程或相应的主生产装置；

（10）30万吨/年以上纯碱工程、5万吨/年以上烧碱工程或相应的主生产装置；

（11）2万吨/年以上合成橡胶、合成树脂及塑料和化纤工程或相应的主生产装置；

（12）项目投资额2亿元以上的有机原料、染料、中间体、农药、助剂、试剂等工程或相应的主生产装置；

（13）20万套/年以上的轮胎工程或相应的主生产装置；

（14）4亿标立方米/年以上煤气化、5亿立方米/年以上煤制天然气、20万吨/年以上煤制甲醇、16万吨/年以上煤制油、10万吨/年以上煤基烯烃等煤化工工程或相应的主生产装置。

10 市政公用工程施工总承包资质分为特级、一级、二级、三级。承包工程范围：

10.1 一级资质可承担各类市政公用工程的施工。

10.2 二级资质可承担下列市政公用工程的施工：

（1）各类城市道路；单跨45米以下的城市桥梁；

（2）15万吨/日以下的供水工程；10万吨/日以下的污水处理工程；25万吨/日以下的给水泵站、15万吨/日以下的污水泵站、雨水泵站；各类给排水及中水管道工程；

（3）中压以下燃气管道、调压站；供热面积150万平方米以下热力工程和各类热力管道工程；

（4）各类城市生活垃圾处理工程；

（5）断面25平方米以下隧道工程和地下交通工程；

（6）各类城市广场、地面停车场硬质铺装；

（7）单项合同额4000万元以下的市政综合工程。

10.3 三级资质可承担下列市政公用工程的施工：

（1）城市道路工程（不含快速路）；单跨25米以下的城市桥梁工程；

（2）8万吨/日以下的给水厂；6万吨/日以下的污水处理工程；10万吨/日以下的给水泵站、10万吨/日以下的污水泵站、雨水泵站，直径1米以下供水管道；直径1.5米以下污水及中水管道；

（3）2公斤/平方厘米以下中压、低压燃气管道、调压站；供热面积50万平方米以下热力工程，直径0.2米以下热力管道；

（4）单项合同额2500万元以下的城市生活垃圾处理工程；

（5）单项合同额2000万元以下地下交通工程（不包括轨道交通工程）；

（6）5000平方米以下城市广场、地面停车场硬质铺装；

（7）单项合同额2500万元以下的市政综合工程。

注：1. 市政公用工程包括给水工程、排水工程、燃气工程、热力工程、道路工程、桥梁工程、城市隧道工程（含城市规划区内的穿山过江隧道、地铁隧道、地下交通工程、地下过街通道）、公共交通工程、轨道交通工程、环境卫生工程、照明工程、绿化工程。

2. 市政综合工程指包括城市道路和桥梁、供水、排水、中水、燃气、热力、电力、通信、照明等中的任意两类以上的工程。

3. 市政工程相关专业职称包括道路与桥梁、给排水、结构、机电、燃气等专业职称。

11　通信工程施工总承包资质分为一级、二级、三级。承包工程范围：

11.1　一级资质可承担各类通信、信息网络工程的施工。

11.2　二级资质可承担工程投资额2000万元以下的各类通信、信息网络工程的施工。

11.3　三级资质可承担工程投资额500万元以下的各类通信、信息网络工程的施工。

注：1. 通信工程相关专业职称包括通信工程、有线通信、无线通信、电话交换、移动通信、卫星通信、数据通信、光纤通信、计算机通信、计算机、电子信息、软件、电子工程、信息工程、网络工程、自动化、信号、计算机应用、数据及多媒体、电磁场与微波技术等专业。

2. 技术工人包括线务员、机务员、电工、焊接工等特种作业人员，以及具有计算机等级证书的工人。

12 机电工程施工总承包资质分为一级、二级、三级。承包工程范围：

12.1 一级资质可承担各类机电工程的施工。

12.2 二级资质可承担单项合同额3000万元以下的机电工程的施工。

12.3 三级资质可承担单项合同额1500万元以下的机电工程的施工。

注：1．机电工程是指未列入港口与航道、水利水电、电力、矿山、冶金、石油化工、通信工程的机械、电子、轻工、纺织、航天航空、船舶、兵器等其他工业工程的机电安装工程。

2．机电工程相关专业职称包括暖通、给排水、电气、机械设备、焊接、自动化控制等专业职称。

13 地基基础工程专业承包资质分为一级、二级、三级。承包工程范围：

13.1 一级资质可承担各类地基基础工程的施工。

13.2 二级资质可承担下列工程的施工：

（1）高度100米以下工业、民用建筑工程和高度120米以下构筑物的地基基础工程；

（2）深度不超过24米的刚性桩复合地基处理和深度不超过10米的其他地基处理工程；

（3）单桩承受设计荷载5000千牛以下的桩基础工程；

（4）开挖深度不超过15米的基坑围护工程。

13.3 三级资质可承担下列工程的施工：

（1）高度50米以下工业、民用建筑工程和高度70米以下构筑物的地基基础工程；

（2）深度不超过18米的刚性桩复合地基处理或深度不超过8米的其他地基处理工程；

（3）单桩承受设计荷载3000千牛以下的桩基础工程；

（4）开挖深度不超过12米的基坑围护工程。

14 起重设备安装工程专业承包资质分为一级、二级、三级。承包工程范围：

14.1 一级资质可承担塔式起重机、各类施工升降机和门式起重机的安装与拆卸。

14.2　二级资质可承担3150千牛·米以下塔式起重机、各类施工升降机和门式起重机的安装与拆卸。

14.3　三级资质可承担800千牛·米以下塔式起重机、各类施工升降机和门式起重机的安装与拆卸。

15　预拌混凝土专业承包承包资质不分等级。承包工程范围：
可生产各种强度等级的混凝土和特种混凝土。

16　电子与智能化工程专业承包承包资质分为一级、二级。承包工程范围：

16.1　一级资质可承担各类型电子工程、建筑智能化工程施工。

16.2　二级资质可承担单项合同额2500万元以下的电子工业制造设备安装工程和电子工业环境工程单项合同额1500万元以下的电子系统工程和建筑智能化工程施工。

注：1．电子工业制造设备安装工程指：电子整机产品、电子基础产品、电子材料及其他电子产品制造设备的安装工程。

2．电子工业环境工程指：电子整机产品、电子基础产品、电子材料及其他电子产品制造所需配备的洁净、防微振、微波暗室、电磁兼容、防静电、纯水系统、废水废气处理系统、大宗气体纯化系统、特种气体系统、化学品配送系统等工程。

3．电子系统工程指：雷达、导航及天线系统工程；计算机网络工程；信息综合业务网络工程；监控系统工程；自动化控制系统；安全技术防范系统；智能化系统工程；应急指挥系统；射频识别应用系统；智能卡系统；收费系统；电子声像工程；数据中心、电子机房工程；其他电子系统工程。

4．建筑智能化工程指：智能化集成系统及信息化应用系统；建筑设备管理系统；安全技术防范系统；智能卡应用系统；通信系统；卫星接收及有线电视系统；停车场管理系统；综合布线系统；计算机网络系统；广播系统；会议系统；信息导引及发布系统；智能小区管理系统；视频会议系统；大屏幕显示系统；智能灯光、音响控制及舞台设施系统；火灾报警系统；机房工程等相关系统。

5．电子与智能化工程相关专业职称包括计算机、电子、通信、自动化、电气等专业职称。

17　消防设施工程专业承包资质分为一级、二级。承包工程范围：

17.1　一级资质可承担各类型消防设施工程的施工。

17.2　二级资质可承担单体建筑面积5万平方米以下的下列消防设施工程的施工：

（1）一类高层民用建筑以外的民用建筑；

（2）火灾危险性丙类以下的厂房、仓库、储罐、堆场。

注：民用建筑的分类，厂房、仓库、储罐、堆场火灾危险性的划分，依据《建筑设计防火规范》GB50016-2014确定。

18　防水防腐保温工程专业承包资质分为一级、二级。承包工程范围：

18.1　一级资质可承担各类建筑防水、防腐保温工程的施工。

18.2　二级资质可承担单项合同额300万元以下建筑防水工程的施工，单项合同额600万元以下的各类防腐保温工程的施工。

19　桥梁工程专业承包资质分为一级、二级、三级。承包工程范围：

19.1　一级资质可承担各类桥梁工程的施工。

19.2　二级资质可承担单跨150米以下、单座桥梁总长1000米以下桥梁工程的施工。

19.3　三级资质可承担单跨50米以下、单座桥梁总长120米以下桥梁工程的施工。

20　隧道工程专业承包资质分为一级、二级、三级。承包工程范围

20.1　一级资质可承担各类隧道工程的施工。

20.2　二级资质可承担断面60平方米以下且单洞长度1000米以下的隧道工程施工。

20.3　三级资质可承担断面40平方米以下且单洞长度500米以下的隧道工

程施工。

21 钢结构工程专业承包资质分为一级、二级、三级。承包工程范围：

21.1 一级资质可承担下列钢结构工程的施工：

（1）钢结构高度60米以上；

（2）钢结构单跨跨度30米以上；

（3）网壳、网架结构短边边跨跨度50米以上；

（4）单体钢结构工程钢结构总重量4000吨以上；

（5）单体建筑面积30000平方米以上。

21.2 二级资质可承担下列钢结构工程的施工：

（1）钢结构高度100米以下；

（2）钢结构单跨跨度36米以下；

（3）网壳、网架结构短边边跨跨度75米以下；

（4）单体钢结构工程钢结构总重量6000吨以下；

（5）单体建筑面积35000平方米以下。

21.3 三级资质可承担下列钢结构工程的施工：

（1）钢结构高度60米以下；

（2）钢结构单跨跨度30米以下；

（3）网壳、网架结构短边边跨跨度33米以下；

（4）单体钢结构工程钢结构总重量3000吨以下；

（5）单体建筑面积15000平方米以下。

注：钢结构工程是指建筑物或构筑物的主体承重梁、柱等均使用以钢为主要材料，并工厂制作、现场安装的方式完成的建筑工程。

22 模板脚手架专业承包资质不分等级。承包工程范围：
可承担各类模板、脚手架工程的设计、制作、安装、施工。

23 建筑装修装饰工程专业承包资质分为一级、二级。承包工程范围：

23.1 一级资质

可承担各类建筑装修装饰工程，以及与装修工程直接配套的其他工程的施工。

23.2   二级资质

可承担单项合同额2000万元以下的建筑装修装饰工程，以及与装修工程直接配套的其他工程的施工。

注：1．与装修工程直接配套的其他工程是指在不改变主体结构的前提下的水、暖、电及非承重墙的改造。2．建筑美术设计职称包括建筑学、环境艺术、室内设计、装潢设计、舞美设计、工业设计、雕塑等专业职称。

24   建筑机电安装工程专业承包资质分为一级、二级、三级。承包工程范围：

24.1   一级资质可承担各类建筑工程项目的设备、线路、管道的安装，35千伏以下变配电站工程，非标准钢结构件的制作、安装。

24.2   二级资质可承担单项合同额2000万元以下的各类建筑工程项目的设备、线路、管道的安装，10千伏以下变配电站工程，非标准钢结构件的制作、安装。

24.3   三级资质可承担单项合同额1000万元以下的各类建筑工程项目的设备、线路、管道的安装，非标准钢结构件的制作、安装。

25   建筑幕墙工程专业承包资质分为一级、二级。承包工程范围：

25.1   一级资质可承担各类型的建筑幕墙工程的施工。

25.2   二级资质可承担单体建筑工程幕墙面积8000平方米以下建筑幕墙工程的施工。

26 古建筑工程专业承包资质分为一级、二级、三级。承包工程范围：

26.1   一级资质可承担各类仿古建筑、古建筑修缮工程的施工。

26.2   二级资质可承担建筑面积800平方米以下的单体仿古建筑工程，国家级200平方米以下重点文物保护单位的古建筑修缮工程的施工。

26.3   三级资质可承担建筑面积400平方米以下的单体仿古建筑工程，省级100平方米以下重点文物保护单位的古建筑修缮工程的施工。

注：1．仿古建筑工程是指以传统结构为主（木结构、砖石结构）利用传

统建筑材料（砖、木、石、土、瓦等）建造的房屋建筑工程、构筑物（含亭、台、塔等）工程，以及部分利用传统建筑材料建造的建筑工程。

2. 古建筑修缮工程是指利用传统建筑材料和现代建筑材料，在特定范围内对古建筑的复原、加固及修补工程。

27 城市及道路照明工程专业承包资质分为一级、二级、三级。承包工程范围：

27.1 一级资质可承担各类城市与道路照明工程的施工。

27.2 二级资质可承担单项合同额不超过1200万元的城市与道路照明工程的施工。

27.3 三级资质可承担单项合同额不超过600万元的城市与道路照明工程的施工。

28 公路路面工程专业承包资质分为一级、二级、三级。承包工程范围：

28.1 一级资质

可承担各级公路路面工程的施工。

28.2 二级资质

可承担一级以下公路路面工程的施工。

28.3 三级资质

可承担二级以下公路路面工程的施工。

29 公路路基工程专业承包资质分为一级、二级、三级。承包工程范围：

29.1 一级资质

可承担各级公路的路基、中小桥涵、防护及排水、软基处理工程的施工。

29.2 二级资质

可承担一级标准以下公路的路基、中小桥涵、防护及排水、软基处理工程的施工。

29.3 三级资质

可承担二级标准以下公路的路基、中小桥涵、防护及排水、软基处理工程的施工。

30   公路交通工程专业承包资质分为公路安全设施和公路机电工程2个分项，每个分项分为一级、二级。承包工程范围：

30.1   一级资质（公路安全设施分项）

可承担各级公路标志、标线、护栏、隔离栅、防眩板等公路安全设施工程的施工及安装。

30.2   二级资质（公路安全设施分项）

可承担一级以下公路标志、标线、护栏、隔离栅、防眩板等公路安全设施工程的施工及安装。

30.3   一级资质（公路机电工程分项）

可承担各级公路通信、监控、收费、干线传输系统、移动通信系统、光（电）缆敷设工程、紧急电话系统、交通信息采集系统、信息发布系统、中央控制系统、供配电、照明、智能交通管理等机电系统及配套工程系统的施工及安装；公路桥梁及隧道工程健康监测、通风、通信管道等机电系统及配套设备的施工及安装。

30.4   二级资质（公路机电工程分项）

可承担一级以下公路通信、监控、收费、干线传输系统、移动通信系统、光（电）缆敷设工程、紧急电话系统、交通信息采集系统、信息发布系统、中央控制系统、供配电、照明、智能交通管理等机电系统及配套工程系统的施工及安装。

31   铁路电务工程专业承包资质分为一级、二级、三级。承包工程范围：

31.1   一级资质

可承担各类铁路通信、信号及电力工程施工。

31.2   二级资质

可承担100公里以下Ⅰ、Ⅱ、Ⅲ、Ⅳ级铁路通信、信号及电力工程施工。

31.3   三级资质

可承担50公里以下Ⅱ、Ⅲ、Ⅳ级铁路通信、信号及电力工程施工。

32   铁路铺轨架梁工程专业承包资质分为一级、二级。承包工程范围：

32.1   一级资质

可承担各类大中型铁路铺轨架梁工程施工。

32.2 二级资质

可承担50公里以下Ⅰ级铁路、100公里以下既有线改造以及Ⅱ、Ⅲ、Ⅳ级铁路铺轨架梁工程施工。

33 铁路电气化工程专业承包资质分为一级、二级、三级。承包工程范围：

33.1 一级资质

可承担各类铁路电气化工程的施工。

33.2 二级资质

可承担100公里以下Ⅰ级铁路和Ⅱ、Ⅲ、Ⅳ级铁路电气化工程施工。

33.3 三级资质

可承担铁路站线改造和50公里以下Ⅱ、Ⅲ、Ⅳ级铁路电气化工程施工。

34 机场场道工程专业承包资质分为一级、二级。承包工程范围：

34.1 一级资质

可承担各类机场场道工程的施工。

34.2 二级资质

可承担飞行区指标为4E以上，单项合同额在2000万以下技术不复杂的飞行区场道工程的施工；或飞行区指标为4D，单项合同额在4000万以下的飞行区场道工程的施工；或飞行区指标为4C以下，单项合同额在6000万以下的飞行区场道工程的施工；各类场道维修工程。

注：1. 机场场道工程包括飞行区土石方、地基处理、基础、道面、排水、桥梁、涵隧、消防管网、管沟（廊）、服务车道、巡场路、围界、场道维修等飞行区相关工程及其附属配套工程。

2. 机场场道工程相关专业职称包括机场工程、场道（或道路）、桥隧、岩土、排水、测量、检测等专业职称。

35 民航空管工程及机场弱电系统工程专业承包资质分为一级、二级。承包工程范围：

35.1　一级资质

可承担各类民航空管工程和机场弱电系统工程的施工。

35.2　二级资质

可承担单项合同额2000万元以下的民航空管工程和单项合同额2500万元以下的机场弱电系统工程的施工。

注：1．民航空管工程包括：区域、终端区（进近）、塔台等管制中心；空管自动化、地空通信、自动转报、卫星地面站、机场有线通信、移动通信等通信系统；雷达、自动相关监视、仪表着陆系统、航线导航台等导航系统；航行情报系统；常规气象观测系统、自动气象观测系统、气象雷达、气象网络、卫星云图接收等航空气象工程、空管设施防雷工程、供配电工程等。机场弱电系统工程包括：航站楼弱电系统和飞行区、货运区及生产办公区域弱电系统。其中，航站楼弱电系统包括：

（1）信息集成系统：包括机场运营数据库，地面运行信息系统，资源管理系统，运营监控管理系统（或生产指挥调度系统），信息查询系统以及集成信息转发系统（含信息集成平台，消息中间件，中央智能消息管理系统等）等；

（2）航班信息显示系统；

（3）离港控制系统；

（4）泊位引导系统；

（5）安检信息管理系统；

（6）标识引导系统；

（7）行李处理系统；

（8）安全检查系统；

（9）值机引导系统；

（10）登机门显示系统；

（11）旅客问讯系统；

（12）网络交换系统；

（13）公共广播系统；

（14）安全防范系统（含闭路电视监控系统，门禁管理系统，电子巡更系统和报警系统）；

（15）主时钟系统；

（16）内部通信系统；

（17）呼叫中心（含电话自动问讯系统）；

（18）综合布线系统；

（19）楼宇自控系统；

（20）消防监控系统；

（21）不间断供电电源系统；

（22）机房及功能中心；

（23）无线通信室内覆盖系统；

（24）视频监控系统。

2．民航空管工程及机场弱电系统工程相关专业职称包括机场工程、电子、电气、通信、计算机、自动控制等专业职称。

36　机场目视助航工程专业承包资质分为一级、二级。承包工程范围：

36.1　一级资质

可承担各类机场目视助航工程的施工。

36.2　二级资质

可承担飞行区指标为4E以上，单项合同额500万元以下的目视助航工程；或飞行区指标为4D以下的目视助航工程的施工。

注：1．机场目视助航工程包括：进近灯光系统，目视坡度指示系统，跑道、滑行道、站坪灯光系统，机场灯标等助航灯光系统，标记牌、道面标志、标志物、泊位引导系统等，助航灯光监控系统，助航灯光变电站、飞行区供电工程以及目视助航辅助设施等。

2．机场目视助航工程相关专业职称包括机场工程、电力、电气、自动控制、计算机等专业职称。

37　港口与海岸工程专业承包资质分为一级、二级、三级。承包工程范围：

37.1　一级资质

可承担各类港口与海岸工程的施工，包括码头、防波堤、护岸、围堰、堆场道路及陆域构筑物、筒仓、船坞、船台、滑道、水下地基及基础、土石方、海上灯塔、航标与警戒标志、栈桥、人工岛及平台、海上风电、海岸与近海等工程。

37.2 二级资质

可承担下列港口与海岸工程的施工，包括沿海5万吨级及内河5000吨级以下码头、水深小于7米的防波堤、5万吨级以下船坞船台及滑道工程、1200米以下围堤护岸工程，以及相应的堆场道路及陆域构筑物、筒仓、水下地基及基础、土石方、海上灯塔、航标与警戒标志、栈桥、人工岛及平台、海岸与近海等工程。

37.3 三级资质

可承担下列港口与海岸工程的施工，包括沿海1万吨级及内河3000吨级以下码头、水深小于4米的防波堤、1万吨级以下船坞船台及滑道工程、800米以下围堤护岸工程，以及相应的堆场道路及陆域构筑物、水下地基及基础、土石方、航标与警戒标志、栈桥、海岸与近海等工程。

38 航道工程专业承包资质分为一级、二级、三级。承包工程范围：

38.1 一级资质

可承担各类航道工程的施工，包括河海湖航道整治（含堤、坝、护岸）、测量、航标与渠化工程，疏浚与吹填造地（含围堰），水下清障、开挖、清淤、炸礁清礁等工程。

38.2 二级资质

可承担沿海5万吨级和内河1000吨级以下航道工程、600万立方米以下疏浚工程或陆域吹填工程、6万立方米以下水下炸礁清礁工程，以及相应的测量、航标与渠化工程、水下清障、开挖、清淤等工程的施工。

38.3 三级资质

可承担沿海2万吨级和内河500吨级以下航道工程、300万立方米以下疏浚工程或陆域吹填工程、4万立方米以下水下炸礁清礁工程，以及相应的测量、航标与渠化工程、水下清障、开挖、清淤等工程的施工。

39 通航建筑物工程专业承包资质分为一级、二级、三级。承包工程范围：

39.1 一级资质

可承担各类船闸、升船机等通航建筑物工程的施工。

39.2　二级资质

可承担1000吨级以下船闸或300吨级以下升船机等通航建筑物工程的施工。

39.3　三级资质

可承担300吨级以下船闸或50吨级以下升船机等通航建筑物工程的施工。

40　港航设备安装及水上交管工程专业承包资质分为一级、二级。承包工程范围：

40.1　一级资质

可承担各类港口装卸设备安装及配套工程的施工，各类船闸、升船机、航电枢纽设备安装工程的施工，各类水上交通管制工程的施工。

40.2　二级资质

可承担沿海5万吨级和内河5000吨级以下散货（含油、气）、杂货和集装箱码头成套装卸设备安装工程，1000吨级以下船闸或300吨级以下升船机设备安装工程施工，单项合同额1000万元以下的各类水上交通管制工程的施工。

注：水上交通管制工程包括水上船舶交通管理系统工程（VTS系统）、船舶自动识别系统工程（AIS系统）、水上视频监控系统工程（CCTV系统）、海上通信导航工程（海岸电台、甚高频电台、海事卫星通信、海上遇险与安全系统等）、内河通信导航工程（长途干线、江岸电台、甚高频电台等）等。

41　水工金属结构制作与安装工程专业承包资质分为一级、二级、三级。承包工程范围：

41.1　一级资质

可承担各类压力钢管、闸门、拦污栅等水工金属结构工程的制作、安装及启闭机的安装。

41.2　二级资质

可承担大型以下压力钢管、闸门、拦污栅等水工金属结构工程的制作、安装及启闭机的安装。

41.3　三级资质

可承担中型以下压力钢管、闸门、拦污栅等水工金属结构工程的制作、安装及启闭机的安装。

注：1．闸门、拦污栅FH＝叶面积×水头。

2．压力钢管DH＝钢管直径×水头。

42　水利水电机电安装工程专业承包资质分为一级、二级、三级。承包工程范围：

42.1　一级资质

可承担各类水电站、泵站主机（各类水轮发电机组、水泵机组）及其附属设备和水电（泵）站电气设备的安装工程。

42.2　二级资质

可承担单机容量100MW以下的水电站、单机容量1000kW以下的泵站主机及其附属设备和水电（泵）站电气设备的安装工程。

42.3　三级资质

可承担单机容量25MW以下的水电站、单机容量500kW以下的泵站主机及其附属设备和水电（泵）站电气设备的安装工程。

43　河湖整治工程专业承包资质分为一级、二级、三级。承包工程范围：

43.1　一级资质

可承担各类河道、水库、湖泊以及沿海相应工程的河势控导、险工处理、疏浚与吹填、清淤、填塘固基工程的施工。

43.2　二级资质

可承担堤防工程级别2级以下堤防相应的河道、湖泊的河势控导、险工处理、疏浚与吹填、填塘固基工程的施工。

43.3　三级资质

可承担堤防工程级别3级以下堤防相应的河湖疏浚整治工程及吹填工程的施工。

44　输变电工程专业承包资质分为一级、二级、三级。承包工程范围：

44.1　一级资质

可承担各种电压等级的送电线路和变电站工程的施工。

44.2 二级资质

可承担220千伏以下电压等级的送电线路和变电站工程的施工。

44.3 三级资质

可承担110千伏以下电压等级的送电线路和变电站工程的施工。

45 核工程专业承包资质分为一级、二级。承包工程范围：

45.1 一级资质

可承担各类核反应堆、放射性化工、核燃料元件、核同位素分离、铀冶金、核废料处理、核电站检修和维修以及铀矿山工程的施工。

45.2 二级资质

可承担合同额6000万以下的放射性化工、核燃料元件、核同位素分离、铀冶金、核废料处理、核电站检修和维修以及铀矿山工程的施工。

46 海洋石油工程专业承包资质分为一、二级。承包工程范围：

46.1 一级资质

可承担各类型海洋石油工程和其他海洋工程的施工、维修、改造等。

46.2 二级资质

可承担项目投资额8亿元以下海洋油气开发工程或3亿元以下海底管道工程，以及其他海洋工程的施工、维修、改造等。

注：海洋石油工程大中型项目划分标准对照表

建设项目	单位大型	中型	备注
海洋海洋油气	亿元≥8	8~4	项目投资额
石油开发工程	亿元≥8	8~4	项目投资额
工程海底管道工程	亿元≥3	3~1	项目投资额

47 环保工程专业承包资质分为一级、二级、三级。承包工程范围：

47.1 一级资质

可承担各类环保工程的施工。

47.2 二级资质

可承担污染修复工程、生活垃圾处理处置工程大型以下及其他中型以下环保工程的施工。

47.3　三级资质

可承担污染修复工程、生活垃圾处理处置工程中型以下及其他小型环保工程的施工。

注：环保工程主要指水污染防治工程、大气污染防治工程、固体废物处理处置工程、物理污染防治工程和污染修复工程等，其中：水污染防治工程包括工业废水防治工程、城镇污水污染防治工程（不含市政管网、泵站以及厂内办公楼等公共建筑物）、污废水回用工程及医院、畜禽养殖业、垃圾渗滤液等特种行业废水污染防治工程；大气污染防治工程包括烟尘、粉尘、气态及气溶胶、室内空气等污染防治工程；固体废物处理处置工程包括生活垃圾（不含办公楼等公共建筑物）、一般工业固体废物、危险固体废物及其他固体废物处理处置工程；物理污染防治工程包括交通噪声、建筑施工噪声、工业噪声、室内噪声、电磁及振动等污染防治工程；污染修复工程包括污染本体、污染土壤、矿山及其他生态修复或恢复工程。

48　特种工程专业承包资质不分等级。承包工程范围：

可承担相应特种专业工程的施工。

注：特种工程是指未单独设立的特殊专业工程，如：建筑物纠偏和平移、结构补强、特殊设备起重吊装、特种防雷等工程。

49　施工劳务序列资质标准不分类别和等级。承包业务范围：

可承担各类施工劳务作业。

国家重大建设项目档案目录及保存时限*

附表1

序号	归档文件	保管期限		
		建设单位	施工单位	设计单位
1	**可行性研究、任务书**			
1.1	项目建议书及报批文件	永久		长期
1.2	项目选址意见书及其报批文件	永久		长期
1.3	可行性研究报告及其评估、报批文件	永久		长期
1.4	项目评估（包括借贷承诺评估）、论证文件	永久		长期
1.5	环境预测、调查报告，环境影响报告书和批复	永久		长期
1.6	设计任务书、计划任务书及其报批文件	永久		永久
2	**设计基础文件**			
2.1	工程地质、水文地质、勘察报告，地质图，勘察记录，化验，试验报告，重要土、岩样及说明	永久		永久
2.2	地形、地貌、控制点、建筑物、构筑物及重要设备安装测量定位、观测记录	永久		长期
2.3	水文、气象、地震等其他设计基础资料	永久		长期
3	**设计文件**			
3.1	总体规划设计	永久		永久
3.2	方案设计	永久		永久
3.3	初步设计及其报批文件	永久		永久

---

* 节选自《国家重大建设项目文件归档要求与档案整理规范》（DA/T28—2002）。

续表

序号	归档文件	保管期限		
		建设单位	施工单位	设计单位
3.4	技术设计	永久		永久
3.5	施工图设计	长期		永久
3.6	技术秘密材料、专利文件			永久
3.7	工程设计计算书	长期		长期
3.8	关键技术试验	永久		永久
3.9	设计评价、鉴定及审批	永久		永久
4	**项目管理文件**			
4.1	征地、移民文件			
4.1.1	征用土地申请、批准文件、红线图、坐标图、行政区域图	永久		
4.1.2	征地移民拆迁、安置、补偿批准文件、协议书	永久		
4.1.3	建设前原始地形、地貌的状况图、照片	永久		
4.1.4	施工执照	永久		
4.2	计划、投资、统计、管理文件			
4.2.1	有关投资、进度、物资、工程量的建议计划、实施计划和调整计划	长期		
4.2.2	概算、预算管理、差价管理文件	长期		
4.2.3	合同变更、索赔等涉及法律事务的文件	长期		
4.2.4	规程、规范、标准、规划、方案、规定等文件	长期		
4.2.5	招标文件审查、技术设计审查、技术协议	长期		
4.2.6	投资、进度、质量、安全、合同控制文件	长期		
4.3	招标投标、承发包合同协议			
4.3.1	招标书、招标修改文件、招标补遗及答疑文件	长期	长期	长期
4.3.2	投标书、资质材料、履约类保函、委托授权书和投标澄清文件、修正文件	永久	永久	长期
4.3.3	开标议程，开标大会签字表，报价表，评标纪律，评标人员签字表，评标记录、报告	长期		

续表

序号	归档文件	保管期限		
		建设单位	施工单位	设计单位
4.3.4	中标通知书	长期	长期	长期
4.3.5	合同谈判纪要、合同审查文件、合同书、合同变更文件	永久	长期	长期
4.4	专项申请、批复文件			
4.4.1	环境保护、劳动安全、卫生、消防、人防、规划等文件	永久		
4.4.2	水、暖、电、煤气、通信、排水等配套协议文件	长期		
4.4.3	原料、材料、燃料供应等来源协议文件	长期		
5	施工文件			
5.1	建筑施工文件			
5.1.1	开工报告、工程技术要求、技术交底、图纸会审纪要	长期	长期	
5.1.2	施工组织设计、方案及报批文件，施工计划、施工技术及安全措施，施工工艺文件	长期	长期	
5.1.3	原材料及构件出厂证明、质量鉴定、复验单	长期	长期	
5.1.4	建筑材料试验报告	长期	长期	
5.1.5	设计变更通知、工程更改洽商单、材料代用核定审批手续、技术核定单、业务联系单、备忘录等	永久	长期	
5.1.6	施工定位（水准点、导线点、基准线、控制点等）测量、复核记录、地质勘探	永久	长期	
5.1.7	土（岩）试验报告、基础处理、基础工程施工图、桩基工程记录、地基验槽记录	永久	长期	
5.1.8	施工日记、大事记		长期	
5.1.9	隐蔽工程验收记录	永久	长期	
5.1.10	各类工程记录及测试、沉降、位移、变形监测记录，事故处理报告	永久	长期	
5.1.11	工程质量检查、评定	永久	长期	
5.1.12	技术总结，施工预、决算		长期	

续表

序号	归档文件	保管期限		
		建设单位	施工单位	设计单位
5.1.13	交工验收记录证明	永久	长期	
5.1.14	竣工报告、竣工验收报告	永久	永久	
5.1.15	竣工图	永久	长期	
5.1.16	声像材料	长期	长期	
5.2	设备及管线安装施工文件			
5.2.1	开工报告、工程技术要求、技术交底、图纸会审纪要	长期	长期	
5.2.2	施工组织设计、方案及其报批文件、施工计划、技术措施文件	长期	长期	
5.2.3	原材料及构件出厂证明、质量鉴定、复验单	长期	长期	
5.2.4	建筑材料试验报告	长期	长期	
5.2.5	设计变更通知、工程更改洽商单，材料、零部件、设备代用审批手续，技术核定单、业务联系单、备忘录等	永久	长期	
5.2.6	焊接试验记录、报告，施工检验、探伤记录	永久	长期	
5.2.7	隐蔽工程检查验收记录	永久	长期	
5.2.8	强度、密闭性试验报告	长期	长期	
5.2.9	设备、网络调试记录	长期	长期	
5.2.10	施工安装记录，安装质量检查、评定，事故处理报告	长期	长期	
5.2.11	系统调试、试验记录	长期	长期	
5.2.12	管线清洗、试压、通水、通气、消毒等记录	短期	长期	
5.2.13	管线标高、位置、坡度测量记录	长期	长期	
5.2.14	中间交工验收记录证明、工程质量评定	永久	长期	
5.2.15	竣工报告、竣工验收报告，施工预、决算	永久	长期	
5.2.16	竣工图	永久	长期	
5.2.17	声像材料	长期	长期	
5.3	电气、仪表安装施工文件			

续表

序号	归档文件	保管期限		
		建设单位	施工单位	设计单位
5.3.1	开工报告、工程技术要求、技术交底、图纸会审纪要	长期	长期	
5.3.2	施工组织设计、方案及其报批文件，施工计划、技术措施文件	短期	长期	
5.3.3	原材料及构件出厂证明、质量鉴定、复验单	长期	长期	
5.3.4	建筑材料试验报告	长期	长期	
5.3.5	设计变更通知、工程更改洽商单，材料、零部件、设备代用审批手续，技术核定单、业务联系单、备忘录等	永久	长期	
5.3.6	系统调试、整定记录	长期	长期	
5.3.7	绝缘、接地电阻等性能测试、校核记录	长期	长期	
5.3.8	材料、设备明细表及检验记录，施工安装记录，质量检查评定、事故处理报告	永久	长期	
5.3.9	操作、联动试验	短期	长期	
5.3.10	电气装置交接记录	短期	长期	
5.3.11	中间交工验收记录、工程质量评定	永久	长期	
5.3.12	竣工报告、竣工验收报告	永久	长期	
5.3.13	竣工图	永久	长期	
5.3.14	声像材料	长期	长期	
6	监理文件	建设单位		监理单位
6.1	施工监理文件、资料			
6.1.1	监理合同协议，监理大纲，监理规划、细则及批复	长期		长期
6.1.2	施工及设备器材供应单位资质审核，设备、材料报审	长期		长期
6.1.3	施工组织设计、施工方案、施工计划、技术措施审核、施工进度、延长工期、索赔及付款报审	长期		长期
6.1.4	开（停、复、返）工令、许可证、中间验收证明书	长期		长期
6.1.5	设计变更、材料、零部件、设备代用审批	长期		长期

序号	归档文件	保管期限		
		建设单位	施工单位	设计单位
6.1.6	监理通知，协调会审纪要，监理工程师指令、指示，来往函件	长期		长期
6.1.7	工程材料监理检查、复检、实验记录、报告	长期		长期
6.1.8	监理日志、监理周（月、季、年）报、备忘录	长期		长期
6.1.9	各项测控量成果及复核文件、外观、质量、文件等检查、抽查记录	长期		长期
6.1.10	施工质量检查分析评估、工程质量事故、施工安全事故报告	长期		长期
6.1.11	工程进度计划、实施、分析统计文件	长期		长期
6.1.12	变更价格审查、支付审批、索赔处理文件	长期		长期
6.1.13	单元工程检查及开工（开仓）签证，工程分部分项质量认证、评估	长期		长期
6.1.14	主要材料及工程投资计划、完成报表	长期		长期
6.2	设备采购、监造工作、监理资料			
6.2.1	设备采购委托监理合同、采购方案，监造计划	长期		长期
6.2.2	市场调查、考察报告	长期		长期
6.2.3	设备制造的检验计划和检验要求、检验记录及试验报告、分包单位资格报审表	长期		长期
6.2.4	原材料、零配件等的质量证明文件和检验报告	长期		长期
6.2.5	开动、复工报审表、暂停令	长期		长期
6.2.6	会议纪要、来往文件	长期		长期
6.2.7	监理工程师通知单、监理工作联系单	长期		长期
6.2.8	监理日志、监理月报	长期		长期
6.2.9	质量事故处理文件，设备制造索赔文件	长期		长期
6.2.10	设备验收、交接文件、支付证书和设备制造结算审核文件	长期		长期
6.2.11	设备采购、监造工作总结	长期		长期

续表

序号	归档文件	保管期限		
		建设单位	施工单位	设计单位
6.3	监理工作声像材料	长期		长期
7	工艺设备文件	建设单位	施工单位	设计单位
7.1	工艺说明、规程、路线、试验、技术总结	长期		
7.2	产品检验、包装、工装图、检验记录	长期		
7.3	设备、材料采购、招投标文件、合同，出厂质量合格证明	长期		长期
7.4	设备、材料装箱单、开箱记录，工具单，备品备件单	长期		
7.5	设备图纸、使用说明书、零部件目录	长期		
7.6	设备测绘、验收记录及索赔文件	长期		
7.7	设备安装调试、测定数据、性能鉴定	长期		
8	科研项目	建设单位	施工单位	设计单位
8.1	开题报告、任务书、批准书	永久		
8.2	协议书、委托书、合同	永久		
8.3	研究方案、计划、调查研究报告	永久		
8.4	试验记录、图表、照片	永久		
8.5	实验分析、计算、整理数据	永久		
8.6	实验装置及特殊设备图纸、工艺技术规范说明书	永久		
8.7	实验装置操作规程、安全措施、事故分析	长期		
8.8	阶段报告、科研报告、技术鉴定	永久		
8.9	成果申报、鉴定、审批及成果推广应用材料	永久		
8.10	考察报告、重要课题研究报告	永久		
9	涉外文件	建设单位	施工单位	设计单位
9.1	询价、报价、投标文件	短期		
9.2	合同及其附件	永久		
9.3	谈判协议、议定书	永久		

序号	归档文件	保管期限		
		建设单位	施工单位	设计单位
9.4	谈判记录	长期		
9.5	谈判过程中外商提交的材料	长期		
9.6	出国考察及收集来的有关材料	短期		
9.7	国外各设计阶段文件及设计联络文件	永久		
9.8	各设计阶段审查议定书	永久		
9.9	技术问题来往函电	永久		
9.10	国外设备、材料检验、安装手册、操作使用说明书等随机文件	永久		
9.11	国外设备合格证明、装箱单、提单、商业发票、保险单证明	短期		
9.12	设备开箱检验记录，商检、海关及索赔文件	永久		
9.13	国外设备、材料的防腐、保护措施	短期		
9.14	外国技术人员现场提供的文件材料	长期		
10	生产技术准备、试生产文件			
10.1	技术准备计划	短期		
10.2	试生产管理、技术责任制	短期		
10.3	开停车方案	短期		
10.4	设备试车、验收、运转、维护记录	长期		
10.5	试生产产品质量鉴定报告	短期		
10.6	安全操作规程、事故分析报告	长期		
10.7	运行记录	短期		
10.8	技术培训材料	短期		
10.9	产品技术参数、性能、图纸	永久		
10.10	工业卫生、劳动保护材料、环保、消防运行检测记录	短期		
11	财务、器材管理文件			

序号	归档文件	保管期限		
		建设单位	施工单位	设计单位
11.1	财务计划及执行、年度计划及执行、年度投资统计	短期		
11.2	工程概算、预算、标底、合同价、决算、审计及说明	永久		
11.3	主要材料消耗、器材管理	短期		
11.4	交付使用的固定资产、流动资产、无形资产、递延资产清册	永久		
12	竣工验收文件	建设单位	施工单位	设计单位
12.1	项目竣工验收报告	永久	长期	长期
12.2	工程设计总结	永久		长期
12.3	工程施工总结	永久	长期	
12.4	工程监理总结	永久	长期	
12.5	项目质量评审文件	永久	长期	
12.6	工程现场声像文件	永久	长期	
12.7	工程审计文件、材料、决算报告	永久		
12.8	环境保护、劳动安全卫生、消防、人防、规划、档案等验收审批文件	永久		
12.9	竣工验收会议决议文件、验收证书及验收委员会名册、签字、验收备案文件	永久	长期	长期
12.10	项目评优报奖申报材料、批准文件及证书	长期	长期	

建筑工程文件归档范围*

类别	归档文件	保存单位				
		建设单位	设计单位	施工单位	监理单位	城建档案馆
工程准备阶段文件（A类）						
A1	立项文件					
1	项目建议书批复文件及项目建议书	▲				▲
2	可行性研究报告批复文件及可行性研究报告	▲				▲
3	专家论证意见、项目评估文件	▲				▲
4	有关立项的会议纪要、领导批示	▲				▲
A2	建设用地、拆迁文件					
1	选址申请及选址规划意见通知书	▲				▲
2	建设用地批准书	▲				▲
3	拆迁安置意见、协议、方案等	▲				△
4	建设用地规划许可证及其附件	▲				▲
5	土地使用证明文件及其附件	▲				▲
6	建设用地钉桩通知单	▲				▲
A3	勘察、设计文件					
1	工程地质勘察报告	▲	▲			▲
2	水文地质勘察报告	▲	▲			▲
3	初步设计文件（说明书）	▲	▲			

---

* 节选自建筑工程文件归档范围GBT 50328—2014。

续表

类别	归档文件	保存单位				
		建设 单位	设计 单位	施工 单位	监理 单位	城建 档案馆
4	设计方案审查意见	▲	▲			▲
5	人防、环保、消防等有关主管部门（对设计方案）审查意见	▲	▲			▲
6	设计计算书	▲	▲			△
7	施工图设计文件审查意见	▲	▲			▲
8	节能设计备案文件	▲				▲
A4	招投标文件					
1	勘察、设计招投标文件	▲	▲			
2	勘察、设计合同	▲	▲			▲
3	施工招投标文件	▲		▲	△	
4	施工合同	▲		▲	△	▲
5	工程监理招投标文件	▲			▲	
6	监理合同	▲			▲	▲
A5	开工审批文件					
1	建设工程规划许可证及其附件	▲		△	△	▲
2	建设工程施工许可证	▲		▲	▲	▲
A6	工程造价文件					
1	工程投资估算材料	▲				
2	工程设计概算材料	▲				
3	招标控制价格文件	▲				
4	合同价格文件	▲		▲		△
5	结算价格文件	▲		▲		△
A7	工程建设基本信息					
1	工程概况信息表	▲		△		▲
2	建设单位工程项目负责人及现场管理人员名册	▲				▲

续表

类别	归档文件	保存单位				
		建设 单位	设计 单位	施工 单位	监理 单位	城建 档案馆
3	监理单位工程项目总监及监理人员名册	▲			▲	▲
4	施工单位工程项目经理及质量管理人员名册	▲		▲		▲
监理文件（B类）						
B1	监理管理文件					
1	监理规划	▲			▲	▲
2	监理实施细则	▲		△	▲	▲
3	监理月报	△			▲	
4	监理会议纪要	▲		△	▲	
5	监理工作日志				▲	
6	监理工作总结				▲	▲
7	工作联系单	▲		△	△	
8	监理工程师通知	▲		△	△	△
9	监理工程师通知回复单	▲		△	△	△
10	工程暂停令	▲		△	△	▲
11	工程复工报审表	▲		▲	▲	▲
B2	进度控制文件					
1	工程开工报审表	▲		▲	▲	▲
2	施工进度计划报审表	▲		△	△	
B3	质量控制文件					
1	质量事故报告及处理资料	▲		▲	▲	▲
2	旁站监理记录	△		△	▲	
3	见证取样和送检人员备案表	▲		▲	▲	
4	见证记录	▲		▲	▲	
5	工程技术文件报审表			△		

续表

类别	归档文件	保存单位				
		建设单位	设计单位	施工单位	监理单位	城建档案馆
B4	造价控制文件					
1	工程款支付	▲		△	△	
2	工程款支付证书	▲		△	△	
3	工程变更费用报审表	▲		△	△	
4	费用索赔申请表	▲		△	△	
5	费用索赔审批表	▲		△	△	
B5	工期管理文件					
1	工期延期申请表	▲		▲	▲	▲
2	工期延期审批表	▲			▲	▲
B6	监理验收文件					
1	竣工移交证书	▲		▲	▲	▲
2	监理资料移交书	▲			▲	
施工文件（C类）						
C1	施工管理文件					
1	工程概况表	▲		▲	▲	△
2	施工现场质量管理检查记录			△	△	
3	企业资质证书及相关专业人员岗位证书	△		△	△	△
4	分包单位资质报审表	▲		▲	▲	
5	建设单位质量事故勘察记录	▲		▲	▲	▲
6	建设工程质量事故报告书	▲		▲	▲	▲
7	施工检测计划	△		△	△	
8	见证试验检测汇总表	▲		▲	▲	▲
9	施工日志			▲		
C2	施工技术文件					

续表

类别	归档文件	保存单位				
		建设单位	设计单位	施工单位	监理单位	城建档案馆
1	工程技术文件报审表	△		△	△	
2	施工组织设计及施工方案	△		△	△	△
3	危险性较大分部分项工程施工方案	△		△	△	△
4	技术交底记录	△		△		
5	图纸会审记录	▲	▲	▲	▲	▲
6	设计变更通知单	▲	▲	▲	▲	▲
7	工程洽商记录（技术核定单）	▲	▲	▲	▲	▲
C3	进度造价文件					
1	工程开工报审表	▲	▲	▲	▲	▲
2	工程复工报审表	▲	▲	▲	▲	▲
3	施工进度计划报审表			△	△	
4	施工进度计划			△	△	
5	人、机、料动态表			△	△	
6	工程延期申请表	▲		▲	▲	▲
7	工程款支付申请表	▲		△	△	
8	工程变更费用报审表	▲		△	△	
9	费用索赔申请表	▲		△	△	
C4	施工物资出厂质量证明及进场检测文件					
	出厂质量证明文件及检测报告					
1	砂、石、砖、水泥、钢筋、隔热、保温、防腐材料、轻骨料出厂证明文件	▲		▲	▲	△
2	其他物资出厂合格证、质量保证书、检测报告和报关单或商检证等	△		▲	△	
3	材料、设备的相关检验报告、型式检测报告、3C强制认证合格证书或3C标志	△		▲	△	

续表

类别	归档文件	保存单位				
		建设单位	设计单位	施工单位	监理单位	城建档案馆
4	主要设备、器具的安装使用说明书	▲		▲	△	
5	进口的主要材料设备的商检证明文件	△		▲		
6	涉及消防、安全、卫生、环保、节能的材料、设备的检测报告或法定机构出具的有效证明文件	▲		▲	▲	△
7	其他施工物资产品合格证、出厂检验报告					
	进场检验通用表格					
1	钢材试验报告	▲		▲	▲	▲
2	水泥试验报告	▲		▲	▲	▲
3	砂试验报告	▲		▲	▲	▲
4	碎（卵）石试验报告	▲		▲	▲	▲
5	外加剂试验报告	△		▲	▲	▲
6	防水涂料试验报告	▲		▲	△	
7	防水卷材试验报告	▲		▲	△	
8	砖（砌块）试验报告	▲		▲	▲	▲
9	预应力筋复试报告	▲		▲	▲	▲
10	预应力锚具、夹具和连接器复试报告	▲		▲	▲	▲
11	装饰装修用门窗复试报告	▲		▲	△	
12	装饰装修用人造木板复试报告	▲		▲	△	
13	装饰装修用花岗石复试报告	▲		▲	△	
14	装饰装修用安全玻璃复试报告	▲		▲	△	
15	装饰装修用外墙面砖复试报告	▲		▲	△	
16	钢结构用钢材复试报告	▲		▲	▲	▲
17	钢结构用防火涂料复试报告	▲		▲	▲	▲
18	钢结构用焊接材料复试报告	▲		▲	▲	▲

续表

类别	归档文件	保存单位				
		建设单位	设计单位	施工单位	监理单位	城建档案馆
19	钢结构用高强度大六角头螺栓连接副复试报告	▲		▲	▲	▲
20	钢结构用扭剪型高强螺栓连接副复试报告	▲		▲	▲	▲
21	幕墙用铝塑板、石材、玻璃、结构胶复试报告	▲		▲	▲	▲
22	散热器、供暖系统保温材料、通风与空调工程绝热材料、风机盘管机组、低压配电系统电缆的见证取样复试报告	▲		▲	▲	▲
23	节能工程材料复试报告	▲		▲	▲	▲
24	其他物资进场复试报告					
C5	施工记录文件					
1	隐蔽工程验收记录	▲		▲	▲	▲
2	施工检查记录			△		
3	交接检查记录			△		
4	工程定位测量记录	▲		▲	▲	▲
5	基槽验线记录	▲		▲	▲	▲
6	楼层平面放线记录			△	△	△
7	楼层标高抄测记录			△	△	△
8	建筑物垂直度、标高观测记录	▲		▲	△	△
9	沉降观测记录	▲		▲	△	▲
10	基坑支护水平位移监测记录			△	△	
11	桩基、支护测量放线记录			△	△	
12	地基验槽记录	▲	▲	▲	▲	▲
13	地基钎探记录	▲		△	△	▲
14	混凝土浇灌申请书			△	△	
15	预拌混凝土运输单			△		
16	混凝土开盘鉴定			△	△	

类别	归档文件	保存单位				
		建设单位	设计单位	施工单位	监理单位	城建档案馆
17	混凝土拆模申请单			△	△	
18	混凝土预拌测温记录			△		
19	混凝土养护测温记录			△		
20	大体积混凝土养护测温记录			△		
21	大型构件吊装记录	▲		△	△	▲
22	焊接材料烘焙记录			△		
23	地下工程防水效果检查记录	▲		△	△	
24	防水工程试水检查记录	▲		△	△	
25	通风（烟）道、垃圾道检查记录	▲		△	△	
26	预应力筋张拉记录	▲		▲	△	▲
27	有粘结预应力结构灌浆记录	▲		▲	△	▲
28	钢结构施工记录	▲		▲	△	
29	网架（索膜）施工记录	▲		▲	△	▲
30	木结构施工记录	▲		▲	△	
31	幕墙注胶检查记录	▲		▲	△	
32	自动扶梯、自动人行道的相邻区域检查记录	▲		▲	△	
33	电梯电气装置安装检查记录	▲		▲	△	
34	自动扶梯、自动人行道电气装置检查记录	▲		▲	△	
35	自动扶梯、自动人行道整机安装质量检查记录	▲		▲	△	
36	其他施工记录文件					
C6	**施工试验记录及检测文件**					
	通用表格					
1	设备单机试运转记录	▲		▲	△	△
2	系统试运转调试记录	▲		▲	△	△

类别	归档文件	保存单位				
		建设单位	设计单位	施工单位	监理单位	城建档案馆
3	接地电阻测试记录	▲		▲	△	△
4	绝缘电阻测试记录	▲		▲	△	△
	建筑与结构工程					
1	锚杆试验报告	▲		▲	△	△
2	地基承载力检验报告	▲		▲	△	▲
3	桩基检测报告	▲		▲	△	▲
4	土工击实试验报告	▲		▲	△	▲
5	回填土试验报告（应附图）	▲		▲	△	▲
6	钢筋机械连接试验报告	▲		▲	△	△
7	钢筋焊接连接试验报告	▲		▲	△	△
8	砂浆配合比申请书、通知单			△	△	△
9	砂浆抗压强度试验报告	▲		▲	△	▲
10	砌筑砂浆试块强度统计、评定记录	▲		▲		△
11	混凝土配合比申请书、通知单	▲		△	△	△
12	混凝土抗压强度试验报告	▲		▲	△	▲
13	混凝土试块强度统计、评定记录	▲		▲	△	△
14	混凝土抗渗试验报告	▲		▲	△	△
15	砂、石、水泥放射性指标报告	▲		▲	△	△
16	混凝土碱总量计算书	▲		▲	△	△
17	外墙饰面砖样板粘结强度试验报告	▲		▲	△	△
18	后置埋件抗拔试验报告	▲		▲	△	△
19	超声波探伤报告、探伤记录	▲		▲	△	△
20	钢构件射线探伤报告	▲		▲	△	△
21	磁粉探伤报告	▲		▲	△	△

续表

类别	归档文件	保存单位				
		建设单位	设计单位	施工单位	监理单位	城建档案馆
22	高强度螺栓抗滑移系数检测报告	▲		▲	△	△
23	钢结构焊接工艺评定			△	△	△
24	网架节点承载力试验报告	▲		▲	△	△
25	钢结构防腐、防火涂料厚度检测报告	▲		▲	△	△
26	木结构胶缝试验报告	▲		▲	△	
27	木结构构件力学性能试验报告	▲		▲	△	△
28	木结构防腐剂试验报告	▲		▲	△	△
29	幕墙双组分硅酮结构胶混匀性及拉断试验报告	▲		▲	△	
30	幕墙的抗风压性能、空气渗透性能、雨水渗透性能及平面内变形性能检测报告	▲		▲	△	△
31	外门窗的抗风压性能、空气渗透性能和雨水渗透性能检测报告	▲		▲	△	△
32	墙体节能工程保温板材与基层粘结强度现场拉拔试验	▲		▲	△	△
33	外墙保温浆料同条件养护试件试验报告	▲		▲	△	△
34	结构实体混凝土强度验收记录	▲		▲	△	△
35	结构实体钢筋保护层厚度验收记录	▲		▲	△	△
36	围护结构现场实体检验	▲		▲	△	△
37	室内环境检测报告	▲		▲	△	△
38	节能性能检测报告	▲		▲	△	▲
39	其他建筑与结构施工试验记录与检测文件					
	给水排水及供暖工程					
1	灌（满）水试验记录	▲		△	△	
2	强度严密性试验记录	▲		▲	△	△
3	通水试验记录	▲		△	△	
4	冲（吹）洗试验记录	▲		▲	△	

续表

类别	归档文件	保存单位				
		建设单位	设计单位	施工单位	监理单位	城建档案馆
5	通球试验记录	▲		△	△	
6	补偿器安装记录			△	△	
7	消火栓试射记录	▲		▲	△	
8	安全附件安装检查记录			▲	△	
9	锅炉烘炉试验记录			▲	△	
10	锅炉煮炉试验记录			▲	△	
11	锅炉试运行记录	▲		▲	△	
12	安全阀定压合格证书	▲		▲	△	
13	自动喷水灭火系统联动试验记录	▲		▲	△	△
14	其他给水排水及供暖施工试验记录与检测文件					
	建筑电气工程					
1	电气接地装置平面示意图表	▲		▲	△	△
2	电气器具通电安全检查记录	▲		△	△	
3	电气设备空载试运行记录	▲		▲	△	△
4	建筑物照明通电试运行记录	▲		▲	△	△
5	大型照明灯具承载试验记录	▲		▲	△	
6	漏电开关模拟试验记录	▲		▲	△	
7	大容量电气线路结点测温记录	▲		▲	△	
8	低压配电电源质量测试记录	▲		▲	△	
9	建筑物照明系统照度测试记录	▲		△	△	
10	其他建筑电气施工试验记录与检测文件					
	智能建筑工程					
1	综合布线测试记录	▲		▲	△	△
2	光纤损耗测试记录	▲		▲	△	△

续表

类别	归档文件	保存单位				
		建设单位	设计单位	施工单位	监理单位	城建档案馆
3	视频系统末端测试记录	▲		▲	△	△
4	子系统检测记录	▲		▲	△	△
5	系统试运行记录	▲		▲	△	△
6	其他智能建筑施工试验记录与检测文件					
	通风与空调工程					
1	风管漏光检测记录	▲		△	△	
2	风管漏风检测记录	▲		▲	△	
3	现场组装除尘器、空调漏风检测记录			△	△	
4	各房间室内风量测量记录	▲		△	△	
5	管网风量平衡记录	▲		△	△	
6	空调系统试运转调试记录	▲		▲	△	△
7	空调水系统试运转调试记录	▲		▲	△	△
8	制冷系统气密性试验记录	▲		▲	△	△
9	净化空调系统检测记录	▲		▲	△	△
10	防排烟系统联合试运行记录	▲		▲	△	△
11	其他通风与空调施工试验记录与检测文件					
	电梯工程					
1	轿厢平层准确度测量记录	▲		△	△	
2	电梯层门安全装置检测记录	▲		▲	△	
3	电梯电气安全装置检测记录	▲		▲	△	
4	电梯整机功能检测记录	▲		▲	△	
5	电梯主要功能检测记录	▲		▲	△	
6	电梯负荷试运行试验记录	▲		▲	△	△
7	电梯负荷运行试验曲线图表	▲		▲	△	

续表

类别	归档文件	保存单位				
		建设单位	设计单位	施工单位	监理单位	城建档案馆
8	电梯噪声测试记录	△		△	△	
9	自动扶梯、自动人行道安全装置检测记录	▲		▲		
10	自动扶梯、自动人行道整机性能、运行试验记录	▲		▲	△	△
11	其他电梯施工试验记录与检测文件					
C7	施工质量验收文件					
1	检验批质量验收记录	▲		△	△	
2	分项工程质量验收记录	▲		▲	▲	
3	分部（子分部）工程质量验收记录	▲		▲	▲	▲
4	建筑节能分部工程质量验收记录	▲		▲	▲	▲
5	自动喷水系统验收缺陷项目划分记录	▲		△	△	
6	程控电话交换系统分项工程质量验收记录	▲		▲	△	
7	会议电视系统分项工程质量验收记录	▲		▲	△	
8	卫星数字电视系统分项工程质量验收记录	▲		▲	△	
9	有线电视系统分项工程质量验收记录	▲		▲	△	
10	公共广播与紧急广播系统分项工程质量验收记录	▲		▲	△	
11	计算机网络系统分项工程质量验收记录	▲		▲	△	
12	应用软件系统分项工程质量验收记录	▲		▲	△	
13	网络安全系统分项工程质量验收记录	▲		▲	△	
14	空调与通风系统分项工程质量验收记录	▲		▲	△	
15	变配电系统分项工程质量验收记录	▲		▲	△	
16	公共照明系统分项工程质量验收记录	▲		▲	△	
17	给水排水系统分项工程质量验收记录	▲		▲	△	
18	热源和热交换系统分项工程质量验收记录	▲		▲	△	
19	冷冻和冷却系统分项工程质量验收记录	▲		▲	△	

续表

类别	归档文件	保存单位				
		建设单位	设计单位	施工单位	监理单位	城建档案馆
20	电梯和自动扶梯系统分项工程质量验收记录	▲		▲	△	
21	数据通信接口分项工程质量验收记录	▲		▲	△	
22	中央管理工作站及操作分站分项工程质量验收记录	▲		▲	△	
23	系统实时性、可维护性、可靠性分项工程质量验收记录	▲		▲	△	
24	现场设备安装及检测分项工程质量验收记录	▲		▲	△	
25	火灾自动报警及消防联动系统分项工程质量验收记录	▲		▲	△	
26	综合防范功能分项工程质量验收记录	▲		▲	△	
27	视频安防监控系统分项工程质量验收记录	▲		▲	△	
28	入侵报警系统分项工程质量验收记录	▲		▲	△	
29	出入口控制（门禁）系统分项工程质量验收记录	▲		▲	△	
30	巡更管理系统分项工程质量验收记录	▲		▲	△	
31	停车场（库）管理系统分项工程质量验收记录	▲		▲	△	
32	安全防范综合管理系统分项工程质量验收记录	▲		▲	△	
33	综合布线系统安装分项工程质量验收记录	▲		▲	△	
34	综合布线系统性能检测分项工程质量验收记录	▲		▲	△	
35	系统集成网络连接分项工程质量验收记录	▲		▲	△	
36	系统数据集成分项工程质量验收记录	▲		▲	△	
37	系统集成整体协调分项工程质量验收记录					
38	系统集成综合管理及冗余功能分项工程质量验收记录	▲		▲	△	
39	系统集成可维护性和安全性分项工程质量验收记录	▲		▲	△	
40	电源系统分项工程质量验收记录	▲		▲	△	
41	其他施工质量验收文件					
C8	施工验收文件					
1	单位（子单位）工程竣工预验收报验表	▲		▲		▲

续表

类别	归档文件	保存单位				
		建设单位	设计单位	施工单位	监理单位	城建档案馆
2	单位（子单位）工程质量竣工验收记录	▲	△	▲		▲
3	单位（子单位）工程质量控制资料核查记录	▲		▲		▲
4	单位（子单位）工程安全和功能检验资料核查及主要功能抽查记录	▲		▲		▲
5	单位（子单位）工程观感质量检查记录	▲		▲		▲
6	施工资料移交书	▲		▲		
7	其他施工验收文件					
竣工图（D类）						
1	建筑竣工图	▲		▲		▲
2	结构竣工图	▲		▲		▲
3	钢结构竣工图	▲		▲		▲
4	幕墙竣工图	▲		▲		▲
5	室内装饰竣工图	▲		▲		
6	建筑给水排水及供暖竣工图	▲		▲		▲
7	建筑电气竣工图	▲		▲		▲
8	智能建筑竣工图	▲		▲		▲
9	通风与空调竣工图	▲		▲		▲
10	室外工程竣工图	▲		▲		▲
11	规划红线内的室外给水、排水、供热、供电、照明管线等竣工图	▲		▲		▲
12	规划红线内的道路、园林绿化、喷灌设施等竣工图	▲		▲		▲
工程竣工验收文件（E类）						
E1	竣工验收与备案文件					
1	勘察单位工程质量检查报告	▲		△	△	▲
2	设计单位工程质量检查报告	▲	▲	△	△	▲

续表

类别	归档文件	保存单位				
		建设单位	设计单位	施工单位	监理单位	城建档案馆
3	施工单位工程竣工报告	▲		▲	△	▲
4	监理单位工程质量评估报告	▲		△	▲	▲
5	工程竣工验收报告	▲	▲	▲	▲	▲
6	工程竣工验收会议纪要	▲	▲	▲	▲	▲
7	专家组竣工验收意见	▲	▲	▲	▲	▲
8	工程竣工验收证书	▲	▲	▲	▲	▲
9	规划、消防、环保、民防、防雷等部门出具的认可文件或准许使用文件	▲	▲	▲	▲	▲
10	房屋建筑工程质量保修书	▲				▲
11	住宅质量保证书、住宅使用说明书	▲		▲		▲
12	建设工程竣工验收备案表	▲	▲	▲	▲	▲
13	建设工程档案预验收意见	▲		△		▲
14	城市建设档案移交书	▲				▲
E2	竣工决算文件					
1	施工决算文件	▲		▲		△
2	监理决算文件	▲			▲	△
E3	工程声像资料等					
1	开工前原貌、施工阶段、竣工新貌照片	▲		△	△	▲
2	工程建设过程的录音、录像资料（重大工程）	▲		△	△	▲
E4	其他工程文件					

注：表中符号"▲"表示必须归档保存；"△"表示选择性归档保存。

招标代理资质标准*

一、资质等级：

工程招标代理机构资格分为甲级、乙级和暂定级三个等级。

二、业务范围：

甲级工程招标代理机构可以承担各类工程的招标代理业务。

乙级工程招标代理机构只能承担工程总投资1亿元人民币以下的工程招标代理业务。

暂定级工程招标代理机构，只能承担工程总投资6000万元人民币以下的工程招标代理业务。

三、有效期：

甲级、乙级工程招标代理机构资格证书的有效期为5年，暂定级工程招标代理机构资格证书的有效期为3年。

四、申请甲级工程招标代理资格的机构，应当具备下列条件：

基本条件：

（一）是依法设立的中介组织，具有独立法人资格；

（二）与行政机关和其他国家机关没有行政隶属关系或者其他利益关系；

（三）有固定的营业场所和开展工程招标代理业务所需设施及办公条件；

（四）有健全的组织机构和内部管理的规章制度；

（五）具备编制招标文件和组织评标的相应专业力量；

（六）具有可以作为评标委员会成员人选的技术、经济等方面的专家库；

（七）法律、行政法规规定的其他条件。

业务条件：

（一）取得乙级工程招标代理资格满3年；

---

* 节选自《工程建设项目招标代理机构资格认定办法》（建设部第154号令）。

（二）近3年内累计工程招标代理中标金额在16亿元人民币以上（以中标通知书为依据，下同）；

（三）具有中级以上职称的工程招标代理机构专职人员不少于20人，其中具有工程建设类注册执业资格人员不少于10人（其中注册造价工程师不少于5人），从事工程招标代理业务3年以上的人员不少于10人；

（四）技术经济负责人为本机构专职人员，具有10年以上从事工程管理的经验，具有高级技术经济职称和工程建设类注册执业资格；

（五）注册资本金不少于200万元。

五、申请乙级工程招标代理资格的机构，除具备上述基本条件外还应当：

（一）取得暂定级工程招标代理资格满1年；

（二）近3年内累计工程招标代理中标金额在8亿元人民币以上；

（三）具有中级以上职称的工程招标代理机构专职人员不少于12人，其中具有工程建设类注册执业资格人员不少于6人（其中注册造价工程师不少于3人），从事工程招标代理业务3年以上的人员不少于6人；

（四）技术经济负责人为本机构专职人员，具有8年以上从事工程管理的经历，具有高级技术经济职称和工程建设类注册执业资格；

（五）注册资本金不少于100万元。

六、暂定级工程招标代理资格

新设立的工程招标代理机构具备1和乙级中的（三）、（四）、（五）项条件的，可以申请暂定级工程招标代理资格。

招标代理服务费标准*

招标代理机构接受招标人委托，从事编制招标文件（包括编制资格预审文件和标底），审查投标人资格，组织投标人踏勘现场并答疑，组织开标、评标、定标，以及提供招标前期咨询、协调合同的签订等业务所收取的费用。

招标代理服务收费采用差额定率累进计费方式。收费标准按本办法附件规定执行，上下浮动幅度不超过20%。具体收费额由招标代理机构和招标委托人在规定的收费标准和浮动幅度内协商确定。招标代理服务收费的最高限额，工程类项目为450万元，货物类项目为350万元，服务类项目为300万元。

招标代理服务费用应由招标人支付，招标人、招标代理机构与投标人另有约定的，从其约定。

招标代理机构按规定收取代理费用和出售招标文件后，不得再要求招标委托人无偿提供食宿、交通等或收取其他费用。

招标代理服务收费标准 附表1

中标金额（万元）	服务费率类型		
	货物招标	服务招标	工程招标
100以下	1.5%	1.5%	1.0%
100~500	1.1%	0.8%	0.7%
500~1000	0.8%	0.45%	0.55%
1000~5000	0.5%	0.25%	0.35%
5000~10000	0.25%	0.1%	0.2%
1亿~5亿	0.05%	0.05%	0.05%

---

* 节选自《招标代理服务收费管理暂行办法》（计价格〔2002〕1980号）。

续表

中标金额（万元）	服务费率类型		
	货物招标	服务招标	工程招标
5亿~10亿	0.035%	0.035%	0.035%
10亿~50亿	0.008%	0.008%	0.008%
50亿~100亿	0.006%	0.006%	0.006%
100亿以上	0.004%	0.004%	0.004%

注: 1. 按本表费率计算的收费为招标代理服务全过程的收费基准价格，单独提供编制招标文件（有标底的含标底）服务的，可按规定标准的30%计收。

2. 招标代理服务收费按差额定率累进法计算。例如：某工程招标代理业务中标金额为6000万元，计算招标代理服务收费额如下：

100万元×1.00%＝1万元

（500－100）万元×0.70%＝2.8万元

（1000－500）万元×0.55%＝2.75万元

（5000－1000）万元×0.35%＝14万元

（6000－5000）万元×0.20%＝2万元

合计收费＝1＋2.8＋2.75＋14＋2＝22.55万元